언약의 틀로 본
요한계시록

최성열 지음

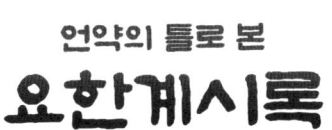 쿰란출판사

추천사1

최성열 저자는 필리핀에서 사역하는 선교사입니다.

선교현장에서 겪는 비극적 현실 중 하나가 이단들의 교회 침투인데, 대부분 이단들이 계시록을 자의적으로 해석하여 성도들을 미혹하고 포섭합니다.

이에 최 선교사는 선교지에서 교회들이 이단의 미혹을 막아내고 성도들을 진리로 굳게 세우기 위해 요한계시록을 개혁신학 관점으로 안전하고 분명하게 잘 정리하였습니다.

선교지에서만 아니라 어디서든지 누구든지 이단의 미혹을 확실하게 막아내고, 나아가 계시록을 바르고 쉽게 배우고 가르치기를 원하는 모든 목회자와 성도들에게 이 책을 적극 추천합니다.

이상복 목사

(광주동명교회 담임 , RTS 선교학 박사)

추천사2

그리스도인들에게는 마지막 인생길에 가장 가고 싶은 곳이 성삼위 하나님께서 계시는 천국이며, 주 예수 그리스도께서 준비해 주신 곳인 천국 문 앞에서 주님의 영접을 받아 영광스럽게 들어가는 것이 꿈이며 믿음의 기도라고 하겠습니다.

요한계시록 21장 1절부터 새 하늘과 새 땅에 대한 아름다운 세계가 펼쳐진 모습이 상세하게 그려져 있음을 봅니다. 계시록은 상징과 환상으로 구성되어 있기 때문에 그 해석이 어려울 뿐만 아니라, 요한계시록 10장 4절 하반절에서 "일곱 우레가 말한 것을 인봉하고 기록하지 말라"처럼 하나님께서 일부는 세상 심판 때까지 비밀로 보존해야 할 필요성이 있다는 것입니다.

이러한 오묘한 말씀을 바르게 해석하고 그리스도인들에게 장차 오실 주님, 새 하늘과 새 땅, 새 예루살렘을 통해 영원한 안식처를 제공하려 하시는 주 예수 그리스도를 소개하는 이 일에 기도와 묵상으로 최선을 다해 집필하신 필리핀 최성열 선교사님[광주동명교회와 열방디딤돌(AP)선교회 공동 파송]의 역작(力作)에 격려와 뜨거운 박수를 보냅니다.

요한계시록은 이단들이 가장 많이 인용(引用)하는 성경인바, 최성열 선교사님은 성경을 제대로 알고 가르치는 합동측 총회 소속 총신 신학대학교에서 정통교리를 정직하게 공부한 인재이며, 이역만리에서 부모·형제를 떠나 복음 사역에 온갖 정성을 다해 필리핀 현지에서 7교회와 딸락 기술학교를 개설하여 청년들의 직업과 성도들을 돌보며 섬기는 선교사이며, 자녀 세 명을 잘 키우는 아빠이자 남편입니다.

일인다역을 감당하시는 최성열 선교사님의 믿음의 역작 요한계시록 해설을 통해 하나님께서 인류 구원의 원대한 계획과 새 하늘과 새 땅, 새 예루살렘을 주시고자 하시는 하나님의 구원 역사가 이 책을 읽은 성도들에게 펼쳐지기를 바라며, 추천사에 갈음합니다.

감사합니다.

신신우 장로
(광주동명교회 원로장로(총회 증경부총회장))

추천사3

최성열 목사님이 집필한 《언약의 틀로 본 요한계시록》이 한국에서 출간된 것에 대해 진심으로 축하를 드립니다. 최 목사님과는 일찍이 총신대학교 신학대학원에서 스승과 제자로 만났으며 후에 필리핀 선교사로 파송되어 가깝게 지내게 되었습니다. 본인은 총신 신대원 교수로 섬기다가 은퇴한 뒤에 청년 시절에 하나님께 서원한 것을 지키려고 2년 전에 필리핀 마닐라 근교 안티폴로 시에 정착하였는데, 뜻밖에도 그곳에서 만나 교제하면서 가깝게 지내게 되었습니다. 최 선교사님은 필리핀 선교를 시작한 이래 수많은 현지 개척교회들을 설립하고 돌보느라 엄청나게 바쁜 분인데, 얼마 전 언약신학의 관점에서 요한계시록을 해설한 책을 출간하게 되었다는 반가운 소식을 듣게 되었습니다.

이 요한계시록 해설책은 성경신학자가 쓴 전문 주석류는 아니지만, 선교 현장에서 목회를 하면서 자신의 영성과 지식을 갈아넣은 책이라는 점에서 한번 읽어 봄직한 저술이라고 할 수 있습니다. 특별히 본인은 총신 신대원 신약학 교수로 30여 년 이상 학생들을 가르치면서 남달리 언약신학에 많은 관심을 가지고 논문도 쓰고 책들도 집필하였는데, 이번에 최성열 선교사님이 언약신학의 전망에서 요한계시록을 해석하고 적용했다는 말을 듣고 참으로 기뻤습니다.

창세기부터 요한계시록에 이르기까지 도도하게 관통하는 언약사상을 제대로 이해하지 않고서는 신, 구약을 제대로 이해하기 어려울 뿐만 아니라 요한계시록 자체도 제대로 이해하기 어렵다는 것이 본인의 지론이고, 최 선교사님이 이 주제에 중심 초점을 두고 계시록 주해서를 쓰게 된 것은 참으로 크게 기뻐할 만한 일입니다. 아무쪼록 최 선교사님이 이번에 출간하게 된 책이 많은 분들에게 읽혀져서 계시록 이해에 깊이를 더하는 계기가 되었으면 합니다.

이한수 교수

(총신대학교 명예교수(신약신학)

GMS 필리핀 주재 명예선교사

국제성경대학원(IGSB) 총장)

추천사4

언약의 빛으로 해석한 종말의 메시지

최성연 선교사님이 심혈을 기울여 집필하신《언약의 틀로 본 요한
계시록》출간을 진심으로 축하하며 기쁜 마음으로 추천의 글을 올
립니다. 목사님과 인연을 맺은 지 벌써 30여 년의 세월이 흘렀음에
도, 선교와 목회 현장에서 뜨거운 열정으로 그리스도의 복음을 전
하시는 동시에 이토록 귀한 학문적 성과를 세상에 내놓으시는 모습
을 보며 스승으로서 큰 감동과 자긍심을 느낍니다. 목사님의 노고
와 헌신에 깊은 존경을 표합니다.

구약과 유대문헌의 빛으로 조명한 요한계시록

유대문헌과 신학을 전공한 구약학자로서, 요한계시록만큼 구약
성경과 유대 전통에 깊이 뿌리내린 책도 드물다고 감히 말씀드릴 수
있습니다. 요한계시록은 신약성경의 유일한 예언서이지만, 그 내용의
대부분은 다니엘서, 에스겔서, 이사야서, 스가랴서 등 구약 예언서들
의 이미지와 상징, 그리고 제2성전기 유대 묵시문학의 언어와 세계
관을 빌려와 재해석한 것입니다.

이러한 맥락에서 목사님께서 '언약'이라는 성경신학적 기둥을 세
워 요한계시록을 풀이하고자 시도하신 것은 매우 탁월한 접근입니
다. 언약은 창세기의 아담, 노아, 아브라함으로부터 시작하여 시내

산의 모세 언약, 다윗 언약을 거쳐 예레미야가 예언한 새 언약으로
이어지는 구속사의 중심 주제이기 때문입니다. 요한계시록은 바로
이 언약의 최종적 성취와 완성을 선포하는 책입니다.

언약 신학에 근거한 해석의 정수

요한계시록은 그 난해함 때문에 수많은 해석이 난무하며, 때로는
이단과 사이비 종파의 미혹 수단으로 오용되기도 하는 위험한 책이
기도 합니다. 이러한 시기에 목사님께서 제시하신 해석 방법론은 구
약학자의 관점에서 볼 때 매우 신중하고도 건강한 접근입니다.

특히 다음과 같은 목사님의 견해는 오늘날 혼란스러운 종말론적
해석들에 대해 명확한 기준점을 제시해 줍니다:

성경의 통일성과 구속사적 관점: 창세기부터 요한계시록까지 성경
66권이 일관된 구속사(Historia Redemptionis)와 언약의 흐름 속에서
그리스도를 중심으로 완성되어 가는 과정임을 강조합니다. 구약의
제사 제도, 성전 상징, 출애굽 모티프, 메시아 예언 등이 어떻게 요한
계시록에서 그리스도 안에서 성취되고 완성되는지를 명확히 보여줍
니다.

유대 묵시문학에 대한 이해: 목사님은 묵시문학의 발생 배경과 특징을 정확히 파악하고 계십니다. 제2성전기 유대 묵시문학(에녹서, 제4에스라서 등)의 문학적 특징을 이해하면서도, 요한계시록이 이들과는 본질적으로 다른 '정경적 계시'임을 분명히 하십니다.

균형 잡힌 해석 방법론: 요한계시록을 과거적(preterist), 역사적(historicist), 미래적(futurist), 상징적(symbolic) 관점 중 어느 하나에 치우치지 않고, 문자적·역사적·상징적 해석을 조화시킵니다. 특히 삼위 하나님의 계심, 나타내심, 일하심을 인식하며 언약적 관점으로 조명하는 해석의 틀을 제시합니다.

실천적인 종말론: 요한계시록을 단순히 미래의 예언서로만 보지 않고, 로마 제국의 박해 아래 고난받던 1세기 소아시아 교회들에게 주신 '희망과 소망의 메시지'로 이해하며, 동시에 모든 시대의 성도들에게 그리스도의 재림을 고대하며 믿음을 지켜야 할 당위성을 역설합니다.

구약 예언의 성취로서의 요한계시록 구약학자로서 특별히 감사한 점은, 목사님께서 요한계시록을 단순히 신약의 한 권으로만 다루지 않고, 구약 예언의 궁극적 성취라는 관점에서 조명하셨다는 것입니다. 이사야가 본 새 하늘과 새 땅(사 65:17), 에스겔이 본 새 예루살렘과 성전에서 흘러나오는 생명수(겔 47장), 다니엘이 본 인자와 영원한 나라(단 7장), 스가랴가 예언한 만국의 왕으로 오실 메시아(슥 14장) - 이 모든 구약의 예언들이 요한계시록에서 어떻게 그리스도 안에서, 그리스도를 통하여, 그리스도로 말미암아 성취되는지를 보여주시는 목사님의 해석은 신구약의 유기적 연속성을 깊이 이해하신 결과입니다.

따뜻한 목회자의 심장으로 쓴 해석서

이 책의 가장 큰 강점은 단순히 학문적 논리를 전개하는 데 그치지 않고, 오랫동안 선교와 목회 현장에서 성도들과 함께 울고 웃으시며 복음을 전해온 목사님의 따뜻한 목회적 심장이 고스란히 담겨 있다는 점입니다. 요한계시록의 바른 해석이 이단과 사이비의 유혹으로부터 성도들을 보호하고, 마지막 때에 바른 신앙과 교리를 교육하는 데 반드시 필요하다는 절박한 인식은, 목사님의 깊은 영적 통찰력과 성령의 조명을 구하는 겸손한 자세에서 비롯되었을 것입니다.

축복하며 응원하며

이 책이 한국 교회의 성도들과 신학생, 그리고 요한계시록의 진정한 의미를 알고자 하는 모든 이들에게 건강하고 굳건한 신앙의 토대를 제공할 것이라 믿어 의심치 않습니다. 유대문헌과 구약 예언을 연구해 온 학자로서, 목사님의 이 저서가 구약과 신약을 관통하는 하나님의 언약적 경륜을 밝히 드러내어, 그리스도의 재림을 고대하며 이 땅에서 고난을 인내하는 모든 성도들에게 영원한 나라에 대한 소망을 불어넣어 줄 것을 확신합니다.

다시 한번 귀한 저서의 출간을 축하하며, 목사님의 사역과 학문의 여정 위에 하나님의 은혜와 평강이 언제나 충만하시기를 간절히 기도합니다.

변순복 교수
(전 백석대 구약학, 한국인 최초 랍비과정 수료,
미국 전 린다비스타 신학교, 베데스타 대학교 교수)

추천사5

　많은 성도들이 요한계시록을 두려움과 혼돈의 책으로만 여기며 쉽게 다가가지 못합니다. 그러나 이 책《언약의 틀로 본 요한계시록》은 그런 마음의 장벽을 허물고, 우리를 하나님의 사랑과 언약의 중심으로 이끌어 줍니다.

　저자 최성열 목사님은 신학과 문학, 철학을 두루 연구하신 학자이자, 오랜 세월 선교 현장에서 복음을 전해온 헌신적인 주님의 종입니다. 깊은 학문적 통찰을 바탕으로 하되, 오직 말씀 앞에서 기도로 씨를 뿌리고 눈물로 길어 올린 묵상이 이 책의 모든 장마다 배어 있습니다. 특히 3주간의 금식기도를 통해 받은 하나님의 은혜가 이 책을 단순한 해석서를 넘어 하나님 나라를 갈망하게 하는 영적 길잡이로 만들어 줍니다.

　이 책은 요한계시록을 심판과 재앙의 두려운 메시지로만 보지 않습니다. 오히려 그리스도의 언약 안에서 완성되는 하나님의 사랑과 위로를 보여 주며, 고난 속에서도 신실하게 믿음을 지켜야 할 이유를 알려 줍니다. 또한, 세상 속에서 하나님의 백성으로 살아가는 우리에게 거룩한 성품의 변화와 소망을 촉구합니다.

　저는 목회자의 마음으로 이 책을 모든 성도와 동역자들에게 추천합니다. 요한계시록을 두려움이 아닌 소망과 평안으로 읽고 싶은 분, 말씀 속에서 하나님의 언약과 나라를 깊이 묵상하고자 하는 분에게 특별히 유익할 것입니다.

　이 책을 통해 하나님의 나라를 더 선명히 소망하며, 그 언약 위에 믿음의 삶을 세워가길 바랍니다.

김상윤 목사
(나눔의 교회 담임,
필리핀칼빈신학대학원대학교 이사장)

추천사6

최 선교사는 2011년 겨울에 요한계시록을 다독하면서 주님이 주신 은혜가 있었습니다. 계시록의 저주와 심판이 주류가 아니라 하나님이 자기 백성에게 주신 깨우침이었습니다. 그것은 그리스도를 통한 하나님의 언약입니다.

성경의 힘이 얼마나 큽니까! 많은 신앙인들이 간과하는 것이 있습니다. 자기의 생각과 세상이 내놓은 과학에 자신을 의지하는 세대입니다. 이런 복잡미묘한 세태에 인간의 두뇌는 어디까지 생각하고 달릴 수 있는가! 어지러운 세태에 복음의 전도자들이 곳곳에 즐비해 있음에도 악의 종식은 보이질 않습니다.

하나님은 인간이 스스로 사고할 수 있도록 주의를 환기하셨습니다. 이것이 하나님의 선교에 적용된다면 백투더예루살렘과 땅밟기일 것입니다. 복음의 발걸음이 아름답기 때문입니다. 언약으로 풀이하는 하나님의 말씀은 생명력이 있습니다. 왜냐면 성서는 이미 성경으로 치환되어진 생명의 말씀이기 때문입니다.

성경을 알고 특별히 계시록을 읽고 하나님의 큰 뜻을 깨닫는 일이 필요합니다. 독자들이 잠시 쉬어가면서 그 이면과 중심을 왕복하며 생각할 수 있는 여유를 가져보길 원합니다.

  최성열 선교사의 언약으로 풀이하는 요한계시록이 시대에 걸맞는 하나님의 말씀을 따라 지어진 것으로 사료됩니다. 성도들이 읽고 은혜 넘치며, 신앙에 더욱 굳세게 서기를 바랍니다.

김석금 교수

(글로벌게이트웨이신학교 부총장)

계시록을 읽어야 하는 시대가 다가옴을 말하는 것을 제국주의로의 회귀와 귀족과 평민으로 빈익빈 부익부를 넘어 세습이 자리를 잡아가는 세계적인 추세에서 볼 수 있습니다. 더 나아가 기독교의 본질이 구약시대 사사기에 나오는 것처럼 끝이 없는 추락으로 달리고 있는 현상을 보며 주님의 때 카이로스가 다가옴을 느낍니다.

이러한 시기에 적절하게 출판되는 최성열 박사의 《언약의 틀로 본 요한계시록》은 기독인뿐만 아니라 세상에 조용한 신호탄이 됩니다. 계시록이라는 이미지는 혹세무민의 대명사처럼 인식되기도 하고 이제까지 많은 사람들이 책이나 강의 혹 설교로 하나님의 계획보다는 자기의 유익을 위해 사용한 것이기에 거부감이 들기도 합니다.

그런데 최성열 목사이자 선교사인 저자는 지나치지 않은 해석을 통해 약간 부족함 속의 여유가 있는 톤으로 수채화처럼 계시록을 그려내었습니다. 문자와 상징이라는 해석적인 접근에서도 동시에 바라보며 근거가 희박한 것을 가지고 자기주장을 하지 않고 보수 전통적인 입장에서 새로운 눈으로 읽어가는 방법을 제시했습니다.

계시록을 읽어야 하는 시대에 맞게 신학자가 아닌 평범한 사람들을 위해 쉬운 접근법 [내용 요약], [배경], [약속], [해설], [신학적 검토], [교훈] 등으로 혼자 읽기에 부담스러운 점을 정리하여 제공함으로써 독자들이 전문가처럼 이해하도록 했습니다.

사실 '계시'라는 단어가 '알려주다', '밝혀주다'라는 뜻이기에 묵시록처럼 난해해서는 안 됩니다. 당시 독자뿐만 아니라 현대의 독자들에게도 이해가 되어야만 합니다. 그렇지만 가르침을 받는 자의 수준과 상황에 따라 어려울 수도 있기에 역사적 지리적 배경들도 잘 설명되어 있습니다.

시대의 아픔을 느끼거나 하나님 나라에 대한 소망을 두고 있는 사람들에게 일독을 권합니다.

장달식 장로

(시인, 에세이 작가

오페라 작곡 작사가, 공학박사

대성나찌유압공업 대표이사

유공압건설기계학회(KSFC) 회장

전 대한시문학협회 회장

전 기독대학인회(ESF) 이사장)

추천사8

　포스트모던 이후 탈중심화는 지속적이고 계발적인 단계를 지나고 있습니다. 다원주의는 문명과 문화를 거슬러 종교, 사회, 과학 등 인간의 제반 삶에까지 영향을 끼치고 있습니다. 세계의 흐름을 주름잡는 것은 재정적 판도가 우선합니다. 거기다 블록체인 세태는 금융뿐 아니라 네트워크의 Hybrid(하이브리드) 시대를 간파하였습니다. 그 노력의 산물은 활발하게 불타고 있는 AI를 등에 업고 앞선 시대의 흐름에 화폐와 금전으로 기름을 끼었었습니다.

　맘몬이 돈이고, 돈이 권력이며, 돈은 세상을 거머쥡니다. 그럼에도 종교적 분쟁과 종교적 힘을 가진 나라의 정치적 산물은 전혀 배제될 수 없습니다. 왜? 종교는 생명력 있는 활력이기 때문입니다. 그 종교가 생명으로 내달리는가! 아니면 뒤로 곤두박질하는 인간을 향하는가는 하나님이 판단하십니다.

　이런 세태에 금번 최 선교사님이 《언약의 틀로 본 요한계시록》을 출간하였습니다. 책의 내용은 저주와 심판이 주류가 아니라 하나님이 자기 백성에게 주신 깨우침입니다. 그것은 그리스도를 통한 하나님의 언약을 믿음으로 수납하는 일입니다.

　시대가 악하고 믿음이 뒤처지는 것처럼 여겨지는 시대에 예수의 제자됨이 필요합니다. 훈련이 필요합니다. 이런 때에 언약의 틀에서 계시록을 이해하기 원합니다. 주님의 바른 제자가 되어 세상의 유혹이 와도 굳세게 이겨내기를 원합니다.

하나님은 믿는 자들에게 기회를 주셨습니다. 최성열 선교사가 언약을 토대로 요한계시록을 풀어헤쳤습니다. 쉬운 작업은 아닙니다. 그럼에도 그는 신학자로 문학가로서 또 철학자로서 그 바탕에 신앙으로 초석을 놓았습니다. 독자들이 이 책을 통해 바른 신앙을 갖기 원합니다.

이현국 목사

(부산운화교회 담임

《사람을 세우는 선교》

(현지인 한 사람 멘토링하여 10년 만에 1000교회 세운 이야기) 저자)

추천사9

"언약의 빛으로 요한계시록을 다시 읽다."

요한계시록은 기독교 신학사에서 가장 많이 읽히면서도 가장 오해받은 성경 중 하나입니다. 수많은 해석이 존재하지만, 그 해석의 난점은 언제나 '전체 성경의 통일성'과 '종말론적 상징성' 사이의 균형에 있었습니다. 최성열 저자의 《언약의 틀로 본 요한계시록》은 이 문제에 대한 신학적 응답이자, 성경 전체의 언약 구조를 통해 계시록을 새롭게 해석하려는 진지한 시도입니다.

저자는 요한계시록을 단순히 미래 예언이나 묵시적 환상으로 보지 않습니다. 대신, '언약'이라는 구속사적 관점에서 해석함으로써 창세기에서 시작된 하나님의 약속이 요한계시록에서 어떻게 완성되는지를 명료하게 드러냅니다. 그는 계시를 하나님께서 언약의 역사 안에서 자신을 드러내시는 방식으로 보고, 이를 통해 종말론을 두려움의 종교적 상징이 아니라 '언약의 성취'라는 희망의 신학으로 재해석합니다.

특히 이 책의 1부에서 저자는 계시와 언약의 상관성을 체계적으로 설명하며, 바빙크·칼빈 등 개혁신학의 전통 위에 서서 계시의 본질을 "하나님이 자신을 언약 안에서 드러내심"으로 규정합니다. 또한 묵시문학의 발생 배경과 삼위 하나님의 구원 협약에 대한 해석은 신학적으로 정교하며, 요한계시록을 이해하기 위한 견고한 신학적 토대를 제시합니다.

그의 해석은 학문적 균형을 잃지 않으면서도 신앙적 열정을 품고 있습니다. "요한계시록의 핵심은 두려움이 아닌 약속이며, 심판이 아닌 구속의 완성"이라는 그의 통찰은, 종말론을 단순히 시간의 끝이 아니라 '하나님 나라의 완성'으로 바라보게 만듭니다. 이러한 관점은 오늘날 극단적 종말론이나 문자주의적 해석이 난무하는 시대에 신학적으로 가치가 있습니다.

2부의 본문 주해에서는 헬라어 원문 분석과 함께, 요한의 문체적 특징과 상징적 언어의 신학적 의미를 깊이 있게 다룹니다. 저자는 '계시(아포칼립시스)'를 단순한 환상이 아니라, "하나님이 언약 백성에게 자신의 뜻을 드러내시는 실제적 사건"으로 규정하고, 요한계시록을 구약의 언약과 신약의 복음이 만나는 접점으로 제시합니다. 이러한 언약적 해석은 종말론을 역사와 신앙의 통일 속에서 읽게 하며, 성도들에게는 분별의 지혜를, 연구자들에게는 신학적 일관성을 제공합니다.

최성열 저자의 글에는 학문적 엄밀함과 신앙적 진솔함이 함께 담겨 있습니다. 문체는 담백하지만 논증은 정교하며, 구속사적 관점에서 요한계시록의 구조를 설득력 있게 재구성합니다. 그는 스스로 "모방은 창조의 어머니"라 말했지만, 이 책은 단순한 모방이 아니라, 개혁주의 신학의 전통 위에서 새롭게 세워진 해석학적 도전입니다.

《언약의 틀로 본 요한계시록》은 단지 한 권의 주석이 아니라, 성경신학적 언약 이해를 바탕으로 요한계시록의 신학을 재정립한 작품입니다. 저자가 제시하는 언약 중심의 해석은, 요한계시록을 신앙의 경외심과 학문의 질서 속에서 읽게 하는 귀한 안내서가 됩니다.

이 책은 학자에게는 연구의 통찰을, 목회자에게는 설교의 방향을, 그리고 성도들에게는 말씀 안에서 소망을 품게 하는 신앙의 나침반이 될 것입니다. 언약으로 시작된 하나님의 이야기가 계시록에서 완성된다는 이 위대한 구속사적 메시지를, 저자의 필치와 신앙 안에서 다시금 음미하게 됩니다.

본서는 계시와 언약, 묵시와 구속의 통일성을 심도 있게 탐구한 신학적 논저로, 개혁신학적 해석학의 정수를 보여준다. 하나님의 언약 안에서 읽는 요한계시록의 빛, 그 신학적 울림이 많은 독자에게 전해지기를 바랍니다.

유정미 교수

(가나신학대학 기독교선교학 박사,

대한시문학협회 이사장,

새한일보 논설위원&기자)

작가의 말

언약은 하나님의 말(씀)입니다. 말씀은 주체자로부터 낮은 자로 향하는 말로써 높임을 받을 만한 때에 사용합니다. 하나님의 말씀은 세상의 어떤 말보다 우월합니다. 세상에서 말은 하위법입니다. 왜냐하면 말로서는 도저히 믿을 만한 데가 없기 때문입니다. 사람들은 양심을 넘어 윤리를 만들었습니다. 윤리를 넘어서 성문법을 만들었습니다. 이것으로 서로 간의 신뢰를 쌓습니다. 이것은 서로 믿지 못하는 사회를 초래합니다. 그렇게 살 수밖에 없는 죄악 세상입니다. 하나님의 말씀은 이것을 넘어 인간의 양심을 앞섭니다. 하나님은 말씀으로 죄로 물든 인간을 구원하셨습니다. 그 말씀의 정수가 그리스도이고, 그리스도 구속의 결정체가 하나님의 언약입니다.

하나님의 지대한 사랑을 아는 일이 중요합니다. 그 사랑을 통해 하나님은 원하시는 일을 하십니다. 인간이 그 일에 쓰임 받게 되면 삶이 바뀝니다. 하나님은 우리를 아름다운 일에 사용하기를 원합니다. 보십시오! 우리의 처지가 아름다워야 하나님의 일을 할 수 있습니다. 하나님은 스스로 마음껏 웃기를 원하십니다. 최고의 기쁨은 자기 백성들이 하나님 나라에 많이 들어서는 일입니다. 언약을 믿고 따르는 자, 하나님의 나라에 입성합니다.

　그리스도를 믿고 성실함으로 하나님의 일을 해야 합니다. 그리스도를 믿지 않고 선한 일을 할 수 없습니다. 하나님은 자신의 테두리를 지키시며 중심을 사랑하십니다. 만일 누군가가 하나님에 대해 흠집을 내려다가는 도리어 망합니다. 하나님은 인간이 대적할 수 있는 대상이 아닙니다. 인간의 어리석음은 하나님과 그의 영역에 대해서 불경스러운 일을 펼칩니다. 하나님이 하시는 일을 사람도 할 수 있을까요! 만일 이런 일들이 일어난다면 어떠한 사태에까지 이를까요! 그러한 생각을 갖는 자체가 엄청난 일입니다.

　그 엄청난 일이 벌어졌습니다. 인간이 그리스도 예수를 알 수 있음입니다. 하나님의 언약 때문입니다. 하나님 나라에 대한 이해는 각별합니다. 하나님이 계심과 나타나심과 그분의 일하심에 대해서 알 수 있습니다. 인간과 하나님 사이에 거리가 가까워졌습니다. 하나님의 하시는 일에 대해서 인정하게 되면 하나님이 그 사람을 반길 것입니다.

　어느 시인이 우주를 마음에 품어 사랑의 용기(容器)에 담을 수 있다고 합니다. 정말 그럴까요? 우주를 묶어둘 수 있다면 인간 내면의 가치는 상승할까요! 그렇지 않습니다. 인간이 가지는 내면의 이기는

우주만큼 넓고 끝이 없습니다. 욕심뿐이라는 말입니다. 우리가 가진 내면의 용도는 생각일 뿐입니다. 하나님이 계시는 일을 믿고 따라갈 때 인간의 삶의 가치는 하늘 높이 치솟습니다. 하나님은 인간이 최선을 다해서 살아갈 수 있도록 장치를 마련해 주셨습니다. 그 장치를 밟고 올라서는 자는 기대 이상의 효과를 얻습니다. 하나님 나라를 유업으로 받을 수 있다는 말입니다.

《언약의 틀로 본 요한계시록》, 작은 자가 무엇을 알며, 하나님 앞에 설 수 있겠습니까! 감히 펜을 잡고 긁적이는 것조차 부끄럽습니다. 그럼에도 내가 구원받은 사실에 놀랍고, 감사하기 짝이 없습니다. 금번 '요한계시록 풀이서'를 낸 일은 그리스도를 알고 그분이 성취하신 일을 알고자 할 따름입니다. 하나님 나라를 위한 언약을 성도들과 같이 이해하고자 합니다.

사랑하는 제현이여! 같은 마음으로 말씀을 읽고 지킵시다. 신앙을 따라 하나님 나라를 유업으로 받기를 간절히 바라마지 않습니다.

최성열
필리핀 안티폴로에서

차례

1. 언약으로 풀이하는 요한계시록

요한계시록은 신약성경에서 대표적인 예언서로 저자는 사도 요한이다. 요한은 도미티아누스 황제의 박해로 유배된 밧모섬에서 그리스도의 계시를 받고 예언의 말씀을 기록하였다. 요한계시록은 이처럼 예언서이기에 여러 해석이 나올 수밖에 없다. 그럼에도 가장 좋은 해석 방법은 첫째, 하나님의 말씀을 믿음으로 받고 해석하는 것이다. 둘째, 문자적 해석과 역사적 해석에 상징적 해석을 더해 좀 더 신앙적으로 풀이하는 것이다. 이는 성도들에게 바른 신학과 교리 그리고 곧은 신앙을 교육해야 하기 때문이다. 더욱이 아직도 복음을 모르는 이들에게 그리스도의 공로(Christou Merit)를 알리기 위해서다.

요한계시록의 기록 목적은 마지막 때 신앙적으로 힘겹게 살아가는 성도들에게 희망을 주는 것이다. 더구나 이 요한계시록을 바르게 해석하는 것은 오늘날 성도들이 여기저기서 우후죽순처럼 생겨나는 이단이나 사이비, 여타 종파들의 유혹에 넘어가지 않도록 하는 데 반드시 필요하다. 사실 지금도 많은 성도가 요한계시록에 대한 이단이나 사이비의 잘못된 해석에 미혹되고 있다. 저들은 성경 비유 풀이 식이나 자기식 말씀 해석의 탁월성을 주장하며 아전인수격으로 성경을 풀이한다. 이런 상황에서 성경, 특히 요한계시록에 대한 바른 해석과 풀이는 매우 중요하다.

이에 이미 명망 높은 학자들의 요한계시록에 대한 해석이 많이 있음에도 이 작은 자가 펜을 든 것은, 어떤 특별한 해석을 하고자 함이 아니다. 모방은 창조의 어머니라는 말이 있듯, 단지 새롭게 신앙을 다짐하고자 하는 마음으로 감히 몇 자 적어 보는 것이다.

나는 '언약'의 관점으로 요한계시록을 풀이하려 한다. 먼저 요한계시록과 창세기, 다니엘서를 간단히 비교할 것이다. 그리고 많은 사람이 말하는 해석 방법을 펼쳐 놓고 나의 의견을 제시하고자 한다. 다음으로 언약과 계시가 무엇인지 살펴볼 것이다. 이어 언약과 계시의 상관성, 묵시문학의 형태인 계시(ἀποκάλυψις), 묵시문학의 발생 이유, 요한계시록의 특징, 종말론적 사상을 담지한 요한계시록 등의 주제를 추가로 다룬 뒤 요한계시록의 내용을 풀이하고자 한다.

1) 구약성경과의 비교

(1) 요한계시록은 다니엘서와 비교할 수 있다.

첫째로 유대 민족의 불멸성에 대해 다니엘 3장 6절과 요한계시록 12장을 비교할 수 있다. 둘째로 적그리스도의 사역에 관해 다니엘 3장과 7장, 그리고 8-11장과 요한계시록 13장이 서로 관계되어 있다.

더불어 환난 기간에 대해서도 비슷한 점이 있는데, 이는 다니엘 9장 24-27절과 요한계시록 전반에 걸쳐 발견된다. 반면 상반되는 부분은 인봉에 관한 것이다. 다니엘서에서는 인봉한 책으로(단 12:9), 요한계시록에서는 인봉하지 않은 책으로 묘사된다(계 22:10). 이는 종말에 가서 인봉했던 책이 펼쳐지고 하나님의 심판이 임한다는 의미다.

(2) 요한계시록은 창세기와도 비교할 수 있다.

먼저 땅과 바다에 대한 설명을 비교할 수 있다. 창세기 1장에서 땅과 바다를 설명하는데, 요한계시록 21장에서는 그 처음 땅과 바다가 없어졌다고 말한다(창 1장; 계 21장). 또 창세기에는 에덴동산에서 아담과 하와가 결혼하는 내용이 나오는데(창 2:24), 요한계시록에서는 마지막 아담(그리스도)과 그 아내 된 교회(성도)가 함께 하나님의 나라에서 다스리는 내용이 나온다(계 21장). 그리고 창세기에서 아담의 범죄 이후 땅이 아담으로 인하여 저주를 받는데(창 3:17), 요한계시록에서는 다시 저주가 없다고 말한다(계 22:3). 이어 창세기에서 사탄은 인간을 잠시 곤란에 처하게 하지만(창 3장), 요한계시록에서 사탄은 영원토록 고난받는 심판을 당한다(계 20장).

2) 요한계시록 해석의 관점

모리스(Morris)는 요한계시록을 네 가지 관점으로 해석할 수 있다고 본다. 첫째는 요한계시록의 예언이 이미 이루어졌다고 보는 것이고, 둘째는 요한계시록을 역사적인 관점으로 보는 것이다. 이는 모두 재림주로 오실 메시아의 역사가 이미 인류 역사에서 이루어진 것으로 본다. 셋째는 미래적 관점으로, 요한계시록의 예언을 종말에 이루어질 사건으로 보는 것이다. 넷째는 상징적 관점인데, 이것은 요한계시록을 시적인 형태로 보는 것이다. 이외 어떤 이들은 요한계시록의 내용이 상징적이기도 하지만 구체적인 형상으로 볼 수 있는 것이기도 하다고 설명했다.[1] 이런 것들을 종합하여 모리스는, 요한이 나타내고자 하는 것은 그리스도의 심판과 함께 나타날 현실적인 역사라고 역설한다.[2]

다음은 네 가지 학설에 대한 나의 견해다.

1. 성경의 역사적 사실을 무시하고 순전한 허구라고 주장하는 이들이 있다. 이들은 대부분 불가지론자로, 성경의 내용은 현실적으로 맞지 않으며, 도깨비장난 같은 이해할 수 없는 형상으로 표현되어 있어 전혀 일어날 수 없다고 보는 것이다.

그러나 불가지론이라는 것은 말 그대로 알 수 없다는 것인데, 이천 년 전의 사실을 우리가 다 알 수 있다면 그것은 계시가 아니다. 성경의 내용을 그대로 받아들이는 것에 아무 하자가 없는 것은 '성경'이라는 말 자체가 대변해 준다. 성경은 아무 의미가 없는 것이 아니다. 역사적 사실을 토대로 수천 년을 이어 왔다. 그리고 계시와 믿음으로 하나님을 아는 자들이 성경을 기록한 것이기 때문에 성경을

---

1) 이한수,《요한계시록》(서울: 솔로몬, 2018), p.26. 이한수 교수는 "계시록 해석은 시각적 환상과 청각적 메시지를 병치하거나 대조하는 방식을 통해 새로운 상징적 의미 세계를 추구한다"고 설명했다.
2) Leon Morris, *The Revelation of St. John*(Leicester, England: IVP, 1984), pp.5-22.

다 알 수 없다는 것은 자신의 무지를 드러낸 수치일 뿐이다. 특히 예수의 제자인 요한이 계시록을 기록한 것은 분명한 사실이다.

2. 요한계시록을 그림 언어로 치부하여 상징성을 매우 강조하는 자들이 있다. 그러나 모리스도 말했듯, 그림 언어라 할지라도 성경의 해석에 걸맞은 부분이 있다. 이것을 주장하는 자들은 요한계시록을 우화라고 말한다. 이 견해에 따르면, 요한계시록의 어떠한 부분도 문자 그대로 해석해서는 안 된다. 즉, 이 책은 선과 악을 상징적으로 대구(對句)시키며 언급하고 있기에 극히 상징적으로 풀어야 한다는 것이다. 이것은 주로 자유주의자들의 견해다.

성경은 하나님의 말씀이기에 상징적일 수밖에 없다. 요한계시록도 마찬가지다. 그러나 너무 상징으로만 보면 오히려 인본주의적 해석만 남게 된다. 인간의 인지 능력과 상상의 감각과 체험적 이상은 매우 제한적이기 때문이다. 이는 칸트의 경험론이나 헤겔의 관념론의 영향에 의한 것이다. 이러한 인본주의적인 토대에서 상징성을 띤 요한계시록을 보면 바른 해석이 나올 수 없다.

3. 요한계시록을 역사적 관점으로 해석하는 사람들이 있다. 하나는 요한계시록을 과거의 역사로 보는 것이고, 또 하나는 현재도 계속되는 역사로 보는 것이다. 첫째로 모리스도 말했듯이, 요한계시록을 과거의 역사로 보는 사람들(preterist)은 그 책의 내용이 이미 초대 교회의 역사에서 성취된 것으로 이해한다. 즉, 이 책에 기록된 박해는 로마 황제 네로와 도미티아누스에 의한 핍박을 가리키는 것이라고 본다. 어떤 학자는 이 책의 내용은 콘스탄티누스 때(AD 313)까지 모두 성취되었다고 주장하기도 한다. 둘째로 요한계시록을 현재도 계속되는 역사로 보는 관점이다. 즉, 이 책에는 요한 시대 때부터 세

상 끝 날까지의 장대한 교회 역사가 담겨 있다는 것이다. 이들은 요한계시록의 예언이 이 교회 시대를 통해 성취되어 간다고 주장한다. 세대주의자 라이리(C. Ryrie)는 교회사에서 나타난 교황권의 발흥과 교회의 부패 및 전쟁을 이 책의 상징에서 찾아낸다. 그는 대부분의 종교개혁가가 요한계시록을 이와 같이 해석했다고 주장한다.

그러나 요한계시록을 역사적으로 이미 이루어진 것으로 해석한다면, 정작 중요한 그리스도의 재림이 빠지게 된다. 그날에 그리스도께서 왕권을 가지고 다시 오실 것이다. 이에 환난에 처한 신실한 성도들을 향해 구름 타고 다시 오실 메시아를 고대하라고 말한 것이다. 그들은 영원한 나라에서 그리스도의 신부로 살아가게 된다(계 21장).

반면 요한계시록의 계시가 현재도 이루어져 가고 있다고 보는 관점은 충분히 설득력이 있다고 본다. 굳이 천년기설을 말한다면, 나는 무천년기를 따른 역사적 전천년주의에 동의한다. 요한계시록의 계시는 지금도 이루어지고 있는 역사적 사실로, 나는 장차 예수 그리스도께서 재림주와 심판주로 오실 것을 굳건히 믿는다.

4. 요한계시록을 미래적 예언으로 보는 사람들이 있다. 이들은 요한계시록 4장 이하의 사건들이 아직 성취되지 않았다고 본다. 즉, 아직 성취되지 않은 미래적 사건이기에 현재와는 별도로 취급되어야 한다고 주장한다.

그러나 요한계시록은 상징성을 띠는 계시문학이다. 따라서 인간의 이해로 모든 것을 다 풀어 갈 수는 없다. 다만 중요한 것은 구약의 예언들이 신약의 예수 그리스도에게서 성취되었다는 사실이다. 그리고 다시 오실 그리스도를 고대한다는 사실이다. 즉, 지금도 요한계시록의 사건들이 하나씩 실타래가 풀리듯 성취되어 가는 과정이라는 것이다. 따라서 요한계시록을 미래에 일어날 일에 대한 예언서라고만 보아서는 안 된다.

결론적으로 이 네 가지 견해를 검토해 보았을 때, 개혁주의적 해석 방법은 성경이 말하고자 하는 바를 풀이하는 것이다. 즉, 성경은 언약의 관점에서 풀고, 계시적 입장에서 조명해야 한다. 인지적 감각이나 이성적 이해, 판단으로 풀어헤치다 보면 자칫 문학적인 비판밖에 남지 않는다.

나는 요한계시록에 대한 상징적인 해석을 무시하지 않는다. 또 이 책은 과거에 일어난 사건에 대한 기록일 수도 있다. 반면 계시의 특성상 미래적인 사건을 나타내기에 요한의 시대부터 시작되는 일이라 해도 이를 부정할 수만은 없다. 다만 마태복음 24장과 로마서 11장, 베드로후서 3장의 기록과 같이 '주의 오래 참으심으로 천국 백성의 숫자가 차기까지' 기다리시는 주의 사랑을 볼 때 현재로부터 미래의 사건이라고 보아야 한다는 것이다.

마지막으로 역사적인 사건과 함께 은유적인 사건과 비유를 통해 상징적인 사건들이 실제화될 것을 염두에 두어야 한다. 모두 상징적이고 과거에 일어난 일들이라며 이 책을 단지 성경의 한 책으로만 보아서는 안 된다. 지금도 고난받으며 신앙생활하는 자들과 복음을 모르는 자들이 있기 때문이다. 그리고 주님의 재림이 임박했기 때문이다. 주님은 하루가 천 년 같고, 천 년이 하루 같음을 피력하셨다 (벧후 3:8).

2. 요한계시록 본문 연구에 앞서

요한계시록은 종말론적 사상을 품고 있다. 천국은 어린 양이신 그리스도와 그의 신부인 새 예루살렘이 한데 어우러지는 곳이다. 그곳은 빛이신 하나님의 통치 아래 사랑과 은혜가 깃들어 있다. 이에 본 요한계시록을 연구하기 전에 계시와 언약의 상관성을 먼저 살펴보고자 한다.

1) 계시와 언약의 상관성

계시는 하나님이 비밀을 드러내시는 것이다. 언약은 그 계시 안에 있는 중심 메시지다. 이처럼 둘은 불가분의 관계다. 이에 요한계시록을 연구하기 전에 계시와 언약의 특성을 먼저 알아야 한다. 그리고 계시와 언약의 상호 관계에 대해 살펴보아야 한다.

첫째, 일반계시와 특별계시는 무엇인가? 하나님은 계시자이시자,

계시 자체시다.[3] 예수 역시 계시이시며, 또 복음을 선포하심으로 전달자가 되신다. 계시의 내적 인식의 원리는 성령과 믿음이며, 외적 인식의 원리는 성경이다. 즉, 믿음을 통해 지식(notitia)을 얻게 되며, 객관적 진리(assensus)를 통해 나에게 역사하는 내적 확신(fiducia)을 갖게 된다(RD2, 739).

일반계시와 특별계시의 관계는 어떠한가? 일반계시는 피조 세계와 인류의 역사, 인간의 양심에 주어진다. 특별계시는 기록된 형태이며 계시의 정점이다. 바빙크는 "계시 구술의 영감에서 하나님이 친히 말씀하셨다"고 말했다. 워필드도 "계시 구술과 함께 인간의 손을 사용하시는 말씀의 계시 기록의 영감"을 말했다(RD1, 535).

둘째, 언약은 무엇인가? 언약은 궁극적으로 인류를 향한 하나님의 작정이다. 하나님이 처음 사람인 아담에게 언약을 주셨다. 그 언약의 증표는 행위로 말미암는다. 그런데 아담이 타락으로 전적으로 무능하고 전적으로 부패하게 되었다. 따라서 하나님은 행위 언약을 담당할 대리자를 필요로 하셨다(RD3, 168-169). 죄 때문에 인간의 본질이 변하는 것이 아니라, 이것들이 인간이 자신을 드러내는 활동의 방향이다. 하나님은 어떤 것도 파괴하지 않으신다. 행위 언약은 역사상 폐지되었으나 오히려 그리스도 안에서 완전히 성취되었다. 이것이 새 언약의 중심이다.

그리스도는 새 언약의 당사자가 되신다. 이 은혜 언약은 상호적 협약을 의미하지 않는다. 언약의 히브리어 단어 '베리트'나 '호크'는 편향적으로 이루어지는 언약을 의미한다. 베리트는 인간을 향한 하

---

3) 헤르만 바빙크, 《개혁교의학 1》, 박태현 역(부흥과개혁사, 2011), p.532. 이하 헤르만 바빙크의 《개혁교의학》 각 4권을 'RD1'~'RD4'로 칭한다.

나님의 관계 규정, 호크는 언약 안에서 지켜야 할 행동규칙이다. 따라서 언약을 맺는 자와 맺음을 당하는 자에게 책임과 의무가 지워진다. 바빙크는 은혜 언약을 또 다른 쌍무 언약으로 이해했다. 즉, 이는 "사람이 하나님의 능력 가운데 의식적으로 그리고 자유롭게 언약을 지키도록 예정되었기 때문"이라고 하였다.

새 언약의 당사자는 행위 언약을 성취하셨다. 곧 하나님과 사람 사이의 중보자가 되신 것이다.[4] 이것이 구속사적으로 다룰 때 언약이 된다. 이로 말미암아 하나님의 뜻을 알 수 있는 것이다. 결과적으로 요한계시록을 이해하기 위해서는 계시와 언약의 상호성을 바로 알아야 한다.

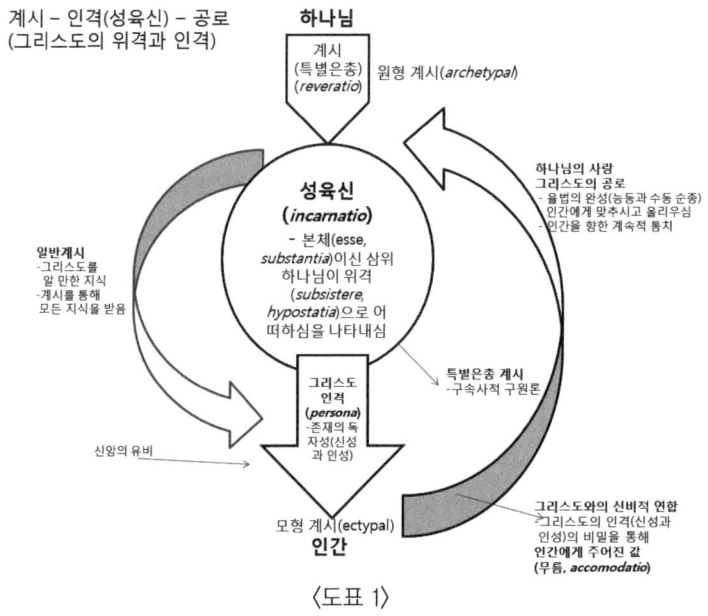

〈도표 1〉

4) 존 칼빈, 《라틴어 직역 기독교 강요》, 문병호 역(서울: 생명의말씀사, 2009), p.58. 그리스도는 하나님의 사랑으로 율법의 의를 이루신 유일한 분이다.

1) 원형 계시이신 하나님이 일반계시로 사람들에게 모든 알 만한 것을 주심(따라서 인간은 하나님에 대해 핑계치 못함)

2) 삼위 하나님의 기독론적 성육신을 통한 위격과 인격의 도량(삼위 하나님의 존재 이해에서 본질과 위격, 그리고 사역에서의 인격)

3) 모형 계시로 인간이 그리스도의 공로(맞추어 주심, 죗값을 무르심)로 그리스도의 영과 연합을 이룸(전가, imputatio)

4) 특별계시를 통한 신앙의 유비(말씀이신 로고스로서의 인격이신 그리스도)와 대리적 무름(satisfactio vicario)

5) 그리스도(인격, persona)는 인간을 위해 신성과 인성으로 경역(境域)적, 무한적(somewhere, anywhere) 사역(율법의 성취)을 마치시고 보좌 위에서 계속적으로 통치하심

2) 묵시문학의 형태인 계시와 언약

계시는 묵시문학의 형태라고 할 수 있다. 묵시문학은 하나님이 자신이 창조하신 세상을 직접 주관하시고 자신을 드러내심을 기록한 것이다.[5] 또 의와 죄에 대한 심판, 그리고 인류의 구원을 통해 미래에 일어날 일을 기록한 책이다. 특별히 계시는 하나님의 감추었던 비밀(단 2:18; 롬 16:25; 엡 3:3), 곧 인간과 세상에 하실 일을 미리 나타내

---

5) 서철원, 《서철원 박사 교의신학 종말론》(쿰란출판사, 2018). 서철원 교수는 세상 역사의 시작을 창조 경륜에서 마지막에 있는 그리스도의 구원까지 보았다.

신 것이다.[6]

계시(렘 14:14, chazon)는 일반적으로 이상(異象, 삼상 3:1; 단 1:17)으로 표현되며 응시(凝視)하는 일을 의미한다. 계시문학을 신학적인 틀로 이해하기 위해서는 믿음의 도구가 필요하다. 믿음은 인간이 만들어 내는 것이 아니라 하나님의 선물이다. 이것을 '그 은혜로 인한 믿음으로 말미암는다'(by Grace through faith)라고 한다. 계시로 말미암은 구원은 언약(testamentum)을 통해 이루어진다. 묵시문학을 계시로 이해하고 언약을 통해 구원으로 향하는 발걸음은 믿음으로 하는 일이다.

3) 묵시문학의 발생 이유와 삼위 하나님에 대한 지식

조지 래드(George Ladd)는 "묵시문학의 형태는 역사적 환경에서 발생했다. 특히 신학적 문제를 수반하며 발생했다"라고 말했다. 그가 주장하는 묵시문학의 발생 배경은 크게 세 가지다. 첫째, 보편적 성질에 타협하지 않은, 율법에 대해 의로운 남은 자가 발생했기 때문이다. 둘째, 율법을 지키는데도 발생하는 국가적인 고난이나 악과 관련된 제반 문제 때문이다. 셋째, 역사적 역경을 겪고 있는 백성들에게 하나님 나라의 도래가 연기된 이유를 설명하기 위해서다.[7] 로우리(Rowley)는 "묵시문학은 예언의 자녀"라고 말했다. 하나님의 말씀이 창조를 발판 삼아 만드신 온 세상을 주관하는 섭리라는 말이다. 묵시문학이 발생할 수밖에 없었던 것은 '죄악으로 관영한 온 인류를 구

---

6) 문병호,《30주제로 풀어 쓴 기독교 강요》(서울: 생명의말씀사, 2013), p.91.
7) G. E. 래드,《신약신학》, 신성종 역(서울: 대한기독교서회, 1999), pp.698-711.

원하시기 위한 하나님의 은혜의 약속'을 기록하고자 했기 때문이다.

때문에 묵시문학의 발생 배경을 이해하고, 그러한 책에서 지식을 얻는 것이 우리에게 필요하다. 그리스도를 아는 지식이 곧 길이요 진리요 생명이기 때문이다(요 14:6). 칼빈은 《기독교강요》 1권 1장에서 '하나님을 아는 지식'을 필두로 말하였다. 하나님을 알고 나를 알때 비로소 구원과의 범위가 좁혀지게 된다. 그리고 하나님과 인간 사이의 장벽을 그리스도께서 타파하셨다는 것을 알 수 있다(엡 2:14). 종말론적 인생을 살아가는 온 인류에게 필요한 것은 하나님에 대한 지식이다. 또 삼위일체 하나님에 대해 바르게 인식하는 것도 필요하다. 곧 구속과 구원을 향한 '삼위 하나님의 구원 협약'(trinitas pactum salutis)을 바로 알아야 한다.

4) 요한계시록의 특징

요한계시록은 종말론적이나 미래적 세계관과 영원한 하나님 나라의 특성으로 구성된다.

첫째, 하나님이 창조 세계에서 진행하는 역사에서 발생하는 미래적 세계관이다. 요한계시록을 이해하기 위해서는 먼저 묵시를 이해해야 한다. 그리고 실체적(substantia)인 하나님의 계심을 먼저 알고, 나타나심과 드러내심을 제대로 받아들여야 한다. 이것을 형이상학적으로 초월적인 역사관이라고 편향적으로 치부해서는 안 된다.

둘째, 영원한 하나님 나라의 이원론적 통일성을 관철해야 한다. 인간이 사는 땅은 한정적이다(창 3:19). 그럼에도 하나님은 이 땅을 사랑하셨다. 또 인간이 살 수 있는 공간으로 회복시켜 주셨다(창 3:22-24).

예수님은 "뜻이 하늘에서 이루어진 것같이 땅에서도 이루어지이다"(마 6:10)라고 기도하라고 말씀하셨다. 즉, 하늘에서의 주님 나라와 이 땅에서의 주님 나라는 별개가 아니다. 어거스틴은 《하나님의 도성》에서 영원한 하나님 나라가 이 땅에서 이루어질 것에 대해 매우 강조했다. 우리는 이 세상을 등지고 하나님 나라만 고대해서는 안 된다. 곧 하늘에서 이루어진 것같이 이 땅에 온전한 하나님의 나라가 임하기까지 신앙의 바른 자세를 유지해야 한다. 그 과정에 핍박과 고난이 있을지라도 영원한 나라에 대한 소망을 가지고 살아가야 한다. 초대 교회 중 서머나 교회는 로마와 유대교와 기타 종파의 핍박과 유혹에 굴하지 않아 예수님께 칭찬받았다(계 2:8-11). 요한계시록의 특별한 성격은 그리스도를 따르는 성도들이 이 땅에서 살아가는 삶의 연장선에 있다. 성도는 미래를 내다보며 사는 자다.

5) 종말론적 사상을 담지한 요한계시록

첫째, 에덴동산의 재조명이다.

요한은 하나님의 나라가 하늘로부터 내려오는 새 예루살렘이라고 보았다. 이는 완전하게 혁신된 에덴동산의 모습을 조명한다. 하나님이 원래 창조한 모습을 무시해 버리신다는 의미가 아니다. 특별히 하나님은 창조의 모습을 재현하면서도 새로운 모습의 하나님 나라를 이끄심을 요한에게 알려 주셨다. 새 예루살렘은 처음의 에덴동산을 품고 있으며, 완전한 주님의 신부의 모습이다(계 21장).

둘째, 선지자들을 통한 예언의 성취다.

구약 시대에는 하나님이 직접 이 땅을 통치하고 인도하셨다. 왕국을 세우시고 왕을 통해 하나님이 인생에 관여하셨다. 또 선지자들의 예언을 통해 하나님의 일을 알려 주셨다. 구약적 예언은 당대와 미래에 있을 일을 말한다. 동시에 경고의 메시지를 가진다. 요한계시록은 다니엘 선지자나 에스겔 선지자 등이 이미 선포했던 메시아적 예언을 통한 구원과 영원한 회복을 예언한 책이다.

6) 요한계시록의 해석 방법

요한계시록을 해석할 때에는 본문이 말씀하고자 하는 바를 정확히 이해해야 한다. 그러기 위해서는 말씀에서 사용된 비유나 대구, 반복과 평행, 상징과 표징 등을 유기적으로 파악해야 한다. 가장 중요한 것은, 구약에서 말씀하신 메시아의 도래와 신약에서 언약을 성취하신 그리스도의 기치(symbol)를 이해하는 것이다. 또 성경 전체가 한눈에 들어오도록 그림을 그릴 줄 알아야 한다. 성경의 한 부분만 가지고 요한계시록을 해석해서는 안 된다. 예를 들어, 구약의 모든 것이 신약의 예수를 말한다고 억지로 끼워 맞추면 오류가 생길 수밖에 없다. 그것은 그리스도의 예표일 뿐, 진짜 그리스도가 아니기 때문이다. 성경은 결코 우리가 가진 얕은 지식만으로 해석해서는 안 된다. 그러므로 요한계시록 해석에서도 다음과 같은 몇 가지를 주의

하는 것이 필요하다.

1) 요한이 살았던 시대적 배경을 알아야 한다. 당시 요한은 로마 황제 도미티아누스의 통치 말기(AD 95~96)에 밧모섬으로 유배를 갔다. 그리고 거기서 그리스도의 영으로 세상 끝에 있을 일에 대해 계시를 받고 글로 기록했다.

2) 요한계시록의 요지가 무엇인지 정확히 파악해야 한다. 요한계시록은 요한이 그리스도로부터 직접 받은 계시다. 또 재림주로 오실 그리스도의 심판의 메시지다. 당시 많은 성도가 로마 황제와 우상 숭배자들에게 환난과 핍박을 당하고 있었다. 따라서 그들에게 비록 이 땅에서 고난받고 죽더라도 영생을 얻을 수 있다는 희망의 메시지를 전하고 있다. 또 장차 그리스도의 영원한 통치를 받으며 삼위 하나님과 깊은 영적인 교제를 누리며 살 수 있다는 소망의 메시지를 담고 있다. 특별히 요한은 이 계시의 말씀을 먼저 소아시아의 일곱 교회에 전했다. 이러한 당시의 시대적 배경을 알지 못하면 이 책의 요지를 바르게 이해할 수 없다.

3) 언약적 측면에서 계시(비밀을 알려 주심)를 이해하는 것이 필요하다. 계시를 정확하게 이해한 사람은 요한이다. 물론 그 이후로도 수많은 사람이 요한계시록을 연구했다. 그러나 직접 계시를 받은 요한처럼 우리가 모든 것을 알 수는 없다. 다만 계시에 대한 이해가 필요하다. 그것은 언약적 관점으로 이해하는 것이다. 그럴지라도 요한계시록의 해석은 매우 조심스럽다. 심지어 장로교 창시자인 칼빈은 요한계시록 해석을 하지 않은 것으로 전해진다.

4) 요한계시록에서 나타나는 비유나 상징을 바로 이해해야 한다. 사람마다 해석은 다를 수 있다. 그러나 오리겐처럼 풍유적(allegorical)

해석으로 빠지지는 말아야 한다. 또 상징을 적당한 선에서 이해해야 한다. 예를 들어, 일곱 별이나 일곱 촛대를 지나치게 해석하면 일곱 천사나 우주의 별로만 해석할 수 있다. 좀 더 나은 해석은, 일곱은 완전수를 의미하며 별이나 촛대는 주님의 형상을 말한다고 보는 것이다. 때로는 다른 뜻으로 말할 수도 있다. 따라서 문맥에 맞게 비유와 상징을 잘 이해해야 한다.

5) 구속사 및 언약과의 관계성으로 해석해야 한다. 성경 66권은 한 맥락을 가지고 있고, 구원의 과정을 이야기하며, 하나님 나라의 완성을 추구한다. 이 과정에 있는 것이 곧 구속사(histerie redemptio)다. 그리고 그것은 언약을 담지한다. 즉, 아담에서 시작한 언약이 노아와 아브라함, 모세, 다윗, 그리고 새 언약이신 그리스도에게까지 이어진다. 이 맥락을 떠나 편향적으로 요한계시록을 이해하거나, 신약만 가지고 풀이해서는 안 된다.

6) 구원론적 세계관을 깊이 인식해야 한다. 세계관이란 좁게는 인류 역사에서 일어나는 어떤 사건의 형태나 형질에 관한 이해를 말하고, 넓게는 하나님의 구원 사역에서 그 내용을 말한다. 이것은 곧 구원의 역사관으로 다음과 같이 말할 수 있다. 하나님은 직선적 역사(histerie)에 개입하신다. 구원사적 역사(geschichte)로 일하신다는 의미다. 즉, 인류 역사에서 구원의 역사를 펼쳐 나가신다. 이 같은 방식으로 요한계시록을 이해해야 한다. 그러지 않으면 잘못된 해석이 나올 수 있다.

7) 종말(마지막 날)에 이루어질 일에 관한 구약적 메시지(창세기, 에스겔, 다니엘 등)와 신약의 연결성을 이해해야 한다.[8] 성경은 창조로부

---

8) 서철원, 《서철원 박사 교의신학 종말론》. 서철원 교수는 "마지막 날은 지목되지 않았으며,

터 시작해 인간의 타락과 심판, 죄 문제로 전개된다. 따라서 이 세 주제에 관해 각 성경이 말하는 내용을 잘 알아야 한다. 창세기부터 말라기까지 어느 것 하나 구원과 관련되지 않은 것이 없다. 곧 모두 한결같이 메시아 도래와 함께 온 인류의 구원 문제에 도달한다. 그리고 이것은 요한계시록에서 완성된다. 마지막 날에 이루어질 새 예루살렘은 에덴동산의 완전한 회복의 역사다. 특히 다니엘 선지자는 신구약 중간사에서 나타날 일에 대해 중점적으로 피력했다. 이것이 요한계시록과 연관되어 마지막에 일어날 일과도 관련된다. 이처럼 신구약의 통일성과 다양성을 잘 이해하고 요한계시록을 해석해야 한다.

8) 현재까지 이루어진 많은 신학자의 해석을 참조해야 한다. 역사적으로 권위 있는 성경 해석가가 많이 있다. 요한계시록에 관해서도 마찬가지다. 고대에는 해석보다는 정경에 요한계시록을 삽입할 것인지를 놓고 논의했다(이레니우스, 테르툴리아누스, 제롬 등은 정경으로 인정). 동방 전통은 계시록을 예전에 사용하는 것을 제한했으나, 훗날 신중한 태도를 보였다. 이에 과거에는 좋은 해석이 나오기 힘들었다. 중세 천년기를 지나고 중세 후기(1500년경)에 비로소 루터, 칼빈, 멜랑히톤 등이 요한계시록 해석을 시작했다. 특히 루터는 요한계시록을 천상의 복음이라고 하며 해석을 중도 포기한 것으로 알려진다. 후대에 와서는 많은 학자가 요한계시록을 풀이했다. 불트만은 요한계시록을 한 편의 신화로 치부했다. 근래에 와서는 세대주의 해석이 난무하고 있다. 신천지 등 이단들은 휴거론을 비롯해 일곱 단계 곧 '무

하나님의 주권 속에 감추어진 사건"이라고 강조한다. 인간의 종말 예언이나 특정 시점 예측은 "신학적 오만"이라고 하여 경계한다.

죄-양심(아담에서 노아)-인간 통치(노아에서 아브라함)-언약(아브라함에서 모세)-율법(모세부터 예수까지)-교회(예수부터 재림까지)-천년왕국 시대(지상 재림에서 천년왕국까지)'로 나누어 요한계시록을 이상하게 해석하기도 한다. 물론 이것은 바른 해석이 아니다.

9) 영적인 통찰력이 있어야 한다. 이 말은 기도가 바탕이 되어야 한다는 것이다. 심지어 기도 생활을 열심히 했던 루터나 칼빈도 요한계시록 해석을 중도에 포기했다고 한다. 기도하지 않고 성경을 해석하는 것만큼 어리석고 또 위험한 것은 없다. 기도하면 영적인 능력이 생긴다. 하나님의 도우심을 받을 수 있다. 영적인 통찰력이 생긴다. 요한계시록을 풀이하는 일에서 우리는 하나님 앞에서 더욱 겸손해져야 한다.

10) 영적인 투영 곧 성령의 조명이 있어야 한다. 성령의 조명은 성경에 근거해 해석할 때 가능해진다. 특히 삼위 하나님의 언약 신학적으로 풀이해야 하는 요한계시록 해석은 성경 전체에서 말하는 것과 일치해야 한다. 이때 성령의 조명이 필요하다. 성령님은 제3위 하나님이시다. 우리가 흔히 말하는 '성령 충만'은 기도와 말씀에 충실할 때 가능해진다. 성령님은 과거 성경 기자들이 성경을 기록하도록 도우셨던 분이다. 따라서 성경을 해석하기 위해서는 반드시 성령님의 조명이 있어야 한다. 즉, 영적인 안목이 있어야 한다.

11) 종말론적 사상을 담은 요한계시록 해석이 되어야 한다. 어떤 사람들은 요한이 살았던 시대를 종말론적 관점으로 해석한다. 그것도 완전히 잘못된 것은 아니다. 그러나 그것이 전부가 아닌 이유는, 앞으로 오실 메시아를 고대하며 사는 성도들의 입장을 고려하지 않았기 때문이다. 요한의 때로부터 이천 년이 지난 지금도 수많은 성

도가 그리스도 안에서 살고 있다. 또 영원한 나라에의 회귀를 고대하고 있다. 따라서 요한계시록은 이들에게 소망의 메시지를 던져 주어야 한다. 곧 인생에 여러 어려움이 있더라도 초대 교회 교인들처럼 복음을 붙들고 살아야 한다고 알려 주어야 한다. 또 영원한 나라에서의 삶을 기대하며 희망과 긍정을 품고 살아야 한다고 가르쳐야 한다. 이처럼 요한계시록은 종말론적 삶과 연결되어야 한다.

12) 삼위 하나님의 계심(존재), 나타내심(계시), 일하심(사역)을 이해해야 한다. 요한계시록은 특히 삼위 하나님의 존재와 각 위가 되시는 성부, 성자, 성령의 일하심을 잘 알고 해석해야 한다. 하나님의 실존은 인간의 인지적 감각으로 이해할 수 없다. 오직 믿음으로 받아들여야 한다. 그리고 그 나타내심을 일반계시와 특별계시를 통해 풀이해야 한다. 특히 그리스도 영의 사역이 곧 성령님의 사역임을 인식하며 성경을 해석해야 한다. 이것은 곧 요한계시록을 언약적 관점으로 이해하는 것이다. 또 그것이 그리스도께서 성취하신 구속의 산물이라는 것을 기억해야 한다.

결론적으로 요한계시록 해석은 다방면으로 연구 준비가 되어 있을 때 가능하다. 또 앞선 해석자들의 자료를 참고하는 것도 도움이 된다. 더욱이 요한계시록은 구속사적 언약으로 해석하는 것이 옳다. 혹 요한계시록을 구약이나 신약의 한 편에만 치중해 해석해서는 안 된다. 성경 66권이 하나의 목적을 향해 나아가고 있기 때문이다. 요한계시록 해석은 겸손한 자세로 성경이 말하는 대로 하는 것이 옳다. 더불어 성령의 조명을 따라 해석해야 한다. 그리고 그리스도께서 인간을 위해 행하신 일을 믿음으로 받고 그 안에서 해석해야 한다.

7) 사도 요한과 요한계시록의 저자

(1) 사도 요한

갈릴리 출신의 어부로(막 1:19), 세베대의 아들이자 야보고의 형제다. 요한은 초기에 세례 요한의 제자였다가 예수께서 세례받은 후그의 제자가 된 것으로 알려진다. 요한복음 20장을 보면 그는 소심하거나 매우 신중한 사람이었던 것으로 보인다. 그는 베드로, 야고보와 같이 예수님을 늘 따라다녔다. 또 그는 사랑의 사도라고 알려졌으며(요일 4:8), 예수님과 제자들의 마지막 만찬에서 예수님의 품에의지하였던 사람이다(요 13:23). 예수님은 십자가 상에서 그에게 자신의 어머니 마리아를 부탁하기도 했다(요 19:27). 요한은 예수님의 사역 기간 일거수일투족을 같이 했다. 예수님이 십자가에 달리셨을 때그 자리에 함께 있었으며, 예수님이 부활하셨을 때도 그분을 영접했다(고전 15:5).

이레니우스나 알렉산드리아의 클레멘트 등은 자신의 저서에서 이렇게 말한다. "요한은 바울로 인해 소아시아에 복음이 전해지자, 에베소 교회의 초빙을 받고 거기서 목회했다." 제롬은 요한이 말년에목회할 때 힘이 없어 제자들이 그를 강단에 모셔 놓았다고 전한다.그 자리에서 요한은 청중에게 힘을 다해 '서로 사랑하라'고 말했다는 것이다. 이때 청중은 그의 얼굴에서 환한 광채를 보았고 더불어은혜를 받았다고 한다.

(2) 요한계시록의 저자

초대 교부(제롬, 어거스틴 등) 중 많은 사람이 요한계시록을 요한의 저작으로 보았다. 다른 것은 차치하더라도 1장 1절과 9절에서 각각 "그 종 요한"과 "나 요한"이라고 기록하고 있다. 초대 교회 시대에는 이 책을 정경으로 인정할 것인지를 두고 논쟁이 있었다. 그리고 저자 문제에 대해서도 논란이 있었다. 그 후 초대 교회 때부터 18세기 말까지 순교자 저스틴의 말대로 요한이 기록한 것이라고 인정해 왔다. 이후 묵시문학에 대한 비평이 생겨났다. 그러면서 요한의 기록물이 아니라고 주장하는 자들이 나타났다. 그들은 요한계시록에 묵시문학적 형식이 결여되어 있다고 주장하지만, 그것을 입증할 만한 것은 없다. 오히려 요한복음이나 요한서신과 비교해 보면 문체가 일치하는 것을 볼 수 있다. 특히 말씀(로고스), 어린 양, 승리, 증거 등의 용어 사용을 볼 때 더욱 그렇다.

사료에 의하면, 동방과 서방의 교회가 나뉜(AD 1054) 이후, 동방교회는 요한계시록을 정경으로 인정하지 않았다고 한다. 반면 서방교회는 인정했고, 특히 중세 시대에는 루터, 멜랑히톤, 칼빈 등이 요한을 요한계시록의 저자로 보았다. 이렇듯 요한계시록이 정경이냐 아니냐 하는 논쟁과 함께 저작 문제도 불거져 왔다.

앞서 잠깐 보았듯 18세기까지는 논쟁에 큰 문제가 없었다. 하지만 이성의 우위를 앞세운 서구 철학이 신학에 파고들어 문학비평을 만들어냈다. 이를 현대신학이라고 일컫는다. 지금으로부터 약 100년 전에 불트만은 신약성경을 비평적으로 해석했다. 이에 인간 예수는 남기고, 기적 등은 신화로 치부했다. 그런 영향으로 요한계시록도 하나의 신화라고 보게 되었다. 불가지론자들은 이에 더 합세해 요한계시록을 상징으로 보았다.

여러 논란에도 결국 요한계시록은 정경으로 인정되었다. 그리고 무엇보다 사도 요한 자신이 저자라고 분명히 언급하고 있다. 그리고 요한계시록은 구약의 메시지나 신약성경과도 잘 연결된다(사 34:16). 요한계시록은 신약성경의 유일한 예언서로, 저자는 사도 요한임이 확실하다.

〈요한계시록에서 표현하는 숫자의 의미〉(헤세드레마와 벡위드의 설명 참고)

요한계시록은 여러 곳에서 다양하게 숫자가 사용된다. 히브리인들이 숫자를 사용할 때는 추상보다 구체적 표현 방식으로 택한다. 특히 요한계시록의 숫자는 특수한 상황에서 엄격한 상징성을 띠고 있다. 요한계시록의 해석을 위해서는 구약과 신약의 사상과 잘 연결하는 것이 중요하다. 그러기 위해서는 구약과 신약에서 말하는 히브리인들이 사용하는 숫자의 의미를 파악해야 한다.

1. 숫자 1 = 절대적인 수(유일신, 신 6:4), 그리스도와 하나님이 하나임(요 10:30), 전능하심(omni-potence), 교회가 그리스도와 한 몸임(고전 12:12-14)

2. 숫자 3 = 하늘을 상징, 요한계시록에서는 구체적으로 삼위일체에 적용됨

3. 숫자 4 = 땅(동서남북으로 추정, 고대인들은 땅이 사각형으로 되었다고 생각함)을 상징, 에덴동산의 강(창 2:10; 사 11:12; 렘 49:36; 단 4:2),

요한계시록 에서는 구체적으로 땅을 표현함(계 7:4, 9:13-15)

4. 숫자 5 = 형벌이나 포상에 쓰임, 5의 배수는 배상법에 적용됨(신 22:29)

5. 숫자 7, 10, 12 = 1) 완전수 '7'은 고대에서 신성시했음, 히브리인에게 는 하나님의 창조와 관련됨(창 2:3), 성령의 역사가 완전함 을 뜻함(계 1:4)

   2) 완전수 '10'은 십진법의 기초, 하늘과 완전수 '7'의 결합, 성전과 성막의 기구들도 10진수에 의해 측량됨

   3) 완전수 '12'는 12진법과 60진법의 기초, 구약의 12지파에 서 유래, 신약의 12사도, 땅과 하늘의 3과 4의 곱(하나님의 요구에 대한 복종의 의미)

6. 대략 수(어림수) 40 = 4의 배수로 인간의 생존이나 인내와 관련해 '오 랜 기간'을 의미함

7. 숫자 6 = 완전수 '7'보다 '1'이 부족해 좋지 않게 여김

8. 숫자 8 = 절기 다음 날이라는 의미만 있음

9. 숫자 9 = 특별한 의미 없음

10. 숫자 666 = 짐승의 수(라틴의 숫자, 즉 로마 황제나 로마 제국), 히브리어 로 로마 황제 네로 카이사르의 이름값을 풀어 쓰면 666, 때로는 상징적으로 쓰기도 함

11. 숫자 144,000 = 12지파를 나타내는 완전수(계 7:4, 땅에서 구속받은 자 전체를 의미함), 12제곱 144와 최고의 만수 1,000을 곱하면 144,000, 하늘과 땅에 공통된 큰 숫자이자 완전한 '만수(滿 數) 즉 완전성을 의미함

3. 본문 연구

1) 요한계시록 1장 1-20절

(1) 요한계시록 1장 1-3절
주제 : 예언의 말씀 – 알고 지키게 하심

1:1 예수 그리스도의 계시(Ἀποκάλυψις)라 이는 하나님이 그에게 주사 반드시 속히 일어날 일들을 그 종들에게 보이시려고 그의 천사를 그 종 요한에게 보내어 알게(ἐσήμανεν) 하신 것이라

1:2 요한은 하나님의 말씀(λόγον)과 예수 그리스도의 증거(μαρτυρίαν) 곧 자기가 본 것(εἶδεν)을 다 증언하였느니라(ἐμαρτύρησεν, 직과 능)

1:3 이 예언의 말씀을 읽는 자(ὁ ἀναγινώσκων)와 듣는 자(οἱ ἀκούοντες)와 그 가운데에 기록한 것을 지키는 자(τηροῦντες)는 복이 있나니 때가 가까움이라

[내용 요약]

1. 1절 : 그리스도의 계시

1) 하나님이 그리스도 예수에게 주신 계시 : 그리스도의 종들에게 보이시기 위해

2) 그리스도의 종 요한에게 알게 하신 일 : 반드시 속히 일어날 일들을 보이시기 위해

3) 두 개의 주절(예수 그리스도의 계시와 하나님이 그리스도에게 주신 임박할 일을 종들에게 보이신 것이다)과 하나님이 마지막 날에 이루실 일을 종속절로 나누고 있다. 하나님이 계심에 대해 밝히 드러내고 있는 구절이다. 그리고 인간들이 알 수 없는 신비한 일을 알려 주시겠다는 미래적 예언이다.

4) 키워드 : 계시, 일어날 일, 알게(ἐσήμανεν, 직과 능)

5) 전 10:14, 사람은 장래 일을 모름, 나중에 일어날 일을 알 수 없음

6) 갈 1:12, 사람에게서 받은 것도 아니요 배운 것도 아니요 오직 예수 그리스도의 계시로 말미암은 것

   (1) 계시 - 하나님은 의를 계시하는 영(spiritus iustitiae)이시다 (롬 16:26, 신비의 계시를 따라 된 복음).

   (2) 그리스도의 영은 자유의 영이시다(고후 3:17).

   (3) 말씀의 뿌리가 없으면 환난이나 박해가 일어날 때 넘어진다(마 13:21).

예수 그리스도의 임박한 재림에 관하여 기록한 책이다. 하나님의

거룩한 자에 관하여 말씀하고 있다. 재림에 대한 계시는 모든 세대에 걸친 하나님의 계획과 목적에 부합한다.

2. 2절 : 말씀(계시, 예언)에 대해 사실적으로 묘사한 반복 어법

   1) 요한이 직접 본 것은 곧 하나님의 말씀

   2) 그리스도의 증거

〈증거에 대하여〉 언약, 이행, 전파

1. 언약 : 노아의 무지개 언약의 증거(창 9:14)

   1) 다시는 물로 심판을 하시지 않겠다는 언약이다.

   2) 증거는 하나님이 인간에게 언약을 통해 보여 주실 것을 인지하는 것이다.

2. 이행 : 증거를 지키지 않을 때의 진노(렘 44:23)

   1) 보여 주신 증거를 지키지 않을 때의 진노다.

   2) 하나님이 말씀하시고 나타내신 증거를 실행에 옮기는 것이다.

3. 전파 : 요한은 자기가 본 것을 다 증언하였다.

   - 키워드 : 증언하였다

3. 3절 : 말씀을 읽고 듣고 지키는 자 복 있음

   1) 이 예언의 말씀을 읽는 자는 복이 있을 것이다. 듣는 자는 복이 있을 것이다. 그 가운데에 기록한 것을 지키는 자는 복

이 있을 것이다. 요한계시록은 그리스도의 왕국의 완성과
영광을 향한 대 우주적 선포다.

2) 읽고 듣고 지키는 자가 복이 있다(신 6:4-5; 롬 10:14-17).

3) 때(καιρὸς)가 가깝기 때문이다.

1절의 계시와 일어날 일을 알게 하신 것을 읽고 듣고 지키는 자가
복을 얻을 것이다 - 예수 그리스도의 영광과 신비적 연합을 이룬다.
주의 백성들의 의지로 합력하여 선을 이룬다(롬 8:28). 요한계시록
22장 7절에서 "내가 속히 오리니 이 두루마리의 예언의 말씀을 지키
는 자는 복이 있으리라"라고 했다. 마태복음 11장 24절에서는 "심판
날에 소돔 땅이 너보다 견디기 쉬우리라"라고 했다.

〈계시적 입장에서 살펴본 '때'(καιρὸς, 카이로스)〉

창조주 하나님이 주관하시는 때는 둘로 나눌 수 있다. 곧 일반적
역사(χρόνος, 크로노스)와 하나님이 개입하시는 역사(카이로스)다.

첫째, '크로노스'는 직선적 역사관으로 시간, 즉 시대적 진행을 표
현한다. 곧 창조의 시작과 인류의 기원, 인류 삶의 연속을 말한다.
그리고 마지막 때까지를 의미하며, 이는 주님이 다시 오실 때(재림)까
지를 포함한다(유 1:18). 곧 옛것은 다 없어지고 새로운 시대가 회복되
기까지라고 할 수 있다.

둘째, '카이로스'는 삼위 하나님의 구속사적 개입을 통한 그리스
도의 때를 말한다. 즉, 그리스도께서 이 땅에 오시는 때(갈 4:4, "때가
차매")나 성도가 은혜 받을 기회(사 49:8; 고후 6:2) 등이 여기에 포함된
다. 요한계시록에서 주지하는 때는 그리스도 재림의 때다. 나아가

구원받은 성도들이 재림의 날에 그리스도와 함께하는 것을 의미한다. 곧 구속사적 역사관에서는 '때'의 중요성을 피력한다. 이는 언약 백성에게 말씀하시는 증거(아담의 행위 언약에서 그리스도의 새 언약까지)다. 주님은 마지막 때에 관해 '그때(ἡμέρας)는 아들도 모르고 아버지만 아신다'고 하셨다(마 24:36). 즉, 계시(비밀을 말씀하시는 내용)에 언약의 중량감을 싣고 말씀하셨다. 마지막 그날이 임박한 것을 말씀하신 것이다.

- 키워드 : 때(καιρὸς), 읽는 자, 듣는 자, 지키는 자는 복이 있을 것

[신학적 고찰]

1. 고차원적 비밀인 하나님의 예언이 계시를 통해 인간에게 전달되었다. 인간의 인지 감각으로 이해할 수 있도록 예수 그리스도로 말미암아 알려 주심으로 그 일이 성취되었다.

2. 그리스도 안에 머무는 믿음의 자녀들이 고난과 환난까지도 이겨 낼 수 있도록 능력을 주셨다. 그리스도의 왕국을 계시하심으로 그것을 알고 받는 이들에게 하나님의 말씀이 이루어졌다. 증거로 말미암은 언약, 이행, 전파가 동시에 이루어지게 하셨다.

3. 종말에 예언의 말씀을 알고, 읽고, 듣고, 지키는 자가 복된 자다.

[교훈과 실천]

성도는 예언의 말씀을 계시로 받음으로 그리스도의 복음을 잘 이해하게 된다. 그리고 어떠한 환경에서도 증인으로서 책임감 있게 살아가게 된다. 성도는 고착된 삶의 방식을 고치고 회개하여 하나님

께로 삶의 방향을 바꾸어야 한다. 사람이 만일 복음을 받아들이지 않는다면 동물적 감각에 만족하며 사는 것과 무엇이 다르겠는가! 성도로서 그리스도의 말씀을 통해 책임감 있게 변화를 만들어 가자. 성령의 신실한 열매를 맺자.

성도는 하나님을 전적으로 신뢰하는 자가 되어야 한다. 그것이 늘 쉬운 것은 아니지만, 날마다 마음을 고쳐먹고 주님 안에서 성숙한 인격이 되도록 나아가자. 성도는 계시를 기록한 성경의 증거를 지키는 자로 하나님 앞에 서야 한다. 끊임없는 반성과 변화를 통하여 이 땅에서 하나님과 동행하는 멋진 인생을 누려야 한다. 또 성도는 지금이 마지막 때임에 주의하여 예언의 말씀을 듣고 지키는 자가 되어야 한다.

[결어]

그리스도의 영이 요한을 통해 예언하셨다. 인류의 마지막에 다가올 미래가 지금 임박하였다는 것이다. 그 '때'(καιρὸς)가 예수님의 다시 오심을 말하는 것임을 기억하자. 언약의 지평(持平)선에서 '그 말씀'을 읽고 보고 지킬 것을 명하셨다. 그 일을 행하는 자는 반드시 복을 받을 것이다.

(2) 요한계시록 1장 4-8절
주제 : 반드시 다시 오실 예수 그리스도

1:4 요한은 아시아에 있는 일곱 교회에 편지하노니 이제도 계시고 전에도 계셨고 장차 오실 이와 그의 보좌 앞에 있는 일곱 영(ἑπτὰ

Πνευμάτων)과

1:5 또 충성된 증인으로 죽은 자들 가운데에서 먼저 나시고 땅의 임금들의 머리(ἄρχων)가 되신 예수 그리스도로 말미암아 은혜와 평강이 너희에게 있기를 원하노라 우리를 사랑하사 그의 피로 우리 죄에서 우리를 해방하시고(λύσαντι)

1:6 그의 아버지 하나님을 위하여(Θεῷ, unto God, 여격) 우리를 나라와 제사장으로 삼으신(ἐποίησεν, he has made) 그에게 영광과 능력이 세세토록 있기를 원하노라 아멘

1:7 볼지어다(Ἰδοὺ) 그가 구름(계 14:14, νεφελῶν)을 타고 오시리라(ἔρχεται, he is coming) 각 사람의 눈이 그를 보겠고 그를 찌른 자들도 볼 것이요 땅에 있는 모든 족속이 그로 말미암아 애곡하리니(계 18:9, κόψονται, will mourn) 그러하리라 아멘

1:8 주 하나님이 이르시되 나는 알파와 오메가라 이제도 있고 전에도 있었고 장차 올 자요(현재 ὢν, 과거 ἦν, 미래 ἐρχόμενος) 전능한 자라 하시더라

[내용 요약]

1. 4-5, 8절 : 편지하는 이유와 안부

1) 4절 : 삼위 하나님의 스스로 계심(출 3:14)에 대한 명확한 설명(현재 ὢν, 과거 ἦν, 미래 ἐρχόμενος)으로 일곱 교회에 편지한다고 말을 시작함

(1) 일곱 교회

유대교에서 일곱은 안식일이나 안식년(출 23:10-11) 또는

희년이란 의미다. 아시아의 일곱 교회는 로마의 영토로 소아시아 서쪽 지역에 있었다. 아시아는 고대 버가모(Pergamum) 왕국에 의하여 대표되는 지역이다.

(2) 일곱 영(ἑπτὰ Πνευμάτων) : 성령

매튜 헨리는 하나님의 일곱 영을 '일곱 영이라 불린 성령', 즉 다양한 은사를 가 지고 역사(役事)하시는 분이라고 말하며, "무한하고 완전한 하나님의 영이 보좌 앞에 계시다"라고 설명했다. 요한계시록 3장 1절에서는 '일곱 영과 일곱 별을 가 지신 이'라고 표현했다. 요한계시록 5장 4절에서는 일곱 뿔과 일곱 눈이 있는 이를 일곱 영으로 묘사했다. 일곱은 완전수를 말하고, 영은 성령을 의미한다. 온전하신 하나님의 영이시다. 다른 해석자들은 이를 에녹서를 끌어들여 일곱 천사장으로 해석하기도 하지만, 이는 무리가 있는 듯하다.

2) 8절 : 하나님이 말씀하심

　(1) 나는 알파와 오메가라

　(2) 이제도 있고 전에도 있었고 장차 올 자요 전능하신 이

- 4절과 8절에서 삼위 하나님의 계심에 대해 동의어로 설명함
　(히 13:8)

·안부 : 하나님으로부터 기인하는 은혜와 평강을 기원함(5절, 예수로 말미암아)

·예수 그리스도의 모습을 묘사(4-5절)

① 그의 보좌 앞에 있는 일곱 영과

② 충성된 증인으로 죽은 자들 가운데에서

- 순교자는 대의에 대한 충성으로 죽임을 당한 자

안디바의 죽음, 증인들의 피(계 2:13, 11:3)

③ 먼저 나시고 땅의 임금들의 머리가 되신 그리스도

2. 5절 하-6절 : 하나님의 사랑과 그리스도의 공로, 그리고 그분께 영광 돌림

1) 하나님의 사랑과 그리스도의 공로

(1) 우리를 사랑하사 그리스도의 피로(롬 3:24)

(2) 우리를 죄에서 해방하심(롬 6:22)

(3) 그리스도의 아버지 하나님을 위하여(롬 3:24)

(4) 우리를 나라와 제사장으로 삼으심(벧전 2:9)

(5) 하나님께 영광과 능력이 영원토록 있으시기를 바람

2) 하나님이 우리를 사랑하시어 그리스도의 피로 우리를 죄에서 해방해 주셨다. 그것은 하나님을 위한 것이었다. 우리는 우리를 나라와 제사장으로 삼으신 하나님께 영광을 돌려야 한다.

3. 7절 : 서언의 중심 메시지 - 그리스도께서 구름을 타고 오실 것임

1) 너희는 보게 될 것이다 : 그리스도의 다시 오심

(1) 그가 구름을 타고(단 7:13; 계 14:14) 오시리라(살전 4:17)

(2) 각 사람(모든 사람)의 눈이 그를 볼 것임

(3) 그를 찌른 자들(빌라도, 로마 병정)도 볼 것임

(4) 땅에 있는 모든 족속이 애곡할 것임(계 18:9)

(슥 12:10, 내가 다윗의 집과 예루살렘 주민에게 은총과 간구하는
심령을 부어 주리니 그들이 그 찌른 바 그를 바라보고 그를 위하여
애통하기를)

2) 다시 오실 그리스도

(1) 모든 사람이 볼 수 있도록 임하신다(계 1:7).

(2) 그때는 아무도 모른다(마 24:44).

(3) 그리스도는 하늘에 올라가신 그대로 오실 것이다(행 1:11).

(4) 악한 세력을 멸하기 위해 오실 것이다(계 20:1-2).

예수 그리스도로 말미암아 요한이 일곱 교회에 편지를 쓴 내용이
다. 이것을 계시와 예언으로 표현한다. 요한은 이것은 자기가 본 사
실이라고 강조한다. 실제로 그는 예수님의 심장 소리를 들어 가며
그의 곁에서 3년 반의 공생애를 함께했다. 요한은 이 예언의 말씀을
지키는 자는 복이 있다고 말한다.

요한은 예수 그리스도가 어떤 분인지를 분명히 설명한다. 그리고
그분으로 인한 구원의 은혜로 교회들에 안부를 전한다. 그 내용은
은혜(free merit)와 평강(shalom)이었다. 요한의 설명에 따르면, 예수 그
리스도는 전에도 계셨고, 지금도 계시며, 장차 오실 분이시다. 또 충
성된 증인(순교자)으로 죽은 자들 가운데서 먼저 나셨으며, 온 땅의
임금들의 머리가 되신 분이시다. 그리스도는 인간을 사랑하셨다. 그
리고 그의 피로 우리를 죄에서 해방하셨다.

예수님은 그 아버지 하나님을 위하여 우리를 나라와 제사장으로
삼으셨다. 요한은 그(그리스도)에게 영광과 능력이 영원토록 있기를

기원했다. 성도들은 이제 구름 타고 오시는 그리스도를 볼 것이다. 각 사람이 볼 것이고, 그를 찌른 자들도 볼 것이다. 그리고 땅에 있는 모든 족속이 그를 인하여 애통할 것이다. 요한은 이제 하나님의 계심에 대해 말한다. 그분은 어제도 오늘도 영원토록 계신 분이다. 그리고 장차 다시 오실 전능하신 분이다.

[칼빈의 신학적 제언]

칼빈은 "그리스도는 저주받으시고 죽으셨다. 우리를 위해 잃어버리신 바 되었다. 우리는 그분 안에서 의와 자유, 생명과 구원을 찾아야 한다"라고 했다(Inst. 2.16.1.). "그리스도의 죽음이 하나님과 우리를 연결하는 다리가 되었다. 그것은 곧 하나님의 인간을 향하신 화해의 궁극적인 목적이다. 이는 하나님의 사랑으로부터 나온 속죄 사역이다"(Inst. 2.16.4.). 칼빈은 "그리스도의 제사장 임무로서의 구속적인 죽음은 값없는 은혜(Merit)였다"라고 했다.

"바울은 하나님이 '창세전에' 그리스도 안에서 우리에 대한 사랑을 확고히 하셨다고 말한다(엡 1:4-5). 이 사실은 성경에서 분명하게 나타났다. 하나님은 우리를 명백히 그의 아들의 죽음 안에서 호의적으로 대하셨다. 그 일 전에는 우리와 원수셨다는 것을 말씀하셨다"(Inst. 2.16.4.).

하나님은 사랑이시다. 하나님은 크신 사랑으로 인간에 대해 기뻐하셨다. 이것은 하나님의 속성이다. 그 사랑으로 독특한 방식으로 구속을 단행(斷行)하셨다. 칼빈은 《기독교강요》에서 "중보자(Mediator) 그리스도는 반드시 참 하나님과 참 사람으로 오셔야 했다. 그의 과업은 지옥을 유업으로 받는 사람의 자녀를 하나님 왕국의 유업에 대한 하나님의 자녀로 만들기 위해서였다"고 말했다(Inst. 2.12.2.).

[신학적 고찰]

온 세상을 다스리시는 하나님은 자신의 뜻과 질서대로 세상을 창조하셨다. 온 세상이란 지구뿐 아니라 온 우주를 일컫는다(행 17:24). 하나님이 모든 만물을 만드신 이유는 인간을 위해서였다. 인간은 만물을 사용하고 보존해야 하는 사명을 받았다. 그러나 인간의 자유의지는 그것을 이뤄 내지 못했다. 곧 타락의 길로 가 버린 것이다. 이때 하나님이 메시아, 즉 그리스도를 주기로 작정하신 것이다(창 3:15; 사 7:14; 요 1:41). 이는 하나님이 인간과 맺으신 언약이다.

그리스도는 '때가 차매'(갈 4:4) 이 땅에 오셔서 율법 아래 있는 자들을 속량하셨다. 곧 언약의 성취다. 그 언약으로 인간의 삶의 자리가 아름답게 바뀌게 되었다. 그리고 그 자리에 아직 머물고 있는 인간은 그리스도 안에서 책임감을 가지고 성화의 삶을 살아가야 한다.

초림 때 오셨던 메시아, 즉 그리스도는 인간 죄에 대리적으로 대가를 치르시고 죽으셨다. 그러나 그리스도는 살아나셨고, 다시 오겠노라고 말씀하셨다. 그때 만민이 왕으로 오시는 그리스도를 뵐 수 있다. 다만 불신자들과 신앙에 견고히 서지 못한 자들은 애곡할 것이다. 그리스도를 찌른 자들도 마찬가지다.

[결어]

그리스도의 다시 오심은 온 인류의 구원을 위해서다. 그가 속히 오심은 고난과 환난을 당하는 주의 거룩한 자녀들을 구원하시기 위함이다. 그리스도는 하나님의 이름을 찬양하도록 하려고 우리를 나라와 제사장으로 삼으셨다. 그분은 장차 구름을 타고 반드시 다시 오실 것이다. 성도는 굳센 믿음으로 그리스도의 오심을 고대해야 한다.

(3) 요한계시록 1장 9-20절
주제 : 재림 예수의 상징

1:9 나 요한은 너희 형제요 예수의 환난과 나라와 참음에 동참(συ νκοινωνὸς, companion)하는 자라 하나님의 말씀과 예수를 증언(μαρ τυρίαν, testimony)하였음으로 말미암아 밧모라 하는 섬에 있었더니

1:10 주의 날에 내가 성령에 감동되어 내 뒤에서 나는 나팔 소리 같은 큰 음성을 들으니

1:11 이르되 네가 보는 것을 두루마리에 써서 에베소, 서머나, 버가모, 두아디라, 사데, 빌라델비아, 라오디게아 등 일곱 교회에 보내라 하시기로

1:12 몸을 돌이켜 나에게 말한 음성을 알아보려고 돌이킬 때에 일곱 금촛대를 보았는데

1:13 촛대 사이에 인자(ἀνθρώπου) 같은 이가 발에 끌리는 옷을 입고 가슴에 금띠를 띠고

1:14 그의 머리와 털의 희기가 흰 양털 같고 눈 같으며 그의 눈은 불꽃(πυρός) 같고

1:15 그의 발은 풀무불에 단련한 빛난 주석 같고 그의 음성은 많은 물 소리와 같으며

1:16 그의 오른손에 일곱 별이 있고 그의 입에서 좌우에 날 선 검이 나오고 그 얼굴은 해가 힘 있게 비치는 것 같더라

1:17 내가 볼 때에 그의 발 앞에 엎드러져 죽은 자같이 되매 그가 오른손을 내게 얹고 이르시되 두려워하지 말라 나는 처음이요 마지막이니

1:18 곧 살아(Ζῶν) 있는 자라 내가 전에 죽었었노라(νεκρόν) 볼지어다 이제 세세토록(αἰῶνας) 살아 있어 사망과 음부의 열쇠를 가졌노니

1:19 그러므로 네가 본 것과 지금 있는 일과 장차 될 일을 기록하라

1:20 네가 본 것은 내 오른손의 일곱 별의 비밀과 또 일곱 금촛대라 일곱 별은 일곱 교회의 사자요 일곱 촛대는 일곱 교회니라

[내용 요약]

1. 주의 날에 환상을 경험함, 요한은 예수님의 직계 제자

(1) 그리스도에 대한 환상을, 주님이 말씀하신 바를 여과 없이 그대로 전함

구약의 여러 선지자도 환상을 보고 하나님의 말씀을 선포함 (사 6장; 겔 1장)

(2) 요한은 주의 날(κυριακῇ hēmera, 안식 후 부활한 날, 주일)에 성령에 감동됨

(3) 큰 나팔 소리를 들음

2. 본 것을 두루마리(성경, 권위 있는 말씀)에 써 보내라

(1) 요한이 본 것을 '두루마리에 쓰라'(γράψον εἰς βιβλίον)고 하심, 그리고 '보내라'(πέμψον)고 하심

⑵ 일곱 교회는 곧 에베소, 서머나, 버가모, 두아디라, 사데, 빌
라델비아, 라오디게아 교회

3. 일곱 촛대 사이에 계신 인자의 모습

⑴ 요한이 (자신에게 말한 음성을 알아보려고) 몸을 돌이킬 때 일곱
금촛대를 봄

⑵ 일곱 가지로 된 순금 촛대(출 25:31-37)

⑶ 촛대 사이에 계신 인자(υἱὸν ἀνθρώπου) 같은 이(단 7:13)

· 발에 끌리는 옷 입음 : 대제사장의 긴 옷(위엄 상징, 출 28:4)

· 가슴에 금띠를 띰 : 정교하게 짠 세마포에 바느질로 수를
놓음(출 39:29)

· 머리와 털이 흰 양털 같고 눈 같음

· 왕좌가 놓이고, 옛적부터 항상 계신 이의 머리털은 흰색(영
원성, 위엄과 지혜 상징, 단 7:9)

· 눈은 불꽃(πυρός) 같음 : 메시아의 재림과 승리, 주권자의
통찰을 상징(신 32:10; 계 2:18), 심판주로서 악인에 대한 맹렬
한 심판(불의 의미 부각)

· 발은 풀무불에 단련한 빛난 주석 같음 : 세상에 승리하신
주님을 상징

· 음성은 많은 물 소리와 같음 : 신적 권위

· 오른손에 일곱 별이 있음 : 일곱 교회의 사자(계 1:20)

· 입에서 좌우에 날 선 검이 나옴 : '내 입의 검' - 버가모 교
회에 회개치 않으면 그들과 싸우겠다고 함(만국의 심판, 계
2:16, 19:15)

· 얼굴은 해가 힘 있게 비치는 것 같음 : 변화산에서 예수님
의 얼굴이 해같이 빛 남(마 17:2), 시내산에서 내려온 모세
의 얼굴의 광채(출 34:29)

4. 주를 향한 요한의 자세

(1) 그의 발 앞에 엎드려 죽은 자 같음 : 그리스도께서 오른손
(위로, 능력, 회복, 수 5:14)을 얹어 요한의 담대함을 회복시키심

(2) 나는 처음(πρῶτος)이요 마지막(ἔσχατος)이다.

(3) 나는 살아 있는 자(the living, Ζῶν)다 : 살아 계신 하나님(수
3:10; 마 16:16)

(4) 전에는 내가 죽었었다(I was died, paradivdwmi : '다 이루었다' 하
시고 영혼이 돌아가심(요 19:30)

(5) 보라 영원토록(evermore, αἰώνων) 살아 있어 사망과 음부의
열쇠를 가졌다.

- 키워드 : 영원토록, 살아 계신 그리스도

5. 본 것, 지금 있는 일, 장차 될 일을 기록

(1) 본 것은 오른손의 일곱 별(일곱 교회의 사자)의 비밀, 일곱 금
촛대(일곱 교회)

[신학적 고찰]

1. 9-10절 : 밧모섬에서 성령의 감동을 받음

요한은 로마 황제 도미티아누스 치하에서 종교적 박해로 밧모섬에 유배되었다. 그리고 그곳에서 주의 날에 성령(나팔 소리 같은 큰 음성-하나님의 능력)의 감동을 받았다. 그는 하나님 나라의 말씀을 증언하다 잡혔다. 그러나 환난과 고통을 감내했다. 그것은 단 하나의 이유, 곧 그리스도 예수와 함께 생활했기 때문이었다. 그리스도가 승천하여 다시 계시를 주셨기에 그는 확실한 믿음에 서 있게 되었다.

2. 11-12절 : 작은 책에 써 편지하라는 명령

요한이 어디서 음성이 들려오는지 보려고 몸을 돌이키는 순간 일곱 금촛대(슥 4:2, 여기선 교회로 보는 것이 타당)를 보았다. 그 촛대 사이에 계신 그리스도께서 요한에게 일곱 교회(에베소, 서머나, 버가모, 두아디라, 사데, 빌라델비아, 라오디게아)에 그가 본 것을 두루마리(작은 책, εἰς βιβλίον)에 써 보내라고 하셨다. 작은 책은 이 요한계시록을 말한다. 즉, 요한계시록은 그가 본 것을 그대로 기록한 것이다.

3. 13-16절 : 그리스도에 대한 상징

일곱 촛대를 본 요한은 그것을 다음의 20절에서 일곱 교회라고 설명했다. 광의적으로 전 세계 교회를 뜻하기도 한다. 그가 완전수를 뜻하는 일곱 개의 교회를 보았기 때문이다. 그리고 그리스도는 이미 구약의 대제사장과 왕의 모습을 그대로 재현하고 계신다(출 28:31; 레 16:4; 단 10:5-6; 사 9:6). 즉, 하나님의 아들로서 그리고 삼위 하나님의 통치(권세)로서 이 땅에 위엄으로 임재하시겠다는 의지를 보이신 것이다.

4. 17-20절 : 심판주이신 그리스도

처음이요 나중이신 그리스도(사 44:6, 나 외에 다른 신이 없다)께서 요한에게 오른손을 올리시고 두려워하지 말라고 하셨다(사 41:10, 내가 의로운 나의 오른손으로 너를 붙들겠다). 죽었다가 살아나셨다는 말씀은 부활을 의미한다(마 27:53). 이는 그가 부활에 대한 주권을 가지셨음을 뜻한다. 실제로 그리스도는 공생애 사역 때 죽은 자들을 고치셨다(요 12:1-나사로, 마 9:24-관리의 딸 등). 더구나 그리스도는 사망과 음부의 권세를 가지셨다(요 5:22, 29, 선한 일을 한 자 생명의 부활, 악한 일을 한 자는 심판의 부활). 이어 요한에게 지금 본 것과 현재 일어나고 있는 일과 장차 나타날 일을 기록하여 편지하라고 하셨다.

〈언약과 재림의 상관성〉

처음에 언급했듯, 본 연구는 하나님의 언약의 관점에서 요한계시록을 살펴보고 있다. 하나님의 영적인 투영을 통해 신구약 말씀의 연결성을 확인하고자 하는 것이다. 하나님은 성도들이 자신의 삶을 이 땅에서 아름답게 엮어 가기를 원하신다. 그러나 지금 세상은 수많은 우상과 이단과 거짓 선생으로 가득하다. 더욱이 마지막 때는 분명 환난과 고통이 있을 것이다. 하나님은 성도들이 이러한 고통을 반드시 이겨 내기를 바라신다. 특히 말세에 성도는 인내를 가지고 믿음을 지킴으로 그리스도 재림의 때에 하나님께 인정받아야 한다. 그렇게 함으로 그리스도의 통치에 동참하는 것이다. 이를 위해 하나님께서 타락한 아담에게 주신 은혜가 있다. 바로 행위 언약이다(창 3장). 이 언약을 노아와 아브라함, 모세와 그리스도 예수까지 이어지게 하셨다. 특히 이스라엘을 택하시고 그들에게 하나님의 신부라는 상징적 칭호를 주셨다(렘 2:2; 계 21:2).

[신학적 제언] 언약과 그리스도의 재림

1. 언약의 의미 – 은혜의 체험

언약은 하나님이 주신 것이다. 하나님은 성도들이 그것을 다시 받기를 원하신다. 언약은 하나님을 위해 체결한 것이기 때문이다. 물론 인간을 무시한 처사로 언약의 이행을 원하시는 것은 절대 아니다. 다시 오실 그리스도 안에서 인간의 의지를 성령의 능력으로 인치실 것이다.

2. 인류의 책무 – 삶의 방향 전환, 언약에 충실

언약은 일방적인 하나님의 행위지만 인간의 책무가 뒤따른다. 이는 세상의 기준이나 가치를 초월한다. 인간의 계약은 상대적이나, 하나님의 언약은 절대적이다. 그리스도인은 새 언약이신 그리스도 안에서 성도의 책무를 다해야 한다.[9] 성도는 주의 나라에서 하나님의 자녀로 살아가는 것이다.

3. 온 우주에 복음의 기류 형성 – 하나님께 영광

성도는 그리스도의 다시 오심을 통해 복음의 기류로 주위를 환기

---

[9] 존 칼빈, 《라틴어 직역 기독교 강요》, p.607. 칼빈은 그리스도인의 자유를 말함으로 영혼의 삶과 현재의 삶에 속하는 모든 삶이 법을 제정하는 것에 관계한다고 말했다. 율법의 선한 것이 우리로 걸려 넘어지게 하는 것이 아니며, 새 언약이신 그리스도를 따라 우리의 삶의 방향이 선한 곳으로 인도되어야 함을 강조한 것이다. 그리스도인의 삶에는 구별되고 거룩한 일상과 영혼의 만족을 위해 그리스도를 따르고 하나님을 경배하는 일에 대한 책무가 주어진다.

해야 한다. 그리스도는 세상 만물을 통치하시는 하나님이 사람으로 오신 분이다. 그분은 인류를 위해 천국 복음을 펼치셨다. 성도는 이 사역에 동참하여 온 우주에 복음의 기류를 형성해야 한다.

[결어]

주의 날에 성령에 감동된 요한은 환상 중에 나팔 소리 같은 큰 음성을 들었다. 그리고 금촛대 사이를 다니시는 '인자 같은 이', 즉 사람으로 이 땅에 오신 하나님을 보았다. 그분은 그리스도 예수시며, 장차 이 땅에 하나님 아들(휘오스, 통치자의 위엄을 물려받은 왕자)로서 다시 오실 것이다. 그리스도는 위엄과 통치와 권세를 가진 분으로, 그분이 오시는 날에는 반드시 큰 심판이 있을 것이다. 성도는 다시 오실 주님을 영광으로 맞이해야 한다(살전 4:16-18).

성도는 삼위 하나님의 언약과 그리스도에 의한 공로를 기억해야 한다. 또한 하나님의 은혜에 의해 믿음으로 말미암는 구원을 기억해야 한다(엡 2:8).

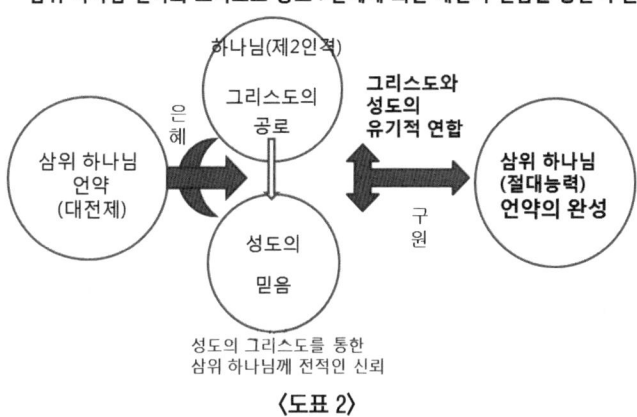

삼위 하나님 언약과 그리스도 공로 : 은혜에 의한 개인적 믿음을 통한 구원

〈도표 2〉

2) 요한계시록 2장 1-17절

(1) 요한계시록 2장 1-7절
주제 : 사랑의 회복

2:1 에베소 교회의 사자에게 편지하라 오른손에 있는 일곱 별을 붙잡고 일곱 금촛대 사이를 거니시는 이가 이르시되

2:2 내가 네 행위와 수고와 네 인내를 알고 또 악한 자들을 용납하지 아니한 것과 자칭 사도라 하되 아닌 자들을 시험하여(ἐπείρασας, had tried) 그의 거짓된 것을 네가 드러낸(εὗρες, have found) 것과

2:3 또 네가 참고 내 이름을 위하여(διὰ τὸ ὄνομά, for sake my names) 견디고 게으르지 아니한 것을 아노라

2:4 그러나 너를 책망할 것이 있나니 너의 처음 사랑(ἀγάπην)을 버렸느니라(ἀφῆκες, you have left)

2:5 그러므로 어디서 떨어졌는지(πέπτωκας, you have fallen)를 생각하고 회개(μετανόησον, repent)하여 처음 행위를 가지라 만일 그리하지 아니하고 회개하지 아니하면 내가 네게 가서 네 촛대를 그 자리에서 옮기리라(κινήσω, will remove)

2:6 오직 네게 이것이 있으니 네가 니골라 당의 행위를 미워하는도다(μισεῖς, you hate) 나도 이것을 미워하노라

2:7 귀 있는 자는 성령이 교회들에게 하시는 말씀을 들을지어다(ἀκουσάτω, let him hear) 이기는 그에게는 내가 하나님의 낙원(Παραδείσῳ)에 있는 생명나무의 열매를 주어(δώσω, I will give) 먹게(φαγεῖν, to eat) 하리라

[내용 요약]

1. 에베소 교회에 편지하라.

천상에 계신 그리스도께서 일곱 촛대(세상에 있는 교회-매튜 헨리)
사이를 다니신다. 그분은 오른손에 일곱 별을 붙잡고 계신다.
그분이 요한에게 에베소 교회에 자신이 이르는 말을 편지하라
고 말씀하신다(계 2:7; 벧전 1:11).

2. 그리스도께서는 먼저 에베소 교회를 칭찬하신다.

⑴ 그들의 행위와 수고와 인내

⑵ 악한 자들을 용납하지 아니한 것

⑶ 자칭 사도라 하되 아닌 자들을 시험하고, 그들의 거짓된 것
을 드러낸(εὗρες) 것

⑷ 그들이 참고 그리스도의 이름을 위하여(διὰ τὸ ὄνομά) 견디고
게으르지 아니한 것

3. 그러나 곧이어 처음에 받은 사랑을 버린 것에 대해 책망하신다.

⑴ 너의 처음 사랑을 버렸느니라

⑵ 그러므로 어디서 떨어졌는지를 생각하고 회개하여 처음 행
위를 가지라

⑶ 만일 그리하지 아니하고 회개하지 아니하면 내가 네게 가서
네 촛대를 그 자리에서 옮기리라

4. 니골라 당의 행위를 미워한 것을 말씀하신다. "나도 이것을 미워하노라"

   ⑴ 귀 있는 자는 성령이 교회들에게 하시는 말씀을 들으라

   ⑵ 이기는 그에게는 하나님의 낙원에 있는 생명나무의 열매를 주어 먹게 할 것이다

[배경]

소아시아에 자리한 에베소는 상업의 중심지이자 전략적 요충지였다. 종교적인 중심지로서 바울이 이곳에서 3년간 목회했으며 사도 요한이 예수 그리스도의 계시를 받아 이곳에 편지했다. 그리스도께서는 먼저 그들의 처음 사랑을 칭찬하셨다. 그리고 이어 그들이 그 처음 사랑을 잃어버린 것을 책망하셨다. 마지막에는 그들을 권면하시며 하나님 나라의 영원한 상급에 대해 말씀하셨다.

1. 칭찬의 내용

오른손에 일곱 별을 붙잡고 계신 그리스도에 대해서는 다음과 같이 설명할 수 있다. 첫째, 일곱 별은 일곱 교회를 은유적으로 표현한 것이다. 둘째, 그리스도는 일곱 별에 대한 온 우주적 통치와 권능을 지니신 분으로 묘사되었다. 셋째, 일곱 별은 우주의 유성들을 말하는 것일 수 있으며, 그것을 그리스도께서 오른손 곧 주의 권능으로 붙잡고 계시다고 표현한다.

'일곱 금촛대 사이를 거니시는 이'는 그리스도께서 교회 가운데 임재하시는 것을 의미한다. 그리스도는 에베소 교회의 사자, 즉 목회자에게 말씀하시며, 그들의 행위와 수고와 인내를 칭찬하셨다. 에베소 교회는 예배와 전도, 말씀에 대한 실천 등을 잘했던 것으로 보인

다. 그들은 자기 소유를 팔아 서로 나눠 주기를 좋아했던 것으로 전해진다. 당시는 이단과 거짓 선생이 득세하고, 영지주의자들과 유대적 신비주의가 우후죽순처럼 자라나고 있었다. 따라서 신앙을 지켜 내기가 쉽지 않았다. 그럼에도 에베소 교회는 다음과 같이 행했다.

1) 악한 자들을 용납하지 않았다.

2) 자칭 사도라 하되 아닌 자들을 시험하여 그의 거짓된 것을 드러냈다.

3) 모든 상황을 참고 주님의 이름을 위하여 견디고 게으르지 않았다.

2. 책망과 권면의 내용

에베소는 상업 중심의 도시였다. 따라서 많은 나라의 교역과 상거래를 통해 다양한 문화와 종교가 있었다. 게다가 대표적인 우상인 아데미 신상이 자리하고 있었다. 그리스도께서는 이곳에서 신앙을 제대로 지켜 내지 못한 에베소 교회를 책망하셨다.

1) 주님은 처음 사랑을 회복하라고 말씀하셨다. 에베소 교회의 처음 사랑은 앞서 칭찬한 내용이다. 에베소 교회는 디모데가 오랫동안 목회했다. 벵겔은 이 서신이 도착할 때쯤 디모데가 사망한 것으로 보인다고 했다. 그렇다면 디모데가 있을 때도 그들 가운데 죄악이 성행했을 것으로 짐작할 수 있다. 게다가 이들은 수많은 우상에 미혹된 것으로 보인다. 주님은 이 모습에서 처음 사랑을 잃어버렸다고 책망하신 것이다.

2) 주님은 어디에서 떨어졌는지 분별하고 회개하라고 말씀하셨다. 에베소 교회는 이단들의 득세함을 이겨 내지 못했다(니골라 당의 행위

를 미워했다는 데서 연유할 수 있음). 이런 그들에게 자기들의 현재를 돌아보고 과거의 처음 사랑이 넘쳤던 때로 돌아가야 함을 말씀하셨다. 이를 위해 그들이 할 일은 단연코 회개(메타노에오, 삶의 방향 전환)였다.

3. 칭찬과 권면의 내용

주님은 에베소 교회가 니골라 당의 행위를 좇지 않은 것을 칭찬하셨다. 여기서 말하는 '니골라'가 사도행전 6장 5절의 유대교에 입교한 니골라를 칭하는 것인지는 확실하지 않다. 아무튼 에베소 교회가 책망 가운데 그나마 칭찬받은 것이 니골라 당의 행위를 미워했다는 사실이었다. 아마도 니골라 당은 유대 신비주의에 헬라 사상을 접목해 성도들을 유혹하던 무리였을 것이다. 당시 이단 사상이 난무하던 상황에서 에베소 교회가 이처럼 한 가지라도 멀리한 것은 칭찬받을 만하다.

'귀 있는 자'는 믿음이 있는 자를 말한다. 이들은 책망과 권면의 말씀을 이해할 수 있는 자들로, 곧 에베소 교인들이다. 주님은 이들에게 아직도 희망이 남아 있다고 말씀하신다. 그것은 인간의 욕심과 이단 사상과 이익의 방도로 삼는 종교에 심취했던 것에서 돌아서는 것이다. 이어 그리스도께서는 에베소 교회에 이기는 자에게 주어지는 상을 말씀하셨다. 그것은 곧 에덴동산의 생명나무 열매를 주어 먹게 하신다는 것이었다(사 55:1-2).

[신학적 고찰]

1. 에베소 교회는 소아시아 교회 중에서도 규모가 가장 컸던 것

으로 알려진다. 신앙과 관련해 그들의 처음은 심히 좋았다. 에베소 교회의 자랑은 주님에 대한 처음 사랑이었다. 그러나 외적인 이단 세력의 압박이나 여러 우상 숭배의 요인으로 신앙을 유지하기가 힘들었을 것이다. 그리스도께서 원하시는 것은 처음과 끝이 일관되는 것이다. 에베소 교인들은 그렇지 못했다. 다만 중도에 니골라 당을 좇지 않았음에 칭찬받았다. 이렇게 된 근저에는 '사랑'의 힘이 있었다. 그러나 앞서 언급한 여러 외적인 상황으로 사랑의 진원지가 약해져 버렸다.

2. 주님은 첫사랑을 회복하라고 말씀하셨다. 하나님이 곧 사랑이시다(요일 4:8). 그 사랑을 회복하기 위해서는 하나님에 대한 지식을 알아야 한다(잠 1:7, 9:10). 그리고 하나님께로 삶의 방향을 돌이켜야 한다(행 3:19, μετανοήσατε, repent). 주님의 사랑에서 볼 때 첫사랑과 회개는 동반 선상에 있는 것이다. 첫사랑을 회복하기 위해서는 회개해야 한다. 하나님을 온전히 찾기 위한 몸부림이 있어야 한다.

[교훈]

1. 그리스도를 믿는 믿음은 하나님의 계시에서 기인한다. 즉, 계시를 통해 주시는 언약 안의 은혜로 말미암아 믿음을 얻는다.

2. 각종 이단과 악의 세력으로부터 자기의 자리를 지켰던 에베소 교회가 처음의 모습을 잃어버렸고, 그리스도께서 이를 책망하셨다. 그러나 그 가운데에서도 은혜를 주시고 칭찬과 함께 회복의 기회를 주셨다.

3. 오늘날 많은 교회가 이단과 거짓 선생의 유혹에 넘어갔다. 또 기독교 부흥기인 1970~1990년대의 부흥을 잃어버렸다. 온 성도가 이

사실을 기억하고 처음 사랑을 되찾아야 한다. 더불어 회개를 통해 개인의 신앙을 회복해야 한다.

[결어]

삼위 하나님의 사랑과 그리스도의 공로가 없었다면 에베소 교회가 이처럼 은혜를 받을 수 있었을까? 하나님은 에베소 교회에게 자신들의 모습을 돌아보고 하나님의 사랑을 깊이 깨달으라고 말씀하셨다. 그렇게 할 수 있는 방법은 오직 하나님께로 돌아가는 것이다. 그리고 거기에는 회개가 있어야 한다. 주의 백성이 하나님께 돌아가려면 반드시 보혈의 통로를 지나야 한다(렘 3:22; 겔 3:11; 시 51:13; 행 2:38).

(2) 요한계시록 2장 8-11절
주제 : 생명의 면류관(하나님의 지식을 담지한 자들에게)

2:8 서머나 교회의 사자에게 편지하라 처음($\pi\rho\tilde{\omega}\tau o\varsigma$, the first)이며 마지막($\xi\sigma\chi\alpha\tau o\varsigma$, the last)이요 죽었다가 살아나신($\xi\zeta\eta\sigma\varepsilon\nu$, has come to life) 이가 이르시되

2:9 내가 네 환난과 궁핍을 알거니와($O\tilde{\iota}\delta\alpha$, I knew, 완료형) 실상은 네가 부요한 자니라 자칭 유대인이라 하는 자들의 비방도 알거니와($\varepsilon\tilde{\iota}$, I know, 현재형) 실상은 유대인이 아니요 사탄($\Sigma\alpha\tau\alpha\nu\tilde{\alpha}$)의 회당이라

2:10 너는 장차 받을 고난을 두려워하지 말라 볼지어다 마귀가 장차 너희 가운데에서 몇 사람을 옥에 던져 시험($\pi\varepsilon\iota\rho\alpha\sigma\theta\tilde{\eta}\tau\varepsilon$, you will be tested)을 받게 하리니 너희가 십 일 동안 환난을 받으리라 네가 죽도록 충성하라($\pi\iota\sigma\tau\grave{o}\varsigma$, Be faithful) 그리하면 내가 생명($\zeta\omega\tilde{\eta}\varsigma$)의 관

(στέφανον)을 네게 주리라

2:11 귀 있는 자는 성령이 교회들에게 하시는 말씀을 들을지어다 이기는 자는 둘째 사망의 해를 받지 아니하리라(μὴ ἀδικηθῇ, will not be hurt)

[배경]

서머나(아시아의 왕관)는 현 튀르키예의 이즈미르에 위치한 항구 도시다. 이곳에는 로마 여신과 로마 황제 티베리우스에게 헌정한 신전이 있다. 요한 당시 많은 유대인이 서머나로 건너와 살았으며, 그들은 대체로 가난했다. 그 가운데 그리스도를 믿음으로 핍박을 받는 이들이 있었다. 그들은 재산까지 몰수당했다.

[내용 요약]

1. 칭찬받은 서머나 교회

본문은 서머나 교회의 사자에게 편지한 내용이다. 이 교회는 주님께 칭찬만 받았다. 이들은 유대인들의 핍박과 로마 황제에 대한 숭배 강요에도 굴하지 않고 신앙을 잘 지켰다. 그러나 이 일로 어려움이 닥쳐왔다. 즉, 경제적 불이익을 당해 삶이 피폐해졌다. 그럼에도 이들은 이 모든 어려움을 꿋꿋이 잘 이겨냈다. 주님은 이들에게 끝까지 인내하면 생명의 면류관을 받을 것이라고 말씀하셨다.

2. 폴리캅의 아름다운 신앙

폴리캅은 서머나 교회의 감독이었다. 그는 속사도 교부로 황제 숭배의 강요에도 굴하지 않았다. 이로 인해 화형을 당했지만, 그는 아름다운 신앙의 유산을 남겼다. 그 후에도 그리스도인들에 대한 로마 황제 숭배 요구는 계속되었다. 더구나 그리스도인들에 대한 유대인들의 증오심도 더욱 거세졌다. 그들이 원하던 메시아는 예수가 아니었기 때문이었다.

3. 예수님의 약속

예수님은 제자들에게 몸은 죽여도 영혼은 죽이지 못하는 자들을 두려워하지 말라고 말씀하셨다(마 10:28). 로마 당국은 믿음의 사람들을 핍박했다. 마귀는 늘 믿음의 권속들을 유혹했다. 마귀는 서머나에 있는 신자들(적어도 그들 중 몇 사람)을 열흘 동안 환난을 당하게 할 것이다(로버트슨). 여기서 대부분의 학자가 '열흘'은 짧은 기간을 뜻하는 완전수라고 말한다. 그 환난은 견디기 힘겨울 정도일 것인데 주님은 힘을 다해 믿음을 지켜 내라고 하셨다. 그것이 곧 충성(πιστ ὸς)이었다.

4. 충성에 대해 주어지는 생명의 면류관

생명의 관이란 '하나님과 그리스도의 진정한 종들에게 상급으로 주어질 영원한 복'이다. 이들은 신앙을 따라 사는 자들로 육체적 고통과 핍박을 이겨 낸 자들이다. 이들은 유대인들이 가장 두려워하는 두 번째 죽음에 이르지 않을 것이다. 이 둘째 사망에 대해서는 이사야 26장 14절에서 "그들은 죽었은즉 다시 살지 못하겠고 사망하였은즉 일어나지 못할 것이니 이는 주께서 벌하여 그들을 멸하사 그들의 모든 기억을 없이하셨음이니이다"라고 말씀한다. 교회는 신앙 때문에 핍박을 당하여 죽음에 이를지라도 계속 충성해야 한다. 그 충성에 대한 보상은 생명의 면류관이기 때문이다.

[신학적 고찰]

1. 처음이요 나중이신 그리스도는 창세 전에 하나님과 함께하셨다(창 1:26; 벧전 1:20; 히 13:8; 계 1:8). 또 그분은 죽었다가 다시 살아나신 분이며(요 11:25; 롬 1:4), 영원한 하나님 나라의 통치자시다(계 1:17, 21:6).

2. 서머나 교회 성도들에게 큰 고통을 준 것은 사탄의 회당이라고 불리는 유대인들의 핍박이었다. 이들은 사탄의 사주를 받아 스스로 아브라함의 자손이라며 거짓말을 일삼았다. 아브라함의 자손은 여럿이 아니라 오직 한 사람, 그리스도를 가리킨다(갈 3:16).

3. 서머나 교회 성도 중 몇 사람은 십 일 동안 환난을 받으며 시험을 당할 것이다(신 4:30; 욥 36:16; 시 50:15). 이 기간이 정확히 십 일인지, 그 이상인지, 아니면 하나님이 원하시는 시간인지는 정확하지 않다. 다만 이 기간에 인내를 가지고 견뎌 내면 반드시 생명의 면류관을 얻을 것이다(딤후 4:8; 약 1:12; 계 14:14).

4. 성령께서 교회에 하시는 말씀은 이기는 자, 곧 인내로 견디는 자는 둘째 사망을 받지 않는다는 것이다. 유대인들에게 둘째 사망이란 다음 세상에서 악한 자들이 맞이하는 죽음을 가리키는 랍비적 용어다(신 33:6). 이 첫째 부활에 참여하는 충성스러운 자들은 사망과는 아무런 관계가 없는 것이다(계 20:6).

[교훈]

계시의 주체는 하나님이시다. 그 계시의 발전 과정은 이성을 초월한다. 인간의 제한적 사고와 인식으로 담지할 수 없는 것이다. 계시 과정에 머물고 있는 인간의 이성과 행동양식의 경험 밖에서는 믿음이 없으면 실족할 수밖에 없다. 오직 하나님의 능동적(activa revelatio)인 조명(illuminatio) 없이는 결코 그분의 깊은 계시를 알 수 없기 때문이다. 따라서 서머나 교인들이 주님께 칭찬받은 이유는 다음과 같다.

첫째, 참 믿음의 가치가 무엇인지 정확하게 알고 있었다.

둘째, 체험적인 신앙으로 하나님에 대한 지식을 가졌다. 그것은 곧 생명의 양식이었다.

셋째, 그러했기에 어떠한 환난과 핍박이 오더라도 하나님의 약속을 붙잡을 수 있었다.

넷째, 생명의 면류관을 바라보며 용기와 지혜와 담력을 가지고 살 수 있었다.

다섯째, 하나님의 언약 백성으로서 하나님의 계시에 담긴 깊은 뜻을 마귀에게 내주지 않았다.

신앙은 악의 무리에게 진리의 빛을 내주지 않는다. 그 일이 하나님께는 무한 영광이 될 것이다. 하나님은 마귀를 완전히 멸하시고자 그들을 한데로 몰아내고 계신다. 그러나 성도의 고통과 인내에는 더 큰 생명의 면류관을 약속하신다.

[결어]

하나님은 타락한 자기 백성을 마귀의 손아귀에서 건져 내겠다고 말씀하셨다. 이는 인류를 향한 사랑의 말씀이었다. 이것이 하나님과 인간이 맺은 언약이다. 하나님은 어두움 가운데 있는 자기 백성이 그 언약의 선상에 있기를 원하셨다. 그 약속을 잘 지켜 낸 서머나 교회는 칭찬과 함께 영원한 생명의 면류관이 예비되어 있다. 성도는 하나님 앞에서 흐트러지지 않는 신앙을 통해 하나님께 칭찬받는 자가 되어야 한다(잠 25:13).

(3) 요한계시록 2장 12-17절
주제 : 버가모 교회에 주시는 사중적(칭찬, 책망, 권면, 상급) 은혜

2:12 버가모 교회의 사자에게 편지하라 좌우에 날 선(ὀξεῖαν, the sharp, 히 4:12) 검(ῥομφαίαν)을 가지신 이가 이르시되

2:13 네가 어디에 사는지를 내가 아노니 거기는 사탄(Σατανᾶ)의 권좌가 있는 데라 네가 내 이름을 굳게 잡아서(κρατεῖς, you hold, 현재형) 내 충성된 증인 안디바가 너희 가운데 곧 사탄이 사는 곳에서 죽임을 당할 때에도 나를 믿는 믿음을 저버리지 아니하였도다 (οὐκ ἠρνήσω, did not deny, 과거형)

2:14 그러나 네게 두어 가지 책망할 것이 있나니 거기 네게 발람의 교훈을 지키는 자들이 있도다 발람이 발락을 가르쳐 이스라엘 자손 앞에 걸림돌을 놓아 우상의 제물을 먹게 하였고 또 행음하게 하였느니라

2:15 이와 같이 네게도 니골라 당의 교훈을 지키는 자들이 있도다

2:16 그러므로 회개하라(μετανόησον, repent, 명령형) 그리하지 아니하면 내가 네게 속히 가서 내 입의 검으로 그들과 싸우리라

2:17 귀 있는 자는 성령이 교회들에게 하시는 말씀을 들을지어다 이기는 그에게는 내가 감추었던 만나를 주고(δώσω, I will give) 또 흰 돌을 줄 터인데 그 돌 위에 새 이름을 기록한 것이 있나니 받는 자(ὁ λαμβάνων, he who receives)밖에는 그 이름을 알 사람이 없느니라

[배경]

버가모는 BC 130년경 로마의 식민지가 된 이후 로마 총독이 통치하던 도시였다. 이곳에는 이방 신인 제우스(Zeus)와 디오니소스(Dionysos)의 신전이 있었다. 또 이곳에서는 황제까지 숭배했다. 버가모는 권력과 정치의 도시로도 유명했으며, 알렉산드리아 다음으로 많은 양서를 소장하고 있었다.

[내용 요약]

이런 상황에서 버가모 교회는 이방 종교의 영향을 받지 않을 수 없었다. 버가모 교회는 사탄의 권좌가 있는 지역이었다. 그만큼 우상 숭배가 극심했다. 교회도 충분히 그 영향을 받을 수밖에 없었다. 처음에 버가모 교회는 믿음을 잘 지켰다. 그러나 차차 니골라 당에 가입하는 자들과 우상의 제물을 먹고 행음하는 자들이 생겨났다. 그 와중에도 안디바같이 신실한 자는 주님께 칭찬을 받았다. 그는 믿음을 지키다 순교했다.

주님은 버가모 교회를 단번에 심판대에 놓지 않으셨다. 오히려 그들에게 회개의 기회를 주셨다. 이것이 바로 하나님의 은혜다. 주님은 회개하여 하나님께로 돌아서는 자에게 복을 약속하셨다. 즉, 이기는 자에게는 주님께서 감추어 둔 만나를 주겠다고 하셨다. 이는 재림 시에 성도에게 주실 복과 양식과 성만찬을 의미한다. 흰 돌은 재림 시에 이루어질 새 몸과 새 성품을 말한다. 이는 주님께서 그들에게 순결을 덧입혀 주시는 것이다. 이 말씀은 이것을 깨달을 수 있

는 자만이 받을 수 있는 하늘의 신비다.

[신학적 고찰]

1. 12-13절 : 버가모 교회를 칭찬하셨다.

안디바가 사탄이 사는 곳에서 죽임을 당했다. 사탄이 사는 곳이란 일차적으로 하나님을 대적하는 세상의 권력을 말한다. 상징적으로는 그리스도를 대적하는 영적 세계를 말한다. 안디바는 주의 이름을 굳게 잡아(현재형) 죽임을 당할 때도 믿음을 저버리지 않았다(과거형). 이미 죽은 자임에도 그 믿음의 형태를 현재로 표현함으로 성도들에게 도전을 준다.

'좌우에 날 선 검을 가지신 이'는 그리스도시다. 또한 '검'은 당시 로마 황제의 권력을 말한다. 따라서 로마 황제의 명을 받아 버가모를 통치하던 총독의 권력을 비유로 말하는 것일 수도 있다. 그러나 대체로 그 권력보다 더 큰 그리스도의 권력을 상징한다고 본다. 그리고 진리의 말씀을 뜻하기도 한다(히 4:12). 궁극적으로 말씀의 권세로 모든 것을 주관하시는 삼위 하나님의 제2위격이신 그리스도의 통치를 말한다.

그리스도께서는 또 사탄의 권좌를 비유로 말씀하셨다. 사탄은 그 위세가 매우 등등한 것처럼 보인다. 그러나 사탄은 인간의 영혼을 건드릴 수 없는 존재다. 성경에서 사탄은 '바알세불'이라고도 하며, 귀신의 왕으로 표현된다(마 9:34, 10:25; 계 12:10, κατήγωρ). 광야에서 예수님을 시험한 존재가 '사탄'(διαβόλου)이라고 지칭된다(마 4:1). 사탄은 어떻게 해서든지 하나님의 자녀를 어두운 데 던져 넣으려 야단

법석을 떤다. 그러나 안디바는 그 권력에 굴복하지 않았기에 주님께서 그를 칭찬하셨다. 당시 순교한 자들은 그 외에도 칼프스, 파피루스, 아가도니케 등이 있었다(《NICNT 신약주석》, F. F. Bruce). (안디바를 버가모 성도를 대표하는 것으로 보기도 하나 개인 안디바일 가능성이 높다.)

2. 14-16절 : 주님은 버가모 교회에 책망과 권면을 하셨다.

첫째, 발람의 교훈을 지키는 자들이 있었다. 발람 모압 왕 발락의 명을 받아 이스라엘을 저주하려 했다. 그러나 말 못 하는 나귀가 인간의 말로 그의 길을 막았다(하나님이 하신 일). 발람이 발락을 꾀어 이스라엘 백성 앞에 걸림돌을 놓았다. 즉, 이스라엘 백성에게 우상의 제물을 먹게 하고, 행음하게 했다.

둘째, 니골라 당을 따르는 자들이 있었다. 니골라 당은 예루살렘 사도 회의에서 결정한 사항을 어겼다(우상 숭배와 음행-신전에서 여사제와).

그럼에도 주님은 버가모 교회를 권면하셨다. 주님은 "회개하라. 그렇게 하지 않으면 내가 너에게 가서 내 입의 검으로 그들과 싸우겠다"라고 말씀하셨다. 그리고 이기는 자에게는 복을 약속하셨다. 그것은 새 이름을 기록한 흰 돌이었다. 이는 그 자체가 상급이며(벵겔), 종말에 충성된 자들이 하나님께 받을 영광이다. 그것이 감추어 두었던 만나를 받은 뒤에 주어진다. 즉, 주님이 믿음의 성도를 비천한 상태에서 높은 지위와 신분으로 만들어 주시는 것이다.

[교훈]

1. 일곱 교회는 지상의 온 교회를 대표함

그리스도께서 요한을 통해 마지막 날에 일어날 일을 알려 주셨다. 그리고 일곱 교회를 택하셔서 그들의 행위와 수고, 인내를 칭찬하시고, 배교를 책망하셨다. 이는 그들을 심판하시기 위함이 아니라, 은혜를 주시고 그들의 믿음을 더 굳건하게 하시고자 함이었다.

2. 버가모 교회에 주실 은혜

버가모가 위치한 지역의 특성이나 종교적 분위기로 볼 때 교회의 신앙 유지는 쉽지 않았을 것이다. 그리스도께서 버가모 교회를 칭찬하신 것은 그들의 행위와 인내 때문이었다. 이로써 그들의 믿음의 행위를 지상의 모든 교회의 모범으로 삼으신 것이다. 또 버가모 교회는 안디바 등 순교자들로 인해 칭찬을 받았다. 반면 이들은 발람이나 니골라 당의 교훈을 따른 자들 때문에 책망도 받았다. 그러나 하나님은 이들에게 회개의 기회를 주셨다. 그리고 이기는 자들에게는 상급을 주겠다고 약속하셨다.

3. 언약과 그리스도의 공로와의 상관성

좌우에 날 선 검을 가지신 그리스도는 온 인류를 죄에서 구원하신다. 그리고 마귀의 권세를 이기시고 마지막 때에 다시 오신다. 그리스도의 사역에 대해 특별히 언약적으로 풀이하는 이유는 다음의 세 가지로 귀착된다.

첫째, 하나님의 창조 목적이다. 하나님의 사역은 매우 광대하다.

특히 하나님은 인간과 교통하며 자신의 이름을 드러내기를 원하셨다. 그것이 이루어지지 않는 경우에는 그 이유를 살펴보고자 하셨다. 그런 측면에서 아담에게 주신 자유의지는 그의 죄 때문에 박탈당한 것이었다. 그럼에도 하나님은 그 사랑의 속성 때문에 아담을 용서하셨다. 이것은 여자의 후손을 통해 약속하신 것이며, 그리스도에게서 성취되었다(창 3:15).

둘째, 천사의 타락과 함께 인간이 악에 대해 패배한 것이 원인이었다. 하나님이 아담을 용서하지 않으시면, 죄를 품었던 천사들과의 대면에서 그들의 속셈과 악함에 패배하는 것처럼 보이실 수 있었다. 하나님은 그들(사탄)을 잠시 풀어놓으셨다가 결국에는 완전한 멸망으로 몰아넣으실 것이다. 그리고 사랑하는 자녀는 반드시 구원하실 것이다. 이것은 그리스도의 공로로 가능한 일이다.

셋째, 하나님은 인간과의 관계를 원하셨고, 그 안에서 믿음을 요구하셨다. 하나님을 믿는다는 것은 넓은 의미로 죄에서 구원받아 그의 자녀가 되는 일이다. 하나님은 사랑하는 자녀가 자신의 얼굴을 향해 서 있기를 원하신다. 그것은 하나님 자신의 영광을 위해서다. 그리고 자녀들에게 큰 믿음을 요구하신다. 이 믿음을 잘 지킨 자들이 곧 구원과 칭찬을 받는다. 그 믿음의 모범이 곧 안디바다.

이 세 가지 이유로 하나님께서는 인류 구원의 큰 역사를 이루셨다. 이를 위해 중보자이시며 구속주 되신 그리스도께서 사람으로 이 땅에 오셨다.[10] 그분은 하나님의 언약 성취의 결정체다.

---

10) 존 칼빈, 《라틴어 직역 기독교강요》, p.180. 그리스도 예수가 이 땅에 구원자로 오신 이후 그분의 속성을 오해하거나 억지로 이해하려고 하여 그분이 참 하나님이시자 참 그리스도 이심을 부인하는 자들이 계속해서 있었다. 그러나 양성은 분리되지 않으며, 하나님은 자신의 능력으로 죄를 없애셨다. 인간의 신분으로는 죽임을 당하시고 죄를 무르셨다.

[결어]

버가모 교회는 하나님의 말씀을 따른 교회로 모범이 될 만했다. 그러나 주님께서 보시기에 이교 숭배는 도저히 용납할 수 없는 것이었다. 그래서 주님이 그들을 책망하신 것이다. 그럼에도 사랑의 하나님은 버가모 교회에 구원받을 기회를 주신다. 그것은 하나님께로 온전히 돌아서는 것이었다. 그러면 주님께서 상급을 주실 것이라고 약속하셨다. 이 모든 것의 중심에는 하나님의 언약과 그리스도의 공로가 있다. 성도는 안디바처럼 굳센 믿음으로 끝까지 견뎌 구원을 이루어 내야 한다.

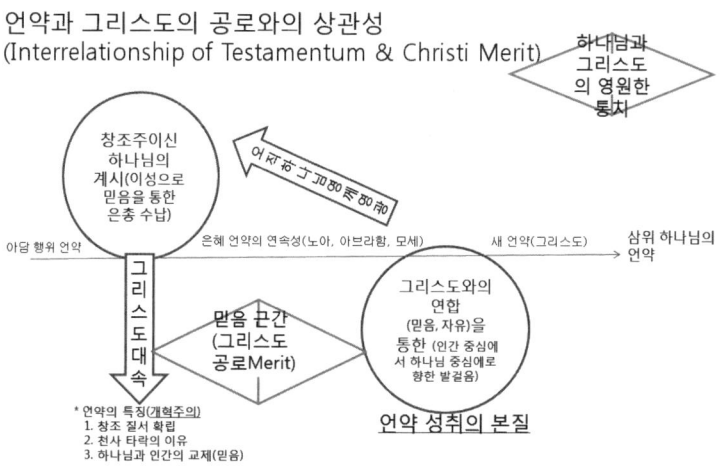

〈도표 3〉

⑷ 요한계시록 2장 18-29절

주제 : 두아디아 교회 - 내가 다시 올 때까지

2:18 두아디라 교회의 사자에게 편지하라 그 눈이 불꽃 같고 그 발이 빛난 주석과 같은 하나님의 아들이 이르시되

2:19 내가 네 사업(ἔργα)과 사랑과 믿음과 섬김(διακονίαν)과 인내(ὑπομονήν)를 아노니 네 나중 행위가 처음 것보다 많도다(πλείονα)

2:20 그러나 네게 책망할 일이 있노라 자칭 선지자라 하는 여자 이세벨을 네가 용납함이니 그가 내 종들을 가르쳐 꾀어(πλανᾷ) 행음하게 하고 우상의 제물(εἰδωλόθυτα)을 먹게 하는도다

2:21 또 내가 그에게 회개할(μετανοήσῃ) 기회(χρόνον)를 주었으되 자기의 음행을 회개하고자 하지 아니하는도다

2:22 볼지어다 내가 그를 침상에 던질 터이요 또 그와 더불어 간음하는 자들도 만일 그의 행위를 회개하지 아니하면 큰 환난 가운데에 던지고

2:23 또 내가 사망(θανάτῳ)으로 그의 자녀를 죽이리니(ἀποκτενῶ) 모든 교회가 나는 사람의 뜻과 마음을 살피는(ἐραυνῶν) 자인 줄 알지라 내가 너희 각 사람의 행위대로(ἔργα ὑμῶν) 갚아 주리라

2:24 두아디라에 남아 있어 이 교훈을 받지 아니하고 소위 사탄의 깊은 것을 알지 못하는 너희에게 말하노니 다른 짐으로 너희에게 지울 것은 없노라

2:25 다만 너희에게 있는 것을 내가 올 때까지(ἄχρι οὗ ἥξω, until I will come) 굳게 잡으라

2:26 이기는 자와 끝까지 내 일을 지키는 그에게 만국을 다스리는

권세(ἐξουσίαν)를 주리니

2:27 그가 철장을 가지고 그들을 다스려 질그릇 깨뜨리는 것과 같

이 하리라 나도 내 아버지께 받은 것이 그러하니라

2:28 내가 또 그에게 새벽 별(ἀστέρα πρωϊνόν)을 주리라

2:29 귀 있는 자는 성령이 교회들에게 하시는 말씀을 들을지어다

[배경]

두아디라는 버가모와 사데 사이에 위치한 도시로 일곱 교회가 있는 도시 중에 가장 작다. 이곳은 버가모로 들어가는 길목에 있었고, 염색 공장으로 유명했다. 두아디라에는 주신인 제우스(Zeus)의 아들 아폴로(Apollo)의 신당이 있었다. 또한 아데미(Artemis)와 삼바다 (Sambatha) 등의 신전도 있었다. 이러한 환경적인 요인으로 두아디라 교회도 버가모 교회와 마찬가지로 우상을 숭배했다.

'그 눈이 불꽃 같은 하나님의 아들' 그리스도께서 두아디라 교회가 이세벨을 용납한 행위에 대해 책망하셨다. 두아디라 교회는 태양신이나 다른 우상들과 비교가 되지 않는 위엄하신 하나님의 아들이 통치하시는 곳이었다. 그런 곳에서 그들은 이세벨의 꾐에 빠져 행음하고 우상의 제물을 먹었던 것이다. 그럼에도 그리스도는 버가모 교회에 하나님께로 돌아서는 회개를 통한 약속을 주셨다. 이 약속은 하나님이 그의 백성들에게 그리스도를 통해 주시는 언약의 뿌리이자 열매다.

[내용 요약]

1. 칭찬

예수님은 눈이 불꽃 같고, 발은 빛난 주석 같은 분이시다(계 1:14-15). 이는 그리스도의 위엄과 선악을 구분하는 능력을 묘사한다. 또한 통찰력으로 사탄, 마귀 원수를 물리치시는 권능을 나타낸다. 더불어 '하나님의 아들'(시 2:7; 마 3:17)은 그리스도의 신성을 나타내는 표현이다. 그리스도는 정의와 불의를 구분하는 통찰력과 심판자의 권위를 지닌다. 그리스도께서 처음에는 두아디라 교회를 칭찬하셨다(에베소 교회는 반대). 그것은 두아디라 교회가 사업(전도와 선교 등 기독교 공동체의 제반 일), 사랑, 믿음, 섬김, 인내를 감당했기 때문이다.

2. 책망

주님은 두아디라 교회가 이세벨(왕상 16:31)을 용납한 것을 책망하셨다. 이세벨은 교회에서 자칭 선지자라고 하면서 성도들이 우상의 제물을 먹고 행음하도록 미혹했다(민 25:1-2; 행 15:29). 주님은 두아디라 교회의 이러한 우상 숭배와 행음에 대해 책망하셨다. 동시에 주님은 그들에게 회개할 기회를 주셨다(벧후 3:9). 그럼에도 두아디라 교회는 회개하지 않았다(계 9:20-21). 이에 결국 주님은 더 크게 책망하셨다.

· 겔 16:38-41 : 진노의 피와 질투의 피를 네게 돌릴 것임, 네 누각을 헐며 네 높은 대를 부술 것임, 네 의복을 벗기고 네 장식품을 빼앗을 것임, 무리를 데리고 와서 너를 돌로 치며 칼로 찌르며 불로 네 집들을 사를 것임, 내가 너에게 곧 음행을 그치게 하리니 네가 다시

는 값을 주지 아니할 것임

　·시 62:12 : 주께서 각 사람이 행한 대로 갚으심

3. 회유

주님은 두아디라 교회에 '사탄의 깊은 것을 알지 못하는 너희에게 다른 짐으로는 지울 것이 없다'고 하셨다. 다만 '너희에게 있는 것을 내가 다시 올 때까지 굳게 잡으라'고 하셨다. 우리는 이러한 사탄의 깊은 것에 주의해야 한다. 윌밍턴은 "마귀도 조직 체계를 갖고 있다"고 하면서 디모데전서 4장 1절의 "성령이 밝히 말씀하시기를 후일에 어떤 사람들이 믿음에서 떠나 미혹하는 영과 귀신의 가르침을 따르리라 하셨으니"라는 구절을 인용했다.

4. 기회와 약속

주님은 재차 두아디라 교회에 기회를 주셨다. 그리스도의 믿음을 굳게 잡고 이기는 자와 끝까지 주님의 일을 지키는 자에게는 다음과 같은 권세를 약속하셨다.

첫째, 만국을 다스리는 권세(ἐξουσίαν)를 주실 것이다(단 7:18-세세토록 왕 노릇, 단 7:27-성도의 권세, 눅 22:29-아버지께서 나라를 내게 맡기신 것 같이 나도 너희에게 맡길 것).

둘째, 철장을 가지고 그들을 다스려 질그릇을 깨뜨리는 것과 같이 하실 것이다(시 2:9, 네가 철장으로 그들을 깨뜨림이여 질그릇같이 부수리라).

셋째, 그에게 새벽 별(ἀστέρα πρωϊνόν)을 줄 것이다(벧후 1:19 "더 확실한 예언이 있어 어두운 데를 비추는 등불과 같으니 날이 새어 샛별이 너희 마음에 떠오르기까지 너희가 이것을 주의하는 것이 옳으니라").

주님은 일곱 교회에 동일하게 '귀 있는 자는 들으라'고 하셨다. 즉, 그들이 주의 일을 깨닫기를 요구하셨다. 이는 성도의 믿음과 함께 영원한 하나님 나라를 통치하시려는 그리스도의 의지다.

[교훈]

소아시아 일곱 교회의 상황은 거의 비슷했다. 그중 서머나와 빌라델비아 교회를 제외하고 다섯 교회가 책망을 받았다. 두아디라는 그중 나중 행위에 대해 칭찬받은 교회다. 본문은 하나님께서 약속하신 구원의 여망을 굳게 잡는 자들에게 주시는 놀라운 복을 말하고 있으며, 두아디라 교회에 대한 하나님의 사랑이 더욱 세밀하게 드러남을 볼 수 있다.

[신학적 제언] 21-25절의 '칭의와 성화'를 언약의 관점에서 고찰

법정적 칭의는 직선적 역사관에 따라 과거와 현재, 미래적이다. 또한 완전한 영화의 삶을 향해 나아가기에 점진적이기도 하다. 개혁주의의 산물인 칭의와 성화는 통일성과 함께 이중적 칭의까지 보아야 한다(칼빈). 성도는 그리스도 안에서 칭의(justificatio)로 빚어진 신비로운 연합과 의의 전가로 말미암은 성화(sanctificatio)의 삶을 살아야 한다.

주님은 두아디라 교회에 회개할 기회를 주셨다. 그러나 그들은 기회가 주어졌는데도 회개하지 않았다. 주님은 회개하지 않으면 환난 가운데 던질 것이라고 말씀하셨다. 또 사망으로 그의 자녀를 죽이고, 각 사람의 행위대로 갚아 줄 것이라고 하셨다. 두아디라에 이 교훈을 받지 않은, 사탄의 깊은 것을 모르는 자들에게 완전한 심판을 약속하셨다. 그러나 다만 '너희에게 있는 것을 내가 올 때까지 굳게 잡으라'고 하셨다. 즉, 회개할 기회를 주시고 온전한 심판을 말씀하셨으며, 다시 회개의 길을 열어 주셨다. 이는 언약의 관점에서 이중 은혜(Duplex Gratia)라고 할 수 있다.

본문은 죄, 심판, 은혜의 삼중 구도로 되어 있다. 특히 죄의 대가로 하나님이 심판하시는 중에도 이중 은혜(칭의와 성화의 은혜)가 있다. 여기에는 하나님의 공의와 정의, 그리고 사랑이 깃들어 있다. 하나님의 공의는 심판의 잣대를 구기지 않고 죄를 단호히 처단하는 것이다. 또 정의는 바른 하나님의 뜻에 어긋나는 것에 대한 가차 없는 태도다. 그러나 사랑의 속성을 지닌 하나님이 그 가운데서도 은혜를 잊지 않으신다는 것이다. 이것이 곧 이중 은혜다.

이 은혜는 언약을 통해 성도가 그리스도와의 연합(unio cum Christo)을 이루게 하기 위함이다. 또한 주님의 재림 즉 다시 오실 때까지 그 중첩(칭찬, 책망, 권면, 기회, 심판, 권유, 약속)을 이어 가신다.

다음으로 세 가지 측면에서 언약에 대해 살펴본다.

첫째, 원초 복음을 약속하셨다(그리스도가 행위 언약을 성취).

하나님은 아담이 죄를 짓기 전에 그에게 행위 언약을 주셨다. 그런데 아담이 그 언약을 어겼다. 따라서 그는 당연히 죽은 목숨이었고, 영원한 파멸에 이르렀어야 한다. 그러나 하나님이 만일 그렇게 하신다면 스스로 자신의 창조 목적을 외면하는 격이 된다. 이에 메시아 곧 그리스도를 통해 죄를 없앨 죽음에 자신을 내어 주는 일을 하신다. 행위 언약을 그리스도가 완성하신 것이다. 이것이 원초 복음이다.

둘째, 이중 은혜를 주셨다.

본래 이중 은혜는 은혜(심판받아야 할 자에게 주신 은혜 곧 칭의) 위의 은혜(심판에 앞서 회개 권면 중의 약속, 신앙의 행위)를 말한다. 이는 은혜에 덧붙인 은혜다. 만일 심판하지 않으면 인간은 마귀의 자녀로 영원히 죽을 수밖에 없다. 하나님이 이를 판단하시고 그 안에 자신의 사랑을 부어 넣으셨다. 이에 하나님은 아담에게 노동의 은혜를 주셨다. 이는 곧 심판이지만, 또 엄청난 은혜다. 여자에게는 해산하는 고통을 주셨다. 이것 역시 심판처럼 보이지만, 그 내용은 사랑이다. 끝까지 두아디라 교회 성도들의 구원을 이루시는 하나님의 열심을 볼 수 있다(사 9:7). 하나님의 약속대로 그리스도와의 연합에까지 이르게 하기 위함이다.

셋째, 다시 오실 그리스도를 약속하셨다.

행위 언약을 성취하신 그리스도는 새 언약이시다. 그분은 과업을 이루고 하늘로 올라가셨다(벧전 3:22). 구원의 최종 완성은 그리스도의 다시 오심이다. 그 약속을 끝까지 믿고 지키며 이기는 자는 그리스도와 함께 만국을 다스리는 권세를 얻게 될 것이다.

[결어]

두아디라의 교회에는 사랑과 믿음이 있었다. 섬김과 인내도 있었다. 이에 관해 그들의 나중 행위가 처음보다 많다는 칭찬도 받았다. 반면 우상 숭배와 행음에 대해서는 심한 책망을 받았다. 그리고 처음 것을 굳게 지키라는 권면을 받았다.

'이기는 자'에게는 왕권의 권세가 주어질 것이라고 하셨다. 이는 특별히 주님의 재림을 대망하는 성도가 받을 은혜다. 더욱이 그에게 새벽 별(계 22:16, 나는 다윗의 뿌리요 자손이니 곧 광명한 새벽 별이라)을 주겠다고 하셨다. 우리는 처음보다 더 좋은 신앙을 갖는 성도가 되어야 한다.

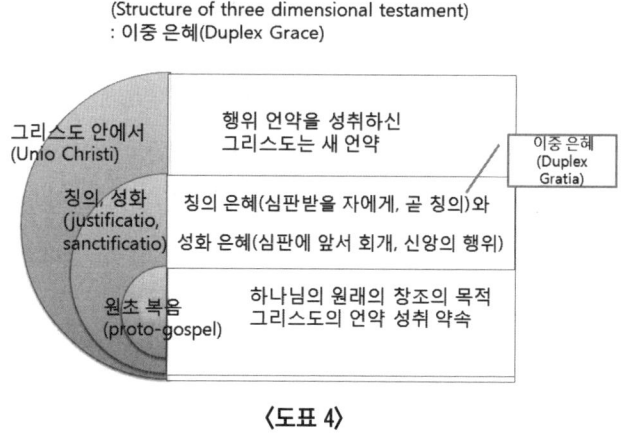

*언약의 삼중적 구도
(Structure of three dimensional testament)
: 이중 은혜(Duplex Grace)

〈도표 4〉

3) 요한계시록 3장 1-22절

(1) 요한계시록 3장 1-6절
주제 : 사데 교회의 유형 – 너는 일깨어(γρηγορῶν)

3:1 사데 교회의 사자에게 편지하라 하나님의 일곱 영과 일곱 별을 가지신 이가 이르시되 내가 네 행위를 아노니(Οἶδά σου τὰ ἔργα) 네가 살았다 하는 이름은 가졌으나 죽은 자로다
3:2 너는 일깨어(γρηγορῶν) 그 남은바 죽게 된 것을 굳건하게 하라

내 하나님 앞에 네 행위의 온전한 것을 찾지 못하였노니

3:3 그러므로 네가 어떻게 받았으며 어떻게 들었는지 생각하고(μν ημόνευε) 지켜 회개하라(τήρει ρκαὶ μετανόησον, keep and repent) 만일 일깨지 아니하면 내가 도둑같이 이르리니(ἥξω) 어느 때에 네게 이를는지 네가 알지 못하리라

3:4 그러나 사데에 그 옷을 더럽히지 아니한 자 몇 명이 네게 있어 흰옷을 입고 나와 함께 다니리니 그들은 합당한 자인 연고라

3:5 이기는 자는 이와 같이 흰옷을 입을 것이요 내가 그 이름을 생명책(βίβλου ζωῆς)에서 결코 지우지 아니하고 그 이름을 내 아버지 앞과 그의 천사들 앞에서 시인하리라(ὁμολογήσω, I will confess)

3:6 귀 있는 자는 성령이 교회들에게 하시는 말씀을 들을지어다

[배경]

사데는 BC 6세기경 고대에서 가장 강력한 도시 중 하나였다고 알려진다. 이곳에는 로마식 극장과 경기장, 아데미 신전이 있었으며, 고대 시대 고레스에게 넘어가 페르시아 총독의 관할이 되었다. 그 후이 도시는 셀레우코스 왕국의 일부가 되었고, 후에 로마에게로 넘어갔다(BC 133). 사데는 부와 명성이 있는 도시였으며, 이곳에서 양모염색 기술이 최초로 발견되었다고 한다. 사데 교회는 초대 일곱 교회 중 가장 큰 책망을 받았다(헤세드레마, TNTC, 성경사전).

요한이 그리스도의 계시를 받아 이 편지를 쓸 당시 사데는 한창 번영하고 있었다. 이 도시에는 '시벨레'(Cybele)라는 음란의 여신이 있었다. 이런 우상이 많이 있었기 때문에 사데 교회 성도들이 이와 연합했던 것으로 보인다. 그러했기에 그들은 살았다 하는 이름은 가

졌으나 죽은 것이나 다름없었다. 한편 사데 교회의 기원은 분명하지 않으나 2세기에는 널리 알려졌던 교회인 듯하다(멜리토[11]).

[내용 요약]

1. 책망

사데 교회에 그리스도는 '하나님의 일곱 영과 일곱 별'을 가지신 분으로 나타난다. 주님은 에베소 교회에는 '오른손에 일곱 별을 붙잡은' 분으로서 말씀하셨다(계 2:1). 일곱 별은 요한계시록 1장 20절을 통해 '일곱 교회의 사자'라는 것을 알 수 있다. 따라서 앞서 에베소 교회에서 보았듯, 일곱 별은 '교회'를 상징한다고 보는 것이 옳다. 주님은 그들의 행위를 아신다고 하셨다. 하나님은 우리의 일거수일투족을 아시는 분이시다(마 10:30; 눅 12:7).

또한 '살았다고 말하나 죽었다'는 말씀은 사데 교회 성도 대부분이 이교도적 환경과 타협했기 때문이다. 이 문제로 주님은 사데 교회의 행위에 대해 책망하셨다.

2. 회유

주님은 "너는 일깨어 그 남은바 죽게 된 것을 굳건하게 하라"고 하셨다. 이는 하나님의 심판이 그들의 목전에 이르렀음을 시사하는 말씀이다. 그들은 하나님 앞에서(coram Deo) 온전한 신앙생활(믿음과 추앙)을 하지 못했다. 오히려 하나님을 떠난 삶을 살았다. 거기에는 수많은 이방 종교와 부유한 환경의 원인도 있었다.

---

11) 2세기 말의 변증가이자, 루디아 지방의 수도였던 사데의 감독.

그럼에도 하나님은 그들에게 기회를 주셨다. 그것은 자신이 사랑하는 자녀들을 끝까지 붙들고자 하시는 하나님의 작정 때문이다(창 3:19; 계 3:19). 이에 하나님께서는 '네가 하나님께 받은 복을 생각하고 회개하라'고 하셨다. 하나님은 아담에게 세상을 다스리고 보존하라고 하셨다. 그런데 오히려 자연을 섬기면 이는 우상 숭배이며, 하나님이 가장 싫어하시는 일이다(출 20:3-5). 만일 이러한 잘못을 깨닫지 못하면 주의 심판이 도둑같이 이를 것이다(마 24:42-44; 벧후 3:10).

〈'도둑같이'에 대한 세 가지 해석〉

첫째, 주님은 인간이 가장 쉽게 이해할 수 있는 단어를 사용하셨다. 인간은 좋은 것보다는 반대의 것을 잘 기억한다. 그래서 마지막 때를 잘 이해할 수 있는 단어로 이 말을 사용하셨다.

둘째, 주님이 오실 날을 항상 준비하고 깨어 있으라는 의미로 말씀하셨다(매튜 헨리). 어떤 집에 도둑이 들어올 것을 미리 알고 있다면 주인은 그것을 대비할 것이다. 하나님은 인간이 자유의지를 가지고 하나님을 찬양하며 영광을 나타내는 것을 좋아하신다.

셋째, 해학적이며 역설적으로 '그리스도의 다시 오심'을 표현했다. 주님은 영광의 광채시다. 따라서 '도둑같이'라는 직유법을 사용하여 주님의 오심을 더욱 부각한 것이다.

3. 칭찬

사데 교회는 멸망 직전에 있었다. 그런 가운데서 회개하라는 주님의 시급한 명령이 내려졌다. 더불어 아직 옷을 더럽히지 않은 몇 명이 있다고 하셨다. 사데는 모직물의 제조와 염색이 주요 산업이었다. 주님은 이러한 사데의 성도들이 이해하기 쉽게 말씀하셨다. 옷을 더럽히지 않은 자에게 주신 약속은, 그들이 흰옷을 입고 그리스도와 함께 다닌다는 것이었다(계 7:9-10). 흰옷을 입은 자들의 이름이 생명책에서 지워지지 않는다는 것은, 그들이 거룩한 주의 자녀라는 것이다. 곧 순결한 부활의 몸으로 승리의 날에 흰옷을 입는다는 주님의 초청 메시지다. 배교의 압박에 굴하지 않은 결과 믿음을 온전히 지켰다는 의미에서 그들은 합당한 자들이었다.

4. 약속

이기는 자에게는 세 가지의 약속이 주어진다. 첫째, 그는 흰옷을 입을 것이다(계 7:9). 둘째, 그 이름이 생명책에서 지워지지 않을 것이다(단 12:1). 셋째, 주님께서 그의 이름을 하나님과 천사들 앞에서 시인하실 것이다(마 10:32). 귀 있는 자 곧 깨닫는 자는 성령이 하시는 말씀을 듣고 약속을 받을 것이다(히 10:36).

[신학적 고찰]

본문은 언약의 관점에서 해석하는 초대 일곱 교회 가운데 다섯 번째인 사데 교회에 관한 것이다. 이 교회는 그리스도께 가장 심하게 책망을 받는다. 그들에게는 외식주의가 팽배했다. 그들은 교회 행정이나 신학은 갖추었으나, 진정한 신앙의 내용이 없었다. 이에 하나님은 책망으로 일관하시는 것처럼 보인다. 그러나 하나님은 이 사데 교회에서도 주목하신 것이 있었다. 곧 하나님이 일방적으로 그들에게 약속하신 구원이었다. 그것은 삼위 하나님의 협약이었고, 아들 그리스도가 그 일을 해내셨다. 그것은 곧 주님이 십자가에 달리신 것이었다.

사데 교회는 살았다 하는 이름만 있을 뿐, 그들의 행위에는 온전한 것이 하나도 없었다. 이에 따르면 그들은 완전히 멸망의 나락으로 떨어져야 했다. 그러나 그중에 옷을 더럽히지 않은 몇 명이 있었다. 하나님은 이들을 주목하셨다. 그리고 그들에게 그렇지 못한 나머지 성도들에게 일깨우고 회개하라고 하셨다. 그러면 복을 주겠다고 말씀하셨다. 그 복은 흰옷을 입고(갈 3:27), 이름이 생명책에 기록되며(빌 4:3), 아버지께 인정받는 자가 되는 것이었다.

사데 교회에 대한 하나님의 은혜를 언약적 측면에서 고찰해 보면 다음과 같다.

첫째, 하나님의 사랑은 변함이 없다(약 1:17). 하나님은 자기 형상대로 지은 남자와 여자에게 생육하고 번성하며 모든 생물을 다스리는 복을 주셨다(창 1:28). 또 아담의 타락에 대한 즉각적 심판을 유보하시고 그들에게 가죽옷을 입히셨다(창 3:21). 그리고 아들 예수 그리스도를 주셨다(사 7:14; 갈 4:4; 히 1:6; 계 1:1, 22:20).

둘째, 하나님은 일말의 양심이라도 살펴보기를 원하신다(창 18:16-32). 하나님은 악인의 악을 끊고, 사람의 마음(לִבּוֹת, the hearts)과 양심(צַדִּיק, the just)을 감찰하신다(시 7:9; 롬 2:15; 딤전 1:19; 벧전 3:16). 특히 사람의 마음에서 나오는 믿음과 양심은 하나님에게서 유래한다(창 2:7). 믿음과 양심을 따르는 신앙이 구원의 핵심이다(벧전 1:9).

셋째, 하나님은 궁극적으로 그분의 나라를 완성하기를 원하신다. 주님은 혈과 육은 하나님 나라를 유업으로 받을 수 없다고 하셨다(고전 15:50). 썩는 것이 썩지 않는 것을 대신할 수 없는 것이다. 하나님 나라는 삼위 하나님의 통치가 머무는 곳이다. 그 안에서 그리스도와 연합을 이룬 주의 백성이 공존한다. 하나님 나라는 모든 민족에게 하나님의 말씀을 통해 증언되어야 한다(마 24:14).

주님이 우리 인간을 먼저 사랑하셨다(요일 4:10). 인간은 죄로 인해 사랑을 할 수 없는 상태이기에 주님이 우리를 먼저 선택하셨다(요 15:16). 하나님은 인간에게 믿음을 주셨다(고전 12:9). 그리고 그들이 믿음과 양심을 가지고 하나님을 찬양하기를 원하셨다. 하나님의 사역과 열심은 궁극적으로 하나님의 이름을 위해서다. 하나님 나라를 이루어가고자 하시는 것이다. 우리는 이러한 하나님의 원대한 뜻에 부합하여 살아야 한다. 즉, 우리에게 주어진 삶의 일익을 담당해야 한다. 그 중심에 하나님의 언약이 있기 때문이다.

[교훈 및 결어]

그리스도는 마지막 심판 때 신앙을 끝까지 지킨 자들을 모든 악에서 건져 내실 것이다. 또 천국에 들어가도록 구원하실 것이다(딤후 4:18). 사데 교회는 주님께 책망을 많이 받았다. 그럼에도 하나님은 사랑으로 그들을 용서해 주셨다. 그들이 해야 하는 일은 '일깨는' 것이었다. 이는 곧 하나님에 대한 지식을 알고 회개하는 것이다.

우리의 신앙과 삶은 사데 교회와 매우 연관성이 있다. 우리 자신역시 겉은 아닌 것처럼 포장할 수 있지만 깊이 들여다보면 사데보다 더 악할 수 있다. 좀 더 광의적으로 생각해 보아야 한다. 이는 나의 생명과 연관되는 하나님의 말씀이기 때문이다. 하나님은 하나님을 변함없이 사랑하는 자를 원하신다(엡 6:24). 성도가 진정으로 종말론적 사상을 가지고 살아간다면 하나님은 매우 기뻐하실 것이다.

[실천]

사데 교회는 작금의 신앙인들에게 많은 교훈을 준다. 그 교훈을 남의 일처럼 멀리하면 안 된다. 인간은 누구나 연약하기에 스스로 자기를 세우길 원한다. 그래서 자신을 향한 쓴소리를 싫어한다. 예수님은 자신 안에 있는 들보를 보라고 하셨다(마 7:5). 이와 같이 사데 교회에 하신 주님의 말씀을 자신의 것으로 받아들여야 한다. 이에 성도는 일깨어 형식주의적인 신앙에서 돌아서야 한다. 그리고 주님을 바라보아야 한다.

(2) 요한계시록 3장 7-13절
주제 : 빌라델비아 교회 - 지켰은즉 면하게 하리라

> **3:7** 빌라델비아 교회의 사자에게 편지하라 거룩하고(ὁ ἅγιος) 진실하사(ὁ ἀληθινός) 다윗의 열쇠를 가지신 이 곧 열면 닫을 사람이 없고 닫으면 열 사람이 없는 그가 이르시되
>
> **3:8** 볼지어다 내가 네 앞에 열린 문을 두었으되(θύραν ἠνεῳγμένην, a door having been opened) 능히 닫을 사람이 없으리라 내가 네 행위를 아노니 네가 작은 능력을 가지고서도 내 말을 지키며 내 이름을 배반하지 아니하였도다
>
> **3:9** 보라 사탄의 회당 곧 자칭 유대인이라 하나 그렇지 아니하고 거짓말하는 자들 중에서 몇을 네게 주어 그들로 와서 네 발 앞에 절하게 하고 내가 너를 사랑하는 줄을 알게 하리라

3:10 네가 나의 인내의 말씀을 지켰은즉(ἐτήρησας, you have kept) 내가 또한 너를 지켜 시험의 때를 면하게 하리니(τηρήσω) 이는 장차 온 세상에 임하여 땅에 거 하는 자들을 시험할 때라

3:11 내가 속히 오리니(ἔρχομαι ταχύ, I am coming) 네가 가진 것을 굳게 잡아 아무도 네 면류관을 빼앗지 못하게 하라

3:12 이기는 자는 내 하나님 성전에 기둥이 되게 하리니 그가 결코 다시 나가지 아니하리라 내가 하나님의 이름과 하나님의 성 곧 하늘에서 내 하나님께로부터 내려오는 새 예루살렘의 이름과 나의 새 이름을 그이 위에 기록하리라

3:13 귀 있는 자는 성령이 교회들에게 하시는 말씀을 들을지어다

[배경]

빌라델비아는 사데의 동남쪽에 자리하였다. BC 2세기경 버가모 왕조의 아탈로스 2세(Attalus II)가 건립한 뒤, 형에 대한 사랑의 표시로 '빌라델비아'('형을 사랑하는 자'라는 뜻)로 명명했다(NIC 신약 주석). 빌라델비아 교회의 정확한 기원은 알 수 없으나 작은 형태였던 것으로 보인다. 이 교회의 위치는 지금의 튀르키예령인 알라 셀(Allah Shehr, 하나님의 도시)에 해당하며, 지금도 수천 명의 신자가 있다(바클레이).

주님은 앞선 다섯 교회 중 서머나 교회에 대해 칭찬으로 일관하셨다. 마찬가지로 빌라델비아 교회도 주님의 위로와 칭찬을 받았다. 서머나와 빌라델비아 교회는 공통점이 있다. 이들은 모두 작은 능력에도 신앙의 정절과 사명에 대한 충성심을 지켰다.

이 두 교회는 다른 다섯 교회와 달리 주님의 복음 진리와 가르침에 굳게 뿌리를 박고 있었다. 이에 세상의 유혹과 재리를 따르지 않

고 사탄의 시험을 이겨 냈다. 이처럼 그들은 자기의 자리를 굳게 지킨 참된 교회의 모형이었다. 주님은 빌라델비아 교회가 환난을 인내로 이겨 냈기 때문에 시험을 면하게 하겠다고 약속하셨다.

[내용 요약]

1. 칭찬

본 서신의 기록 목적은 빌라델비아 교회의 고난받는 성도들을 위로하고 격려하기 위해서였다. 즉, 그들이 믿음에 굳게 서도록 하는 데 있었다. 당시는 로마의 박해가 심했다. 또한 복음이 있는 곳에 거짓 교사가 함께 있어 성도들을 유혹하고 시험하여 넘어지게 했다. 그럼에도 빌라델비아 교회 성도들은 하나가 되어 주님께 충성했고 말씀을 의지했다. 그들은 끝까지 인내했으며, 박해를 피하고자 믿음을 저버리지 않았다.

2. 환난을 이겨 냄

주님은 빌라델비아 교회 성도들 앞에 열린 문을 두었으며, 이 문을 닫을 자가 없을 것이라고 하셨다. 그리고 '네가 작은 능력을 가지고서도 내 말을 지키며 내 이름을 저버리지 않았던 행동을 안다'고 말씀하셨다.

주님은 '사탄의 회당 곧 자칭 유대인이라 하나 사실은 아닌 거짓말하는 자들 중에서 몇이 네 발 앞에 절하게 하겠다'고 하셨다. 그리고 '그들에게 내가 너를 사랑하는 줄을 알게 하겠다'고 약속하셨다. 주님은 그들이 사탄이라도 주님의 권능 아래 있다는 것을 직접 알게 하셨다. 이는 하나님이 승리하셨다는 것을 보여 주기 위함이었다. 주님은 '네가 나의 인내의 말씀을 지켰은즉 너에게 시험의 때를 면하게 하겠다'고 말씀하셨다.

3. 진정한 메시아

메시아는 '거룩하고 진실하시며' 세상과 완전히 구별된 참 진리이신 그리스도를 일컫는다. '다윗의 열쇠를 가지신 이'는 비유적으로 주님의 권위와 왕권을 말한다. 그분이 곧 닫으면 열 사람이 없고 열면 닫을 사람이 없는 분이다. 이것은 히스기야의 신하 엘리아김에게 주었던 약속을 인용한 것이다. 하나님은 엘리아김에게 다윗 집의 열쇠를 그의 어깨에 두어 그 집을 관장케 하겠다고 하셨다(사 22:22). 여기서 열쇠는 권위와 주권을 상징한다. 다윗은 구약에서 그리스도를 예표한다. 진정한 메시아의 그림자다(렘 30:9).

4. 약속

'아무도 네 면류관을 빼앗지 못하게 하라.' 그리스도는 마지막 때에 하늘로부터 나타나 자기 원수에게 심판과 저주를 내리겠다고 하셨다(살후 1:7-9, 환난을 겪은 성도는 안식으로, 하나님을 모르는 자는 영원한 멸망의 형벌로). 그리고 환난을 이기는 자는 그리스도와 함께 영원히 왕 노릇 할 것이라고 하셨다. 특히 이 말씀은 교회와 성도들에게 사탄이 면류관을 빼앗지 못하게 하라는 말씀이다.

주님은 빌라델비아 교회의 인내를 칭찬하시면서 다음과 같은 상급을 약속하셨다. 첫째, 시험의 때를 면하게 하겠다고 하셨다(계 3:10). 둘째, 하나님 성전의 기둥이 되게 하겠다고 하셨다(계 3:12). 이는 곧 성도들이 영예로운 지위를 얻는 것을 말한다. 셋째, 하나님의 이름과 새 예루살렘의 이름과 그리스도의 새 이름을 성도들 위에 기록하겠다고 하셨다(계 3:12).

〈서머나 교회와 빌라델비아 교회에 대한 칭찬의 내용〉

1. 서머나 교회

주님은 궁핍 가운데 신앙을 지킨 서머나 교회에 생명의 면류관을 주겠다고 약속하셨다(계 2:10). 그리고 사망의 해를 받지 않을 것이라고 하셨다(계 2:11).

2. 빌라델비아 교회

하나님 성전의 기둥이 되게 하고, 시험의 때를 면하게 하며, 아버지와 새 예루살렘과 주님의 이름을 성도들 위에 놓겠다고 하셨다(계 3:9-11).

[교훈]

주님은 빌라델비아 교회의 하나님을 향한 믿음을 최대한 존중하셨다. 그들에게 의지를 통해 면류관을 지킬 것을 말씀하시고, 마지막 날에 주실 복을 약속하셨다. 이것을 언약의 관점으로 어거스틴의 '은혜와 의지적 실천을 통한 약속'이란 주제로 간략하게 정리해 보고자 한다.

어거스틴은 죄의 원인은 인간의 자유의지라고 말했다. 그는 죄에 대한 상태를 네 가지로 구분했다. 첫째, 아담은 죄를 지을 수 있는 상태다. 둘째, 아담 이후는 죄를 지을 수밖에 없는 상태다. 셋째, 그리스도로 구속함을 받은 자들은 죄를 짓지 않을 수 있는 상태다. 넷째, 영화의 상태는 죄를 지을 수 없는 상태다.

또 그는 다음 세 가지로 '순수 의지'와 '죄 의지'를 은혜 및 자유와 연결해 설명한다.

1. 순수 의지는 하나님에게서 기인한 은혜의 선물이다.

의지는 인간에게서 시작된 것이 아니다. 많은 철학자나 염세주의자들은 인간의 의지가 이성에서 나왔다고 말한다. 그러나 성경은 인간이 하나님께서 자신의 영(창 1:26, בְּצַלְמֵנוּ-in Our image, כִּדְמוּ-Our likeness)을 불어넣어 주신 생령(창 2:7, לְנֶפֶשׁ)임을 강조한다.

2. 순수 의지는 자유를 동반한다.

하나님은 아담에게 에덴동산 가운데 있는 나무의 열매는 먹지 말라고 하셨다(창 2:16-17). 그러나 인간의 의지를 자유와 함께 속박과 억압으로 제한하지 않으셨다. 하나님 말씀의 약속 안에서 인류가 창조 질서를 따를 것을 말씀하셨다.

3. 죄 의지는 은혜로 말미암아 믿음과 성화의 삶으로 인도된다(창 3:16-23; 마 5:16, 7:20; 딛 2:14).

하나님은 죄악 중에 있는 인간에게 은혜를 주셨고, 바른 삶을 살도록 인도하셨다. 인류가 하나님 나라의 온전한 회복을 향해 나아가야 하기 때문이다. 또한 이것은 창조의 섭리를 따르는 질서의 방향이었고, 거룩한 삶으로의 구별이었다. 하나님은 이스라엘 백성들이 가나안 땅에 들어갈 때 그들을 '성민'이라고 부르셨다. 그들은 본래 죄인이었다. 하지만 하나님이 선택한 백성으로서 '거룩하다' 칭함을 받은 것이다. 우리 역시 그리스도의 피로 의롭다 칭함을 받았다(롬 8:30 "미리 정하신 그들을 또한 부르시고 부르신 그들을 또한 의롭다 하시고 의롭다 하신 그들을 또한 영화롭게 하셨느니라"). 이처럼 진정한 하나님의 백성으로 사는 것이 거룩한 삶이다. 그리스도로 말미암아 죄 사함을 받은 인간은 세상과 구별된 삶을 살아야 한다.

[결어]

빌라델비아 교회는 그리스도 예수의 은혜와 하나님의 사랑으로 말미암은 의지적 실천을 보여 준 교회다. 그들은 환난과 핍박을 믿음으로 이겨 내고 승리했다. 이에 그리스도께서 그들로 성전 기둥이 되게 하고, 시험을 받지 않게 하겠다고 약속하셨다. 또 아버지와 새 예루살렘과 주님의 이름을 그들 위에 놓겠다고 하셨다.

[실천]

빌라델비아 교회는 한결같이 그리스도의 고난에 동참한 면모를 보여 주었다. 그들은 신앙의 본질을 버린 여타 교회와 달랐다. 마귀, 사탄의 유혹에 현혹되지 않았고 주님의 말씀을 잘 지켰다. 오늘날의 교회들은 대부분 외적으로 평안하다. 그리고 물질적으로 풍요하다. 그러다 보니 은근히 자기 이름을 드러내는 성도가 많다. 반면 말씀에 대한 의지적 실천은 점점 약해지고 있다. 그리스도의 영광에 참예할 교회도 점점 사라지고 있다. 그러나 마지막 때에 닥칠 환난에 대비해 교회는 지금부터 등불에 기름을 채워야 한다. 빌라델비아 교회의 모습을 본받아 믿음을 지켜 내는 교회와 성도가 되어야 한다.

⑶ 요한계시록 3장 14-22절
주제 : 라오디게아 교회 – 사랑하는 자를 책망하여 징계함

3:14 라오디게아 교회의 사자에게 편지하라 아멘이시요 충성되고 참된 증인이시요 하나님의 창조의 근본(ἀρχὴ τῆς κτίσεως, begin-ning of the creation)이신 이가 이르시되

3:15 내가 네 행위를 아노니 네가 차지도 아니하고 뜨겁지도 아니하도다(οὔτε ζεστὸς οὔτε ψυχρός, neither hot nor cold) 네가 차든지 뜨겁든지 하기를 원하노라

3:16 네가 이같이 미지근하여 뜨겁지도 아니하고 차지도 아니하니 내 입에서 너를 토하여(ἐμέσαι) 버리리라

3:17 네가 말하기를 나는 부자라 부요하여 부족한 것이 없다 하나 네 곤고한 것과 가련한 것과 가난한 것과 눈먼 것과 벌거벗은 것을 알지 못하는도다

3:18 내가 너를 권하노니 내게서 불로 연단한 금을 사서 부요하게 하고 흰옷을 사서 입어 벌거벗은 수치를 보이지 않게 하고 안약을 사서 눈에 발라 보게 하라

3:19 무릇 내가 사랑하는 자를 책망하여 징계하노니 그러므로 네가 열심을 내라(ζήλευε, be zealous) 회개하라

3:20 볼지어다 내가 문밖에 서서 두드리노니 누구든지 내 음성을 듣고 문을 열면 내가 그에게로 들어가 그와 더불어 먹고 그는 나와 더불어 먹으리라

3:21 이기는 그에게는 내가 내 보좌에 함께 앉게(ἐκάθισα μετὰ, with sat down) 하여 주기를 내가 이기고 아버지 보좌에 함께 앉은 것과 같이 하리라

3:22 귀 있는 자는 성령이 교회들에게 하시는 말씀을 들을지어다

[배경]

라오디게아는 빌라델비아 동남쪽 지점에 있었다. BC 250년경 수리아의 안티오코스 2세에 의해 건설되었으며, 당시 교통의 요지였다. 또 무역의 중심지로서 모직업과 금융업이 발달하여 부유했으며, 은행과 양모, 양탄자, 의학 학교, 안약으로 유명했다(대한성서공회 연구 성경). 라오디게아 교회는 에바브라가 설립한 것으로 알려진다(골 4:16). 이 교회는 주님께 신앙이 미지근하다고 책망받았다. 부유한 도시 생활에 젖어 있던 라오디게아 교회 성도들은 하나님을 섬기는 일과 자신들이 좋아하는 일을 동시에 했던 것으로 보인다.

[내용 요약]

1. 아멘이신 그리스도

그리스도는 라오디게아 교회의 사자에게 자신을 '아멘'이라고 칭하셨다. 이사야 65장 16절의 '진리의 하나님'이 '아멘이신 그리스도'와 연관된다. 유대교에서 '아멘'은 확실하고 구속력이 있는 것에 대한 시인이었다(TDNT, 신약 사전). "하나님의 창조의 근본이신 이"는 골로새서 1장 15절의 "하나님의 형상이시요 모든 피조물보다 먼저 나신 이"라는 구절을 인용한 것으로 보인다.

2. 책망과 권면

그리스도는 라오디게아 교회의 행위를 아셨다. 라오디게아는 지형적으로 히에라볼리의 뜨거운 약수와 골로새의 차고 깨끗한 물이 합쳐지는 곳이었다. 사람들은 이 물을 먹으면 토해 버렸다고 한다. 주님은 그들에게 신앙생활을 분명하게 하라고 권면하셨다. 즉, 그들에게 즉시 회개하고 계속 열심을 내라고 하셨다. 만일 그렇게 하지 않으면 입에서 토해 낼 것이라고 말씀하셨다.

주님은 라오디게아 교회 성도들이 부요하여 스스로 부족함이 없다고 말한다고 하셨다. 그러나 주님은 이들을 다음과 같이 책망하고 회유하셨다.

3. 책망과 회유

'네가 곤고하고 가련하고 가난한 것을 알지 못한다. 또 눈먼 것과 벌거벗은 것을 모른다'라고 책망하셨다. 또 다음과 같이 회유하셨다. 첫째, 주님에게 불로 연단한 금을 사서 부요하게 하라고 하셨다. 둘째, 흰옷을 사서 입어 벌거벗은 수치를 보이지 않게 하라고 하셨다. 셋째, 안약을 사서 눈에 발라 보게 하라고 하셨다.

주님은 라오디게아 교회 성도들을 회유하기 위해 그들의 눈높이에 맞추어 말씀하셨다. 그들의 환경에서 가장 이해하기 쉽게 말씀하셨다. 그들은 실제로 황금을 소유하고 있었다. 이에 주님에게서 진정한 금, 즉 말씀을 얻어 무장하라고 하셨다(잠 22:1). 또 의의 옷을 입으라고 하셨다. 의의 상징으로서 '흰옷'은 요한계시록에서 널리 사용된다(계 6:11, 7:9, 19:14). 그리고 안약을 사서 바르라는 말씀은 영적인 눈을 뜨라는 것이었다(고전 2:14).

주님은 그들의 모습을 신앙으로 유비해 대조적으로 표현하셨다. 라오디게아 교회는 육체적으로 안락한 생활을 했다. 그러나 영적으로 바로 서지는 못했다. 그렇다 보니 영적으로 피폐한 사람들을 돌봐 주지 못했다. 그들은 신앙의 열매가 없었다. 그래도 회개할 기회가 있었다는 사실을 주목해야 한다(계 3:18-20).

4. 사랑하는 자에게 하시는 책망과 징계(계 3:19; 잠 3:11-12)

주님은 인간을 책망하시기 전에 먼저 사랑하셨다. 그리고 끝까지 참으셨다. 그러나 주님의 뜻을 끝까지 따르지 않고 저버리는 자는 멸하실 것이다. 반면 열심을 내고 회개하는 자에게는 언약을 지키실 것이다.

실상 주님께서 사랑하는 자에게 하시는 책망은 거룩한 심판의 개념이다. 이는 성경의 죄, 심판, 은혜의 삼중 구도에서 잘 나타난다(시 94:12 "여호와여 주로부터 징벌을 받으며 주의 법으로 교훈하심을 받는 자가 복이 있나니"; 고전 11:32 "우리가 판단을 받는 것은 주께 징계를 받는 것이니 이는 우리로 세상과 함께 정죄함을 받지 않게 하려 하심이라").

또 주님의 책망은 사랑의 표현으로 천국 초청을 위한 전 단계다. 이는 말세에 있을 종말론적 그리스도의 재림을 표현한다. 책망과 징계는 이를 통해 주님의 자녀로 잘 빚어진 백성들에게 복 주시고자 하는 하나님의 사랑이다.

[약속]

홀먼 헌트의 그리스도가 문 앞에 서 있는 그림은 요한계시록 3장 20절을 잘 묘사한다. 그리스도는 우리의 문밖에서 문을 두드리고 계신다. 주님은 문을 여는 자에게로 들어가겠다고 말씀하셨다. 이는 곧 성만찬으로 표현할 수 있다. 또 앞으로 올 메시아의 왕국에서 누릴 식탁 교제에 대한 상징으로, 영원한 주님의 나라에서의 동반적인 삶을 의미한다.

이기는 자는 그리스도의 보좌에 앉게 된다(마 19:28). 그 보좌는 아버지 하나님과 함께 계신 곳이다. 이는 영광의 왕이신 그리스도와의 연합과 영원한 삶을 묘사한다. 전능하신 하나님의 나라에서 하나님과 함께 영원토록 삶을 영위하는 복이다.

[교훈]

라오디게아 교회는 미온적 신앙으로 인해 주님께 책망을 받았다. 주님은 그의 백성이 한편으로는 신앙을, 다른 한편으로는 세상을 따르는 것을 원하지 않으신다. 여호수아와는 "오직 나와 내 집은 여호와를 섬기겠노라"(수 24:15)라고 말했다. 엘리야는 이스라엘 백성에게 '너희가 어느 때까지 하나님과 바알 사이에서 머뭇거리겠느냐'고 질타했다(왕상 18:21). 바울은 "내가 사람들에게 좋게 하랴 하나님께 좋게 하랴…내가 지금까지 사람들의 기쁨을 구하였다면 그리스도의 종이 아니니라"(갈 1:10)라고 말했다.

하나님은 아담 때부터 새 언약인 그리스도 때까지 은혜로 일관하여 이스라엘 백성을 구원의 자리와 하나님 나라로 초청하셨다. 아브라함과 모세와 다윗, 그리고 새 언약이신 그리스도까지를 언약적인 방식으로 정리하면 다음과 같다.

1. 아브라함 언약(창 12:1-3)

하나님은 노아의 10대 후손 아브라함을 믿음의 조상으로 세우셨다. 그리고 그가 가진 모든 인간적 특성을 참고하시고(순종, 믿음) 그에게 무조건 은혜를 주셨다. 그것은 은혜의 언약이었다. 그 언약을 따라 그의 후손이 바다의 모래같이, 하늘의 별같이 많아지게 해주겠다고 하셨다.

2. 모세 언약(출 3:1-10)

하나님은 모세에게 그를 통해 애굽의 바로에게서 이스라엘을 건져 내어 하나님이 지시하는 땅(가나안)으로 인도하겠다고 하셨다. 그들에게 주신 가나안은 하나님이 지정하신 성지로, 그곳에서 그의 백성을 성민으로 살게 하셨다. 그리고 그들에게 하나님의 자녀로서 지켜야 할 법도인 십계명을 주셨다. 이는 순전히 은혜 언약으로만 가능한 일이다. 그런 중에도 이스라엘은 하나님을 수시로 배반했다.

3. 다윗 언약(삼하 7:9-16)

하나님은 다윗이 어디로 가든지 함께할 것이며, 그의 이름을 위대하게 만들어 주겠다고 하셨다. 또 다윗의 씨를 통해 하나님의 이름을 위한 전을 건축하게 할 것이며, 그에게 아버지가 될 것이라고 말씀하셨다. 나아가 다윗의 집과 나라가 영원한 보존되고 그의 왕위가 영원히 견고할 것이라고 하셨다. 그리고 하나님은 이새의 뿌리에서 한 구원자를 세우실 것을 약속하셨다(사 11:1-16).

4. 새 언약(눅 22:20; 히 13:20; 고후 3:6-11)

1) 성만찬에서의 언약

"이 잔은 내 피로 세우는 새 언약이니 곧 너희를 위하여 붓는 것이라"(눅 22:20).

2) 영원한 언약의 피

양들의 큰 목자이신 주 예수(히 13:20)

3) 우리를 새 언약의 일꾼 되기에 만족하게 하심(고후 3:6-11)

- 율법 조문으로 하지 않고 오직 영으로 하심(율법 조문은 죽이는 것)

- 정죄의 직분도 영광이 있는데 의의 직분은 더욱 영광이 넘침

- 없어질 것도 영광으로 말미암았은즉 길이 있을 것은 더욱 영광 가운데 있음

[결어]

주님은 초대 일곱 교회에 대해 칭찬과 책망과 권유와 약속을 반복적으로 하셨다. 그중 서머나와 빌라델비아 교회에 대해서는 칭찬만 하셨다. 그것은 그들이 오직 그리스도의 복음으로 무장했기 때문이었다. 반면 부에 이끌려 자기들의 신앙을 붙좇지 못한 라오디게아 교회 성도들은 주님께 책망을 받았다. 그럼에도 그들은 사랑하는 자들이라 불리며 천국에의 초청과 약속을 받았다. 이 약속은 일곱 교회 모두에 동일하게 적용되는 하나님의 일방적인 사랑의 언약 방식이었다.

[실천]

성도는 차든지 덥든지 자기의 신앙 입장이 분명해야 한다. 특히 현대를 살아가는 성도들은 종말론적 신앙을 가지고 사는 것이 필요하다. 늘 성령 충만하여 거짓 선생과 이단의 사상과 특히 종교다원주의에서 벗어나야 한다. 말씀의 거울에 자기의 모습을 비춰 보고 항상 주의해야 한다. 그리스도의 다시 오심을 고대하며 영적으로 깨어 있어야 한다. 어떤 환난과 시험이 닥쳐오더라도 꿋꿋이 이겨내야 한다.

*언약의 성취와 결정체이신 그리스도(갈4:4)

아담 (행위 언약)	아브라함 (순종과 믿음 언약)	모세 (십계명과 가나안 언약)	다윗 (영원한 나라 언약)	새 언약 (그리스도와 함께)

직선적 역사관과 구속사적 점진적 방향(최종 하나님 나라 완성을 위한 인류 구원)

1. 언약의 핵심은 하나님의 사랑(은혜 언약)
2. 언약은 사랑의 결정체인 그리스도를 추적
3. 아담부터 시작한 언약의 점진적 과정(율법과 선지자들)
4. 각 세대마다 인물을 택하셔서 언약 갱신
5. 최종적인 그리스도의 죄의 대속과 언약 성취
6. 하나님 나라의 완성
   - 그리스도와 그의 자녀들과 함께 영원한 통치

〈도표 5〉

4) 요한계시록 4장 1-11절

주제 : 하나님 나라와 보좌 위의 하나님

4:1 이 일 후에 내가 보니 하늘에 열린 문이 있는데 내가 들은바 처음에 내게 말하던 나팔 소리 같은 그 음성이 이르되 이리로 올

라오라 이후에 마땅히 일어날 일들을(ἃ δεῖ γενέσθαι, It behoves to take place) 내가 네게 보이리라(δείξω, I will show) 하시더라

4:2 내가 곧 성령에 감동되었더니(Πνεύματι) 보라 하늘에 보좌를 베풀었고 그 보좌 위에 앉으신 이가 있는데

4:3 앉으신 이의 모양이 벽옥(ἰάσπιδι, jasper)과 홍보석(σαρδίῳ, sardius) 같고 또 무지개가 있어 보좌에 둘렸는데 그 모양이 녹보석(σμα ραγδίνῳ, emerald) 같더라

4:4 또 보좌에 둘려 이십사 보좌들이 있고 그 보좌들 위에 이십사 장로들이 흰옷을 입고 머리에 금관을 쓰고 앉았더라

4:5 보좌로부터 번개와 음성과 우렛소리가 나고 보좌 앞에 컨 등불 일곱이 있으니 이는 하나님의 일곱 영이라

4:6 보좌 앞에 수정과 같은 유리 바다가 있고 보좌 가운데와 보좌 주위에 네 생물이 있는데 앞뒤에 눈들이 가득하더라

4:7 그 첫째 생물은 사자(λέοντι, a lion) 같고 그 둘째 생물은 송아지(μόσχῳ, a calf) 같고 그 셋째 생물은 얼굴이 사람(ἀνθρώπου, of a man) 같고 그 넷째 생불은 날아가는 독수리(ἀετῷ an eagle) 같은데

4:8 네 생물은 각각 여섯 날개를 가졌고 그 안과 주위에는 눈들이 가득하더라 그들이 밤낮 쉬지 않고 이르기를 거룩하다 거룩하다 거룩하다 주 하나님 곧 전능하신 이여 전에도 계셨고 이제도 계시고 장차 오실 이시라 하고

4:9 그 생물들이 보좌에 앉으사 세세토록 살아 계시는 이에게 영광과 존귀와 감사를 돌릴 때에

4:10 이십사 장로들이 보좌에 앉으신 이 앞에 엎드려 세세토록 살아 계시는 이에게 경배하고 자기의 관을 보좌 앞에 드리며 이르되

4:11 우리 주 하나님이여 영광과 존귀와 권능을 받으시는 것이 합당하오니 주께서 만물을 지으신지라 만물이 주의 뜻대로 있었고 또 지으심을 받았나이다 하더라

[내용 요약]

요한계시록 1-3장은 그리스도의 계시의 말씀에 대한 서론이자, 초대 일곱 교회의 상태에 대한 설명이다. 그리스도께서 요한을 통해 말세에 일어날 일들에 대해 교회들이 경각심을 갖도록 하셨다. 4-18장은 마지막 때에 일어날 대환난을 묘사한다. 이어 19-20장은 그리스도의 다시 오심과 심판에 대한 기록이다. 마지막 21-22장에서는 새 하늘과 새 땅을 말씀하신다. 그중 특히 본문 4장은 인류 역사의 주관자이신 하나님의 살아 계심과 나타내심을 면밀하게 알리고 있다. 또 심판주이신 그리스도 예수에 대한 환상을 통해 교회와 성도들이 깨어 있어야 할 이유를 설명한다.

1. 1-2절 : 마땅히 일어날 일

요한은 장차 일어날 일들을 알기 위해 성령에 의해 천상으로 이끌림을 받는다. 그때 나팔 소리 같은 것이 있었다(계 1:1, 19). 그곳에는 하나님의 보좌와 그 위에 앉으신 지고하신(exalted) 이(하나님)가 계셨다. 요한은 여기서 위엄하시고 전능하신 하나님과 예수 그리스도와 성령님, 즉 삼위 하나님을 뵈었다.

2. 3-6절 : 하나님 보좌의 모습

보좌에 앉으신 이의 모습은 벽옥과 홍보석 같았다(출 28:17-20, 제사

장들이 입는 흉패에 달았던 보석 중 마지막과 첫째). 그리고 무지개가 그 보좌를 둘렀다. 이 보석들은 하나님의 거룩하심과 정결하심을 나타낸다. 이처럼 아름다운 보석과 함께 있었던 무지개는 하나님의 신실하심과 불변성을 의미한다. 매튜 헨리는 무지개와 녹보석은 새 언약이 가지고 있는 소생과 참신함을 뜻한다고 했다.[12] 그는 노아의 무지개 언약을 따라 이 부분을 풀이한 것으로 보인다.

또 보좌에 둘러앉은 이십사 장로는 흰옷을 입고 금관을 썼다(계 7:11-12). 흰색은 깨끗함과 관련해 거룩함과 의를 표현한 것이다. 금면류관은 하나님의 권세와 영예를 함께 누림을 말한다. 특히 이십사 장로는 구약의 24반열로 해석되고, 신구약의 12족장과 12사도를 일컫는다. 이상근은 비유적으로 해석하여 '신약 시대에 그리스도를 믿는 모든 성도를 대표하는 자'라고 했다.

보좌로부터 난 번개와 음성과 우렛소리(시 29:3, 많은 물 위에 계신 하나님)는 하나님의 능력과 위엄을 상징한다. 이 일은 요한계시록 8장 5절에서는 일곱 인의 개봉 후에 있었고, 11장 19절에서는 일곱 나팔을 분 다음에, 그리고 16장 18절에서는 진노의 일곱 대접을 쏟은 다음에 일어났다. 즉, 이는 심판하시기 전 징조를 보이시며 진노에 대한 경각심을 갖게 하는 것이다.[13] 보좌 앞에는 일곱 등불이 있었는데, 이는 하나님의 일곱 영을 뜻한다. 주님은 '7'이라는 숫자를 많이 사용하시는데, 이 숫자는 완전 또는 완성의 의미를 내포한다. 따라서 이 일곱 영도 성령님으로 보는 것이 옳다.

---

12) 매튜 헨리의 요한계시록 주석은 보수적이며 참신하여 요한계시록 연구에 도움이 될 만하다.
13) 서철원, 《서철원 박사 교의신학 종말론》, 서철원 교수는 종말론에서 모든 징조는 단순한 '재앙 예고'가 아니라 하나님이 창조 경륜을 완성하심을 보여 주는 은혜의 표지라고 한다.

또 보좌 앞에 수정과 같은 유리 바다가 있었다. 그 가운데와 주위에는 네 생물이 있었는데, 앞뒤에 눈들이 가득했다. 유대인들은 이 바다를 천상의 바다와 연관시켰다고 전해진다. 즉, 이는 욥기 37장 18절의 '구름장들을 두들겨 넓게 만들어 녹여 부어 만든 거울'로도 묘사할 수 있다. 그렇다면 수정은 유리 바다와, 보좌의 가운데와 주위의 네 생물의 눈이 깨끗함을 강조하는 것으로 볼 수 있다. 또 지상의 성전에서 주님의 영광 앞에 나아가기 위해 손을 씻는 것으로도 이해할 수 있다. 네 생물의 눈들은 하나님의 온전하신 영광(Gloria)과 지혜(Omni-Scientia)와 전능(Omni-Potentia)으로 표현할 수 있다. 매튜 헨리는 이를 성령의 은사와 성령의 역사(役事)의 산물로도 본다(Matthew Henry, p.1975).

3. 7-8절 : 네 생물의 모양과 역할

이 구절은 에스겔 1장과 이사야 6장을 염두에 둔 것으로 보인다. 에스겔의 환상과 요한의 환상은 같은 맥락으로 보아야 한다. 사자는 힘을 상징한다. 사자에게는 위엄과 담대함이 있다. 송아지는 봉사나 희생을 의미하는 제사의 제물을 표현한다(히 1:14). 사람의 얼굴은 하나님의 형상으로 지혜와 신령함을 나타낸다고 볼 수 있다(창 1:26-28). 마지막으로 독수리는 동작이 빠른 기민성을 말한다.

이 생물들은 각기 여섯 날개를 가졌으며(사 6:2-3, 스랍), 밤낮 쉬지 않고 "거룩하다 거룩하다 거룩하다 주 하나님 곧 전능하신 이여 전에도 계셨고 이제도 계시고 장차 오실 이시라"라고 찬양한다. 이는 다른 이상한 현상을 나타내는 것이 아니라, 하나님을 향해 쉬지 않고 찬양하고 경배하는 모습을 의미한다.

4. 9-11절 : 네 생물과 이십사 장로가 하나님께 경배함

네 생물이 보좌에 앉으신 세세토록 살아 계시는 하나님께 영광과 존귀와 감사를 돌린다. 이때 이십사 장로가 보좌에 앉으신 이 앞에 엎드려 경배하고 자기들의 관을 보좌 앞에 드린다. 그들은 "우리 주 하나님이여, 영광과 존귀와 권능을 받으시는 것이 합당하오니, 주께서는 만물을 지으셨기 때문입니다. 또 만물이 주의 뜻대로 있었고, 그것들이 지음을 받았기 때문입니다"라고 경배한다.

전 우주적 창조의 질서를 마련하신 하나님을 우리 인간이 어떻게 찬양할 수 있을까! 광대하시고 존귀하신 하나님을 이보다 더 높이 찬양할 수 있을까! 하나님은 찬양받기 합당하신 분이다. 이십사 장로는 하나님께 받은 영광의 면류관을 그대로 벗어 다시 돌려드린다. 이 모습은 하나님만이 온 우주의 주인이심을 고백하는 것이다. 그들의 이러한 신앙 고백은 참으로 일품이다. 하나님은 세세토록 살아 계신 분이며 만물을 지으셨다. 즉, 만물에게서 영광을 받으시기에 합당한 분이시다(창 1:31; 시 57:5, 104:31-자신께서 행하시는 일들로 말미암아 즐거워하심; 사 48:9, 11; 벧전 4:11).

[신학적 제언]

마지막 때 일어날 일에 대해 하나님이 요한에게 보이시고자 했던 중점적 사안은 무엇이었을까? 구원이었을까, 심판이었을까? 물론 둘 다 중요했지만, 더욱 중요한 것은 하나님 나라의 회복과 완성이었다. 하나님의 창조 질서를 바로 세우기를 원하셨던 것이다.

하나님은 인간 세상에서 자신의 이름이 온 천하에 높이 들림 받기를 원하셨다(창 1:31; 시 8:9; 롬 9:17). 천상에서는 천사들과 이십사 장로가 하나님을 경배한다. 하나님은 땅에서도 구원받은 주의 백성이 하나님을 찬송하기를 원하셨다. 예수님께서는 제자들에게 기도를 가르치시면서 하나님의 뜻이 하늘에서 이룬 것같이 땅에서도 이루어지도록 기도하라고 하셨다(마 6:10).

요한이 본 천상의 하나님 나라는 하나님께서 영광과 존귀와 권능을 받으시는 것이 합당한 곳이다. 만물이 주의 뜻대로 있었고, 또 지으심을 받았기 때문이다(롬 11:36).

하나님의 약속을 따라 그의 나라의 회복과 인류의 구원을 위해 보내신 아들 그리스도와 늘 도우시는 성령님의 역사는 하나의 일로 이해된다. 하나님의 구원 협약(trinitas pactum salutis)과 관련된 첫 아담(행위 언약)과 다시 오실 아담(그리스도, 언약 성취)에 대해서는 다음 도표를 통해 쉽게 이해할 수 있다.

*언약 성취: 첫 사람 아담(사망)과 오실 자의 실체 그리스도(살려 주는 영)

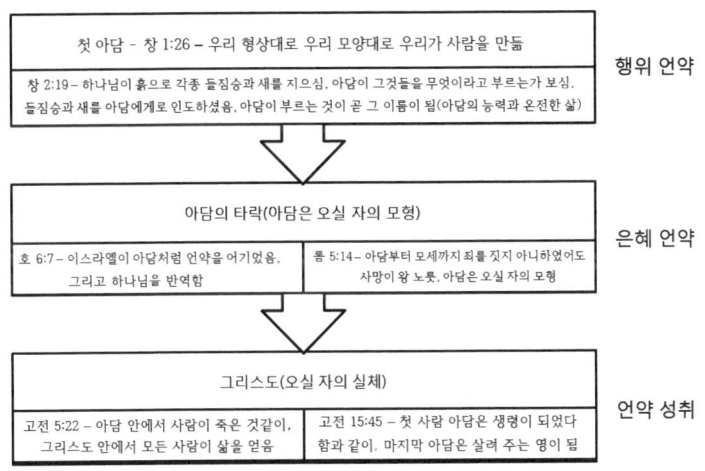

〈도표 6〉

[교훈]

천상의 하나님 나라는 그분이 통치하시는 곳이다. 누가복음에서 한 바리새인이 예수님께 하나님의 나라가 어느 때에 임하는지 물어보았다. 예수님께서는 '하나님 나라는 너희가 볼 수 있게 임하는 것이 아니라, 바로 너희 안에 있다'라고 하셨다(눅 17:21). 이것은 상징적인 의미로 해석할 수 있으며, 곧 하나님 나라는 믿음을 가지고 있는 성도들 안에 있다고 말씀하신 것이다.

완성된 하나님의 나라는 주께서 택한 성도, 믿음의 권속과 함께 영원토록 살아가는 곳이다. 그 하나님 나라에서 주님의 모습에는 형용할 수 없는 아름다움과 거룩함이 깃들어 있다.

하나님은 인간을 자신의 형상대로 지으셨다. 그리고 그들이 하나님을 찬양하며 살게 하셨다. 그리스도의 모습은 곧 삼위 하나님의 모습이다. 에스겔 선지자가 목격했던 하나님, 이사야가 환상 중에 보았던 하나님을 찬양하는 그룹들의 형상도 마찬가지다.

이처럼 믿음의 성도는 그리스도와 함께할 때 생명을 얻고 천국에서 살게 된다. 하나님 나라에서 영원히 살아 계신 하나님을 찬양하는 것이다. 성도로서 우리는 천상의 하나님 나라의 모습을 생각하며 영원한 생명을 따라 주님을 찬양해야 한다.

5) 요한계시록 5장 1-14절
주제 : 두루마리를 취하신 어린 양과 그의 권세

5:1 내가 보매 보좌에 앉으신 이의 오른손에 두루마리가 있으니

안팎으로 썼고 일곱 인으로 봉하였더라(κατεσφραγισμένον, having been sealed)

5:2 또 보매 힘 있는 천사가 큰 음성으로 외치기를 누가 그 두루마리를 펴며 그 인을 떼기에 합당하냐 하나

5:3 하늘 위에나 땅 위에나 땅 아래에 능히 그 두루마리를 펴거나 보거나 할 자가 없더라

5:4 그 두루마리를 펴거나 보거나 하기에 합당한 자가 보이지 아니하기로 내가 크게 울었더니

5:5 장로 중의 한 사람이 내게 말하되 울지 말라 유대 지파의 사자 다윗의 뿌리가 이겼으니 그 두루마리와 그 일곱 인을 떼시리라 하더라

5:6 내가 또 보니 보좌와 네 생물과 장로들 사이에 한 어린 양(Ἀρνίον)이 서 있는데 일찍이 죽임을 당한 것 같더라 그에게 일곱 뿔과 일곱 눈이 있으니 이 눈들은 온 땅에 보내심을 받은 하나님의 일곱 영이더라

5:7 그 어린 양이 나아와서 보좌에 앉으신 이의 오른손에서 두루마리를 취하시니라

5:8 그 두루마리를 취하시매 네 생물과 이십사 장로들이 그 어린 양 앞에 엎드려 각각 거문고와 향이 가득한 금 대접을 가졌으니 이 향은 성도의 기도들이라(προσευχαὶ τῶν ἁγίων, prayers of the saints)

5:9 그들이 새 노래를 불러 이르되 두루마리를 가지시고 그 인봉을 떼기에 합당하시도다 일찍이 죽임을 당하사 각 족속과 방언과 백성과 나라 가운데에서 사람들을 피로 사서 하나님께 드리시고

5:10 그들로 우리 하나님 앞에서 나라와 제사장들을 삼으셨으니

그들이 땅에서 왕 노릇 하리로다 하더라

5:11 내가 또 보고 들으매 보좌와 생물들과 장로들을 둘러선 많은 천사의 음성이 있으니 그 수가 만만이요 천천이라

5:12 큰 음성으로 이르되 죽임을 당하신 어린 양은 능력과 부와 지혜와 힘과 존귀와 영광과 찬송을 받으시기에 합당하도다 하더라

5:13 내가 또 들으니 하늘 위에와 땅 위에와 땅 아래와 바다 위에와 또 그 가운데 모든 피조물이 이르되 보좌에 앉으신 이와 어린 양에게 찬송과 존귀와 영광과 권능을 세세토록 돌릴지어다 하니

5:14 네 생물이 이르되 아멘 하고 장로들은 엎드려 경배하더라

[내용 요약]

본문에서는 '하나님의 언약'의 틀에서 구약과 신약의 연계성을 살펴보고자 한다(사 34:16 "너희는 여호와의 책에서 찾아 읽어 보라 이것들 가운데서 빠진 것이 하나도 없고 제 짝이 없는 것이 없으리니 이는 여호와의 입이 이를 명령하셨고 그의 영이 이것들을 모으셨음이라"). 본문은 크게 1-7절(두루마리를 펼 자)과 8-14절(보좌에 앉으신 이와 어린 양)으로 나뉜다.

1. 1-7절 : 두루마리를 펼 자

　1) 1-3절 : 두루마리가 일곱 인으로 봉해져 있다는 것을 말씀하심
　　(1) 두루마리 안팎에 애가와 애곡과 재앙의 말이 기록됨(겔 2:9-10), 땅에나 하늘에 서 이것을 펼 자가 없음
　　(2) 이미 다니엘에게 말씀하셨던 바임
　　　- "다니엘아 갈지어다 이 말은 마지막 때까지 간수하고 봉

함할 것임이니라"(단 12:9).

2) 4-6절 : 요한이 보기에 두루마리를 펴거나 볼 자가 없어 크
　게 움

　　(1) 유다 지파의 사자 다윗의 뿌리가 두루마리를 펼 것을 말
　　　씀하심(창 49:9-10; 사 11:1).

　　(2) 그분은 보좌와 네 생물과 이십사 장로들 사이에 있음

　　　- 그는 어린 양으로 일찍 죽임을 당한 것 같음

　　(3) 그에게는 일곱 뿔과 눈이 있었음(삼상 2:10)

　　　- 기름 부음 받은 자의 뿔은 높임을 받을 것

　　　- 이 눈들은 온 땅에 보내심을 받은 하나님의 일곱 영, 여
　　　　호와의 눈이 온 땅을 두루 감찰하심(대하 16:9)

3) 7절 : 이 어린 양이 보좌에 앉으신 이의 오른손에서 두루마
　리를 취하심

　　- 두루마리는 본래 양피지나 파피루스를 사용하여 만들었
　　　던 책

2. 8-14절 : 두루마리를 취하신 어린 양이 경배를 받으심

1) 8-9절 : 네 생물과 이십사 장로가 어린 양 앞에 엎드림

　　- 각각 거문고와 향이 가득한 금 대접을 가짐(이때 향은 성도
　　　의 기도들)

　　(1) 다윗의 기도 - 분향함같이 됨(시 141:2)

　　(2) 모든 성도의 기도와 합하여 보좌 앞 금제단에 드리고자
　　　함(계 8:3-4)

　　　- 천사가 와서 제단 곁에 서서 금향로를 가지고 많은 향을

받음, 향연이 성도의 기도와 함께 천사의 손으로부터 하나님 앞으로 올라감

   ⑶ 두루마리를 가지시고 새 인봉을 떼기에 합당하다고 노래함(새 노래)

     - 다윗의 입에 두신 새 노래(시 40:3)

     - 하나님께 올릴 찬송을 내 입에 두심

     - 많은 사람이 보고 두려워하여 여호와를 의지할 것

   ⑷ 일찍 죽임을 당하시고 각 족속과 방언과 백성과 나라 가운데서 사람들을 피로 사심

     - 죽임을 당한 어린 양의 생명책에 창세 이후로 이름이 기록된 자들이 어린 양에게 경배함(계 13:8)

2) 10절 : 하나님 앞에서 나라와 제사장들이 되어 땅에서 왕 노릇 함

   ⑴ 첫째 부활에 참여하는 자들의 복(계 20:6)

     - 둘째 사망이 그들을 다스리는 권세가 없음, 하나님과 그리스도의 제사장이 되어 천 년 동안 그리스도와 더불어 왕 노릇 함

   ⑵ 지극히 높으신 이의 성도들이 나라를 얻음, 그 누림이 영원하고 영원하며 영원함(단 7:18)

   ⑶ 나라와 권세와 온 천하 나라의 위세가 지극히 높으신 이의 거룩한 백성에게 붙인 바 됨, 모든 권세 있는 자들이 다 그를 섬기며 복종함(단 7:27)

3) 11-14절 : 보좌와 생물들과 장로들을 둘러선 많은 천사의 음성을 들음, 그 수가 만만이요 천천

⑴ 하나님의 병거는 천천이요 만만(시 68:17), 주께서 그중에
   계심이 시내산 성소에 계심 같음

⑵ 죽임을 당하신 어린 양은 찬양과 영광을 받기에 합당하
   심, 온 천하에 있는 피조물이 보좌에 앉으신 이와 어린 양
   에게 찬송과 존귀와 영광을 세세토록 돌리게 될 것임, 네
   생물은 '아멘' 하고, 장로들은 엎드려 경배함

⑶ 여호와의 위대하심과 권능과 영광과 승리와 위엄이 다
   주께 속함, 천지에 있는 것이 다 주의 것, 주권도 주께 속
   하였음, 주는 높으사 만물의 머리이심(대상 29:11)

[신학적 고찰]

본문은 요한이 천상의 보좌에 앉으신 이와 어린 양이 네 생물과
장로들에게 경배를 받으심을 보며 기록한 것이다. 다니엘은 환상 중
에 두루마리를 봉하라는 말씀을 받았다. 그러나 지금은 두루마리
가 개봉되어야 했다. 요한은 처음에 두루마리와 일곱 인을 뗄 수 있
는 자가 없어 슬픔을 감추지 못했다. 그것은 곧 심판의 메시지를 담
고 있었다. 요한은 그 일을 이룰 수 있는 이가 없다고 판단한 것 같
다. 그러나 그 일은 결국 어린 양이신 메시아가 이루었다. 그 이유는
다음과 같다.

첫째, 생명책에 기록된 메시지, 곧 일곱째 천사가 나팔을 불려고
할 때 하나님의 그 비밀이 이루어져야 하기 때문이다(계 10:7).

둘째, 불의의 대한 심판과 의에 대한 심판이 이루어져야 하기 때
문이다(롬 14:10-하나님의 심판대, 고후 5:10-그리스도의 심판대).

셋째, 천국 복음이 모든 민족에게 증언되고 온 세상에 전파된 이

후의 끝 날이기 때문이다(마 24:14).

요한은 유다 지파의 사자 다윗의 뿌리인 메시아, 그리스도가 그 두루마리를 취하고 인봉을 뗄 것임을 알았다. 그리스도는 온 세상의 주관자 되시는 하나님이시자, 찬양 받기에 합당하신 분이었다. 어린 양이신 그리스도는 보좌와 생물들과 장로들을 둘러선 많은 천사의 음성을 듣는다. 그 수는 만만이요, 천천이었다. 이는 셀 수 없는 가장 완전한 숫자를 말한다. 이들과 함께 네 생물과 이십사 장로가 어린 양께 찬양하고 영광을 돌리며 경배했다. 그분은 성도들을 나라와 제사장과 왕으로 삼으셨던 분이다.

요한은 주님으로 인해 완전한 천국의 모습을 보게 되었다. 주님께 영광을 돌리는 것은 '송영'(送迎)으로 보아야 한다. 창조주 하나님의 손에서 구속주에게로 인계되는 장면을 연출한 것이다. 이제 하나님은 그것을 돌려받으시는 것이다.

이제 언약의 관점에서 본 두루마리와 어린 양에 대해 간략하게 살펴보고자 한다.

1. 언약

언약은 통상적으로 상대와의 이해관계에 따른 약속을 말한다. 사람들은 어떤 일을 추진하고 꾸려 나갈 때 약속을 따라 행하는 경우가 많다. 그것이 반드시 지켜지길 바라면서 행하는 것이다. 이러한 약속은 상대와 신용으로 맺은 것이다. 이 약속에는 여러 방식이 있다. 예를 들어 말로 약속하는 언약이나 지면으로 약속하는 계약, 때로는 부모가 자식에게 남겨 주는 유훈도 있다. 이 외에도 언약의 방식은 많이 있다. 그리고 만일 누구든 이 약속이나 계약을 파기할 시에는 그에 상응한 대가를 치러야 한다.

2. 하나님의 언약

성경에서 나타나는 약속은 단 한 가지다. 그것은 하나님과 사람의 관계에서 맺은 말씀의 약속이다. 이 '약속'은 히브리어 '베리트'로, '정하다' 또는 '동의하다'의 뜻이다. 이것은 인간 상호 간의 유대 관계나 이익 관계에 따른 약속이 아니다. 오직 하나님이 자기 자녀와 일방적으로 맺으신 약속이다. 세상 어느 종파에도 신이 인간과 약속을 맺은 경우는 없다. 오직 하나님만 인간과 이 언약을 맺으셨다. 이것은 도장을 찍고 지키는 계약이 아니다. 계약은 최종적으로 그것이 파기되었을 때 법적 효력이 발휘된다는 전제하에 이루어지는 약속이다. 만약 첫 사람 아담이 죄를 범하지 않았다면 오늘 본문의 두루마리나 어린 양에 관한 이야기는 없었을 것이다. 언약도 없었을 것이다. 물론 처음 사람 아담에게 주신 언약은 제외다.

3. 삼위 하나님의 제2인격이신 그리스도의 새 언약

본문에 나오는 두루마리는 성경을 뜻할 수 있다. 혹자들은 그 두루마리에 기록된 것을 여러 방면으로 해석하기도 한다. 하지만 그 중심은 하나님 나라의 회복을 향한 그분의 일하심이다. 곧 인간의 구원과 삼위 하나님의 영광의 회복이다. 이에 자신이 직접 세상에 인간으로 오신 것이다. 그는 신성과 인성을 동시에 가지셔야만 했다. 따라서 4장과 5장에서는 메시아의 신성과 함께 그가 영원한 하나님 나라의 통치자라는 것을 절대적으로 역설한다.

4. 피로 사신 새 언약(그리스도)

신성을 지니신 메시아가 인성을 입고 율법 아래 있는 죄인을 대신하기 위한 어린 양이 되셨다. 인간은 하나님이 주신 언약과 율법을 불이행했다(호 8:1). 그럼에도 하나님은 그들에게 새 언약을 주셨다. 예레미야는 말하기를 '어린 양은 인간이 지키지 않은 언약과 율법을 스스로 이행하실 것'이라고 했다(렘 31:31). 그 언약은 새 언약이었다(눅 22:20 "내 피로 세우는 새 언약").

[교훈]

메시아는 어린 양으로, 앞선 4장의 네 생물(사자, 송아지, 사람, 독수리)과 이십사 장로 사이에 있던 일찍 죽임을 당한 자였다. 그는 일곱 뿔과 일곱 눈(뿔은 통치, 눈은 전지하심을 뜻함)을 가지셨다. 여기서 눈들은 온 땅에 보내심을 받은 하나님의 일곱 영 즉 성령이다. 그 어린 양이 두루마리를 취하시고, 성도들의 기도들로 가득한 금대접을 받으셨다. 그들은 하나님의 이름을 높이고 죄 사함 받음에 대해 감사했다. 곧 그리스도를 통해 구원받았다는 것을 고백하는 내용이었다.

어린 양이신 하나님의 아들은 하늘과 땅의 모든 권세를 가지고 계신다. 이 놀라운 사실을 아는 자는 그리스도와 함께 영원한 나라에서 제사장으로서의 역할을 감당할 수 있다. 또 왕의 아들이신 그리스도처럼 하나님의 자녀로서 살아가게 된다. 인간에게 주어진 엄청난 은혜다. 우리는 이 사실을 알고 지키고 누리기 위해 마지막 때의 환난과 어려움을 기도와 인내와 믿음으로 잘 이겨 내야 한다.

6) 요한계시록 6장 1-17절
주제 : 일곱 인 떼심과 심판

6:1 내가 보매 어린 양이 일곱 인 중의 하나를 떼시는데 그때에 내가 들으니 네 생물 중의 하나가 우렛소리같이 말하되 오라 하기로

6:2 이에 내가 보니 흰말이 있는데 그 탄 자가 활(τόξον)을 가졌고 면류관을 받고 나아가서 이기고(νικῶν, overcoming, 현재 능동) 또 이기려고(νικήσῃ, might conquer, 과거 능동) 하더라

6:3 둘째 인을 떼실 때에 내가 들으니 둘째 생물이 말하되 오라 하니

6:4 이에 다른 붉은 말이 나오더라 그 탄 자가 허락을 받아 땅에서 화평을 제하여 버리며(λαβεῖν, to take, 과거능동) 서로 죽이게 하고 또 큰 칼을 받았더라(ἐδόθη, it was granted, 과거수동)

6:5 셋째 인을 떼실 때에 내가 들으니 셋째 생물이 말하되 오라 하기로 내가 보니 검은 말이 나오는데 그 탄 자가 손에 저울을 가졌더라(ἔχων, having, 현재 능동)

6:6 내가 네 생물 사이로부터 나는 듯한 음성을 들으니 이르되 한 데나리온에 밀 한 되요 한 데나리온에 보리 석 되로다 또 감람유와 포도주는 해치지 말라 하더라

6:7 넷째 인을 떼실 때에 내가 넷째 생물의 음성을 들으니 말하되 오라 하기로

6:8 내가 보매 청황색 말이 나오는데 그 탄 자의 이름은 사망이니 음부가 그 뒤를 따르더라 그들이 땅 사분의 일의 권세를 얻어 검과 흉년과 사망과 땅의 짐승들로써 죽이더라(ἀποκτεῖναι, to kill, 과거 능동)

6:9 다섯째 인을 떼실 때에 내가 보니 하나님의 말씀과 그들이 가진 증거로 말미암아 죽임을 당한 영혼들이 제단 아래에 있어

6:10 큰 소리로 불러 이르되 거룩하고 참되신 대주재여 땅에 거하는 자들을 심판하여 우리 피를 갚아 주지 아니하시기를 어느 때까지 하시려 하나이까 하니

6:11 각각 그들에게 흰 두루마기를 주시며 이르시되 아직 잠시 동안 쉬되 그들의 동무 종들과 형제들도 자기처럼 죽임을 당하여 그 수가 차기까지 하라 하시더라

6:12 내가 보니 여섯째 인을 떼실 때에 큰 지진이 나며 해가 검은 털로 짠 상복같이 검어지고 달은 온통 피같이 되며(ἐγένετο became, 과거 직설)

6:13 하늘의 별들이 무화과나무가 대풍에 흔들려 설익은 열매가 떨어지는 것같이 땅에 떨어지며(βάλλει, casts, 현재 직설)

6:14 하늘은 두루마리가 말리는 것같이 떠나가고(ἀπεχωρίσθη, departed, 과거 수동) 각 산과 섬이 제자리에서 옮겨지매(ἐκινήθησαν, were moved, 과거 수동)

6:15 땅의 임금들과 왕족들과 장군들과 부자들과 강한 자들과 모든 종과 자유인이 굴과 산들의 바위틈에 숨어

6:16 산들과 바위에게 말하되 우리 위에 떨어져 보좌에 앉으신 이의 얼굴에서와 그 어린 양의 진노에서 우리를 가리라

6:17 그들의 진노의 큰 날이 이르렀으니 누가 능히 서리요(σταθῆν αι, to stand, 과거 수동) 하더라

[서론]

본문은 여섯 개의 인을 하나씩 뗄 때마다 계시되는 전쟁과 기근 (1-8절), 죽음과 지진 및 하늘의 징조(9-17절)를 묘사한다. 모두 하나님 나라의 완성 직전에 있을 말세의 징조들이다. 이것은 7년 대환난 때, 곧 다니엘서 9장 27절의 "그가 장차 많은 사람들과 더불어 한 이레 동안의 언약을 굳게 맺고 그가 그 이레의 절반에 제사와 예물을 금지할 것이며 또 포악하여 가증한 것이 날개를 의지하여 설 것이며 또 이미 정한 종말까지 진노가 황폐하게 하는 자에게 쏟아지리라 하였느니라 하니라"라는 구절에 나오는 예수 재림 전에 일어날 일을 기록한 것이다.

예수님께서는 마태복음 24장에서 종말에 관해 말씀하셨다(마 24:7-13, 민족이 민족을, 나라가 나라를 대적함, 기근과 지진이 일어남, 사람들이 믿는 자들을 환난에 넘김, 예수님의 이름 때문에 그들이 모든 민족에게 미움을 받음, 거짓 선지자가 많이 일어나 많은 사람을 미혹함, 불법이 성행함, 사랑이 식음, 끝까지 견디는 자는 구원받음).

또 요한이 받은 계시는 스가랴가 받았던 계시, 즉 스가랴 6장 1-8절의 네 병거에 대한 환상과 비슷하다. 여기에서는 심판의 도구(하나님의 권세, 그리고 천사에게 위임)와 배경(북으로는 바벨론, 남으로는 애굽)이 나타난다. 이는 종말론적으로 사탄의 완전한 패망과 하나님 나라의 최후 승리를 말한다.

본문 6장에서 여섯 인을 떼는 일은 곧 주님이 자신의 능력으로 심판하시는 것을 뜻한다. 그 심판의 도구로 사탄의 능력을 잠깐 이용하신다. 그리고 하나님의 능력으로 마지막에 일어날 심판의 사건을 주도면밀하게 진행하신다. 이때는 상황적으로 이교도로 손꼽히던 로마인들과 반유대인들이 메시아를 부인하고, 우상 숭배자들이 많았다. 나아가 성도들이 받는 환난과 핍박이 인내의 과정을 통해 면류관을 얻는 길임을 밝히 보여 준다.

[내용 요약]

1. 중요 단어 설명

1) 일곱 인 : 완전하게 봉해져 있던 일곱 개의 인

① 첫째 인

흰말 탄 자 - 활(전쟁)과 면류관(적그리스도에게 잠깐 허용)을 가진 자로 곧 적그리스도(이겼고, 이기고 있음), 악인들의 세상 정복 상징, 그리스도의 공의로 심판하심(계 19:11)

② 둘째 인

붉은 말 탄 자 - 전쟁, 피, 죽음을 상징, 말 탄 자가 허락받아 죽였고 큰 칼(죽 음)을 받았음

③ 셋째 인

· 검은 말을 탄 자 - 기근, 손에 저울을 가졌음

· 감람유, 포도주는 남겨 둠(문자적 해석 유효), 구원받을 자(성도)의 무리가 있음 = 셋째 인도 계속적 심판 중에 있기 때문에

④ 넷째 인

청황색 말 탄 자 - 사망, 검과 흉년과 사망과 땅의 짐승들로 사람들을 죽임

⑤ 다섯째 인

·제단 아래의 죽임을 당한 영혼 순교자

·흰 두루마리를 주심 - 거룩, 승리 상징

⑥ 여섯째 인

·해가 검어지고 달이 떨어짐, 실제 일어날 역사적 사건으로 이해

·하늘이 떠나감(과거형), 각 산과 섬이 옮겨짐(과거형)

·임금들, 왕족들, 부자와 관원 등 심판의 대상

·보좌에 앉으신 이의 얼굴과 그 어린 양 삼위 하나님

·진노의 큰 날 마지막 심판

2. 각 단락 정리

⑴ 1-2절 : 첫째 인 떼심과 승리의 면류관

어린 양이신 그리스도께서 일곱 인 중 하나를 떼신다. '흰말을 탄 자' 즉 적그리스도가 나타난다. 큰 소리가 나서 보니 말 탄 자가 손에 활을 가지고 있다. 그리고 면류관을 가지고 있다. 이 부분에서 해석은 크게 두 개로 나뉜다. '흰말을 탄 자'가 그리스도인가, 아니면 적그리스도인가 하는 문제에서다. 문맥을 보면 적그리스도가 맞다. 여기서 일곱 인은 심판의 메시지를 갈음하기 때문이다. 그 '탄 자'의 역할은 전쟁의 승리다. 그러나 완전한 승리는 이루지 못한다. 그것은 어린 양께서 심판하실 때까지 잠깐만 승리를 허용하신 것이지, 영원히 허락한 것은 아니기 때문이다. 그리스도는 마지막 심판의 승리를 향해 전진하신다. 그 대적은 다름 아닌 죄다. 그리스도는 우리에게 안전하고 강력한 면류관을 주시기 위해 끊임없이 싸우신다. 그

래서 중간에 죄인들을 적그리스도에게 잠깐 허용하신 것이다.

〈참고〉

1. 요한계시록 6장의 흰말 탄 자는 심판의 전초 단계에서의 적그리스도, 19장의 흰말 탄 자는 의의 심판을 이루실 그리스도를 뜻한다.

2. 하나님은 바로의 마음을 강퍅하게 하셨다(출 7:1-3).

(2) 3-5절 : 둘째 인을 떼실 때 둘째 생물과 말이 나옴

둘째 인을 떼실 때 둘째 생물이 오라 하자 '붉은 말'이 나왔다. 붉은색은 피를 상징하며 전쟁을 의미한다. 전쟁은 인간이 원하든 원하지 않든 하나님의 주권 아래 있다(출 14:14; 삼상 17:47). 말 탄 자가 서로 죽이게 하고 큰 칼을 받았다.

셋째 인을 떼실 때 셋째 생물이 오라 하자 '검은 말'이 나왔다. 스가랴의 환상에서 검은 말은 말세에 나타나실 메시아를 말한다. 여기서 검은색은 곡물의 흉작 곧 기근을 뜻한다. 특히 양식에 대한 심판은 매우 끔찍할 것이다. 저울로 쟀다는 말은 기근 때문에 식량을 저울로 달아 배분하는 것을 표현한 것이다. 이런 비유로 볼 때 말씀의 기갈도 마찬가지다(암 8:11).

(3) 6절 : 곡물을 남김

바클레이는 이 구절을 '곡물이 나지 못하게 다 쓸어 버릴 정도의 기근이라도 포도덩굴이나 감람나무의 뿌리는 살아남았다'라고 해석했다. 또 벵겔은 '당시 로마나 헬라의 상황에서 전쟁을 하다 보니 양식이 없어서 그런 표현을 빌린 것이다'라고 설명했다. 혹자는 시대

상황적 해석도 좋지만, 대환난 중의 하나님의 사랑과 보호하심에 따른 배려라고 해석한다. 그러나 이것은 앞으로 다가올 환난의 가중성을 보여 주는 심판의 메시지라고 보는 것이 옳다. 그것이 어린 양이 일곱 인을 떼신 목적에 부합하기 때문이다.

(4) 7-17절 : 넷째 인부터 여섯째 인까지 떼심

넷째 인을 떼시자 청황색 말이 나왔는데 그 탄 자의 이름은 '사망'이었다. 그리고 음부가 그 뒤를 따랐다. 그들이 땅 사분의 일의 권세를 얻어 검과 흉년과 사망과 땅의 짐승들로써 죽였다. 이들은 땅 사분의 일을 차지하여 잠시 전쟁과 흉년과 죽음을 몰고 와 인간들이 생존할 수 없도록 했다. 이때 겨우 살았더라도 곧 짐승으로부터 죽임을 당했다. 실로 엄청난 사건이며 무서운 주의 심판이시다.

다섯째 인을 떼실 때 요한이 보니, 하나님의 말씀과 그들이 가진 증거로 말미암아 죽임을 당한 영혼들이 제단 아래에 있었다. "거룩하고 참되신 대주재여 땅에 거하는 자들을 심판하여 우리 피를 갚아 주지 아니하시기를 어느 때까지 하시려 하나이까"라고 질문했다. 주님은 그들에게 각각 흰 두루마리를 주셨다. 그리고 '너희의 동무와 형제들이 죽임을 당하여 그 수가 차기까지 잠시 쉬라'고 하셨다. 이는 곧 영원한 안식으로 이어질 것이다. 주님은 이처럼 순교자들에게 완전한 천년왕국에서 부활에 참여할 때까지 잠시 흰옷(승리와 거룩 상징)을 입고 있으라고 하셨다(계 20:6, 천 년 동안 그리스도와 더불어 왕 노릇 함). 그 영혼들이 제단 아래 있다는 것에 여러 해석이 가능하지만, 하늘에 있는 참 제단으로 보는 것이 옳다.

여섯째 인을 떼실 때 임박한 심판에 따른 놀랄 만한 사건이 펼쳐진다. 큰 지진이 나며, 해가 검은 털로 짠 상복같이 검어지고, 달은 온통 피같이 되었다(ἐγένετο became, 과거 직설). 또 하늘의 별들이 땅에 떨어지고 있었다(βάλλει, casts, 현재 직설). 그 모양은 무화과나무가 대풍에 흔들려 설익은 열매가 떨어지는 것과 같았다.

하늘은 두루마리가 말리는 것같이 떠나갔고(ἀπεχωρίσθη, departed, 과거 수동), 각 산과 섬이 제자리에서 옮겨졌다(ἐκινήθησαν, were moved, 과거 수동). 또 땅의 임금, 왕족, 장군, 부자, 강한 자들과 모든 종과 자유인이 굴과 산의 바위틈에 숨었다. 그들이 산들과 바위에게 말하기를 "우리 위에 떨어져 보좌에 앉으신 이의 얼굴에서와 그 어린 양의 진노에서 우리를 가리라 그들의 진노의 큰 날이 이르렀으니 누가 능히 서리요"(σταθῆναι, to stand, 과거 수동)라고 했다.

이것은 여섯째 인을 뗄 때 마지막 날까지 있을 우주의 상태에 대해, 영적으로 죽은 자들에게 보여 주는 경고다. 이 단락에서 나오는 해와 달은 문자적으로 보아야 한다. 그것은 역사적 사실로 이루어질 것이기 때문이다. 곧 미래에 일어날 일이지만 그것이 진행되는 과정에서 이미 이루어진 과거적 사실도 이중적으로 묘사하고 있다. 이제 심판의 잣대는 이미 놓였고, 주님의 때는 가까웠다. 땅에서 호의호식하며 자기 배만 위한 자들은 환난 중에 전혀 보호받지 못할 것이다(롬 16:18; 딛 1:12).

〈참고〉

여섯째 인을 뗄 때 일어난 상태는 현재도 전조 현상처럼 발생하고 있다. 심판 때는 더 가중될 것이다(지구 온난화 현상과 세계 기후 변화, 자주 일어나는 지질 이상 현상, 천재지변 등).

[신학적 제언]

마지막 날에 이루어질 심판의 동향으로 어린 양이신 그리스도에 의해 봉인이 차례로 해제된다. 그것이 종말론적 사건으로 전개된다. 곧 전쟁과 기근, 죽음과 지진, 그리고 하늘의 징조로 이어지면서 마지막 때에 벌어질 일이 만방에 나타난다.

첫째 인을 떼실 때의 '흰말을 탄 자'와 셋째 인을 떼실 때의 '곡물을 위한 그루터기'에 대한 해석은 전반적으로 심판의 메시지를 담고 있다. 이에 흰말 탄 자는 적그리스도, 남은 곡물은 역사적 사건으로 해석하는 것이 옳다. 요한계시록 풀이는 구도적으로 언약의 깊이와 심판의 과정, 그리고 당대의 상황을 어떻게 보는지에 따라 달라질 수 있기 때문이다. 요한계시록은 예언서다. 따라서 비유나 상징, 역사적 사실과 당대의 상황 등을 모두 고려해 풀이해야 한다.

나는 본문을 다음과 같이 언약의 관점에서 풀이해 보고자 한다.

〈언약과 예언, 그리고 계시의 역학 구도〉

1. 언약은 하나님의 인간에 대한 구원의 약속과 하나님 나라의 회복을 위한 예정이다.

2. 예언은 두 가지로 구분된다. 첫째, 하나님이 선지자를 통해 미래의 일을 말씀하시는 것이다(fore-telling). 둘째, 하나님이 인간에게 말씀하실 때 중개자인 선지자를 통해 말씀하시는 것이다(forth-telling). 즉, 전자는 미래를 향한 예언이며, 후자는 가까운 일을 사람에게 말씀하시는 예언이다.

3. 계시는 하나님의 창조와 인류의 삶, 하나님의 영광됨을 위한 하

나님의 위대한 작정이다.

언약과 계시는 불가분의 관계에 있다. 하나님은 언약을 통해 인간에게 하나님의 지고하신 섭리를 펼치신다. 계시는 그 언약의 중심에 서 있는 하나님의 나타내심으로 이해된다.

계시는 일반적 계시와 특별계시로 구분된다. 그것은 통상적으로 모든 만물의 창조와 함께 인류 역사의 주관적 생태를 아우르시는 하나님의 사역이다. 이는 다른 말로 '작정'이라고 할 수 있다. 특별계시는 죄악으로 말미암은 인간의 타락을 수습하고 회복하심이다. 이는 인간을 하나님의 자녀로 삼으시는 은혜의 방도라고 할 수 있다. 또 이는 예정이라 말할 수 있으며, 하나님의 언약으로 그 줄기를 잇는다.

요한계시록이 일반계시와 특별계시 중 어느 것이냐를 따지기 전에 먼저 언약의 맥락에 있는 계시를 말해야 한다. 이는 곧 하나님의 작정을 통해 세상의 마지막에 일어날 일과 예정하신 섭리를 성취하심이다. 이것을 통해 하나님 나라 완성이라는 단계로 이끌어 가시는 것이 요한계시록의 중심사상이다. 즉, 일반계시의 완성을 향한 특별계시의 동향(動向)적 포괄성으로 이해하는 것이 옳다.

언약과 계시는 하나님의 사랑과 그리스도의 공로로 말미암는다. 이것으로 구원의 역사가 펼쳐진다. 하나님의 구원은 언약의 틀로 이해된다. 계시는 숨겨진 사실과 사건에 대해 밝히 드러내심이다. 이 일을 위해 요한을 통해 계시와 예언을 하신 것이다. 그 예언의 성취가 그리스도고, 언약의 성취와 완성이 그리스도시다. 이 모든 것은 삼위 하나님의 협약으로 이루어진다. 요한계시록은 그리스도로 시작하여, 그리스도로 진행하며, 그리스도로 말미암아 성취되어 완성을 이룬다. 이로써 언약적 계시로서의 절정을 이룬다.

[교훈]

요한계시록 6장 1절에서 8장 1절까지 이어지는 본문의 사건은 일곱 인의 개봉으로 그리스도의 재림 직전 환난 때에 성취될 종말적 사건이다. 성도는 이 말세의 사건에 대해 각성하며 진정한 구원에의 여망에 촉각을 곤두세워야 한다. 어떠한 환난과 핍박이 오더라도 정신을 바짝 차리고 구원의 방주에 올라야 한다.

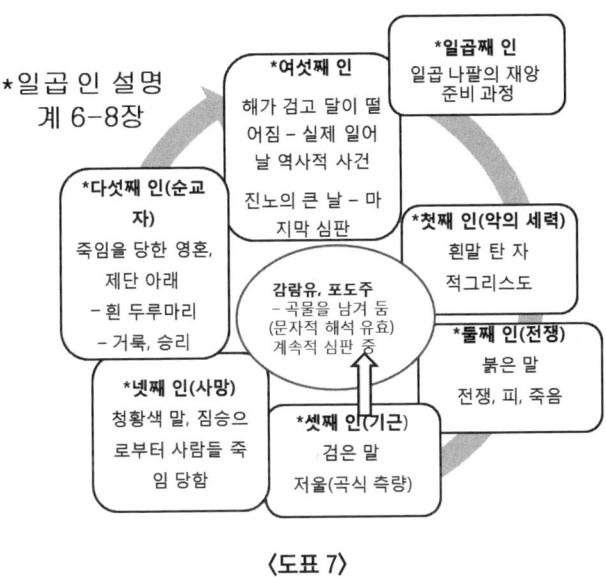

〈도표 7〉

(7) 요한계시록 7장 1-17절
주제 : 구원하심이 하나님과 어린 양께

7:1 이 일 후에 내가 네 천사가 땅 네 모퉁이에 선 것을 보니 땅의 사방의 바람을 붙잡아 바람으로 하여금 땅에나 바다에나 각종 나무에 불지 못하게 하더라

7:2 또 보매 다른 천사가 살아 계신 하나님의 인($\sigma\varphi\rho\alpha\gamma\tilde{\iota}\delta\alpha$)을 가지고 해 돋는 데로부터 올라와서 땅과 바다를 해롭게 할 권세를 받은 네 천사를 향하여 큰 소리로 외쳐

7:3 이르되 우리가 우리 하나님의 종들의 이마에 인 치기까지($\sigma\varphi\rho\alpha\gamma\tilde{\iota}\sigma\omega\mu\varepsilon\nu$, we have sealed, 과거 능동) 땅이나 바다나 나무들을 해하지 말라 하더라

7:4 내가 인 침을 받은 자의 수를 들으니 이스라엘 자손의 각 지파 중에서 인 침을 받은 자들이 십사만 사천이니

7:5 유다 지파 중에 인 침을 받은 자가 일만 이천이요 르우벤 지파 중에 일만 이천이요 갓 지파 중에 일만 이천이요

7:6 아셀 지파 중에 일만 이천이요 납달리 지파 중에 일만 이천이요 므낫세 지파 중에 일만 이천이요

7:7 시므온 지파 중에 일만 이천이요 레위 지파 중에 일만 이천이요 잇사갈 지파 중에 일만 이천이요

7:8 스불론 지파 중에 일만 이천이요 요셉 지파 중에 일만 이천이요 베냐민 지파 중에 인 침을 받은 자가 일만 이천이라

7:9 이 일 후에 내가 보니 각 나라와 족속과 백성과 방언에서 아무도 능히 셀 수 없는 큰 무리가 나와 흰옷을 입고 손에 종려 가지를

들고 보좌 앞과 어린 양 앞에 서서

7:10 큰 소리로 외쳐 이르되 구원하심(σωτηρία, Salvation)이 보좌에 앉으신 우리 하나님(Θεῷ)과 어린 양에게(τῷ Ἀρνίῳ, to the Lamb) 있도 다 하니

7:11 모든 천사가 보좌와 장로들과 네 생물의 주위에 서 있다가 보 좌 앞에 엎드려 얼굴을 대고 하나님께 경배하여

7:12 이르되 아멘 찬송과 영광과 지혜와 감사와 존귀와 권능과 힘 이 우리 하나님께 세세토록 있을지어다 아멘 하더라

7:13 장로 중 하나가 응답하여 나에게 이르되 이 흰옷 입은 자들 (περιβεβλημένοι τὰς στολὰς λευκὰς, having been clothed robes with white)이 누구며 또 어디서 왔느냐

7:14 내가 말하기를 내 주여 당신이 아시나이다 하니 그가 나에게 이르되 이는 큰 환난에서 나오는 자들(ἐκ τῆς θλίψεως)인데 어린 양의 피(αἵματι)에 그 옷을 씻어 희게 하였느니라

7:15 그러므로 그들이 하나님의 보좌 앞에 있고 또 그의 성전에서 밤낮 하나님을 섬기매(λατρεύουσιν, 현재 능동) 보좌에 앉으신 이가 그들 위에 장막을 치시리니

7:16 그들이 다시는 주리지도 아니하며 목마르지도 아니하고 해나 아무 뜨거운 기운 에 상하지도 아니하리니

7:17 이는 보좌 가운데에 계신 어린 양이 그들의 목자가 되사 생명 수 샘(ἐπὶ ζωῆς πηγὰς)으로 인도하시고(ὁδηγήσει, 미래 능동) 하나님 께서 그들의 눈에서 모든 눈물을 씻어 주실 것임이라

[본문 구조]

본문은 1절에서 '이 일 후에'로 시작함으로, 곧 일곱째 인을 떼기 전 (계 8:1) 중간에 삽입한 막간으로 이해된다. 여기서는 앞서 악인을 향한 재앙인 여섯째 인을 뗀 사건 이후 '장엄하고 화려한 구원의 능력'에 대해 개진한다. 그리고 일곱째 인을 떼실 때 일곱 나팔을 향한 서곡을 알린다. 일곱 나팔 재앙은 그 규모가 여섯 인보다 더 크다는 데 주목하게 된다. 혹자는 일곱 인 재앙과 일곱 나팔 재앙이 내용과 심판 시기가 비슷하다며 중복된 사건으로 본다. 그러나 분명 일곱째 인 속에 일곱 나팔 재앙이 들어 있다는 점에서 그것은 잘못된 해석이다. 그 재앙의 정도가 심화하고, 시기적으로 맞지 않은 것도 또 다른 이유다.

4-8절은 유대인 중에서 인 침 받은 숫자를 말한다. 곧 십사만 사천이다. 이와 관련해 요한계시록을 영적으로만 해석하는 것은 무리가 있다. 요한계시록은 각 구절을 현미경으로 보듯 세밀하게 관찰하고, 동시에 신구약 전체를 통해 망원경으로 보듯 넓게 관찰해 해석하는 것이 옳다. 곧 4절은 유대인의 숫자를 뜻하고, 14절의 큰 환난에서 나오는 자들(ἐκ τῆς θλίψεως)은 구원받은 성도 전체를 의미한다고 볼 수 있다. 단, 14장의 십사만 사천은 어린 양과 함께 영광 중에 거하는 구속받은 자들로 해석해야 한다. 그 수는 정확하게 한정된 십사만 사천을 말하는 것이 아니다. 본문 9절 하반절의 '셀 수 없는 큰 무리'가 이를 증명한다.

· 144,000 - 12지파를 나타내는 완전 수(땅에서 구속받은 자 전체를 의미),
12제곱 144와 최고의 만수(滿數) 1,000을 곱하면 144,000,
하늘과 땅의 공통된 큰 숫자요 '만수', 즉 완전성을 의미

9절의 '이 일 후에'는 앞선 단락에서 천사가 하나님의 인으로 '구원받을 자를 셈한 다음에'라는 뜻으로 보인다. 9절 이후 흰옷 입은 자들을 환난 밖으로 데리고 나와 주님께로 인도하는 장면이 연출된다. 즉, 이 두 구절(1절과 9절)이 정황상 다르다는 것을 알 수 있다.

12절의 하나님께 대한 찬양은 요한계시록 5장 13절의 찬양이 계속되는 것이며, 시편 41편 13절(다윗의 시)과 마태복음 6장 13절(주기도문 일부분)이 같은 맥락이다.

15-17절은 요한계시록 21장 3-4절과 같은 맥락으로, 하나님 나라에서 찬양과 영광 중에 거하는 주의 백성을 말하며, 시편 68편 16-18절에서도 다윗이 동일한 의미로 찬양했다.

[내용 요약]

1. 1-3절 : 주께서 재앙을 내리시던 것을 잠시 중단하심

천사들이 하나님의 인을 가져다 흰옷 입은 자들에게 인 치기까지 다른 네 천사가 사방(동서남북)에서 바람이 부는 일을 임시적으로 차단한다. 하나님은 모든 멸망을 주관하신다. 이에 구원받을 성도를 위해 잠시 그들의 활동을 중단시키고 땅이나 바다나 나무를 해하지 말라고 하셨다.

2. 4-8절 : 유대 12지파의 144,000명(굳이 각 지파를 나열하며 명확히 계수한 것에 근거해 역사적 사실로 봄)

유다, 르우벤, 갓, 아셀, 납달리, 므낫세, 시므온, 레위, 잇사갈, 스불론, 요셉, 베냐민 총 열두 지파에서 각각 일만 이천 명씩이다. 특이하게 단 지파가 여기서 빠진 이유는 그 지파에서 적그리스도가 나온다는 유대인의 생각 때문이다. 이스라엘의 열두 지파의 숫자는 상징일 수도 있지만, 유대인을 향한 하나님의 구원이 합당하다는 것을 보여 주는 것일 수도 있다.

3. 9-12절 : 구원은 하나님과 어린 양으로부터(θεῷ τῷ Ἀρνίῳ)

9-10절에서 하나님을 찬양하는 흰옷 입은 무리는 14장의 이미 구원받은 자들로서 대환난을 통과하여 승리한 자들과는 구별된다. 물론 바로 뒤에 나오는 13-14절의 환난 중에 나온 흰옷 입은 자들과도 구분된다. 9-12절의 흰옷 입은 자들은 이스라엘 백성을 말한다. 그들이 자기들을 먼저 택하신 하나님과 어린 양께 구원의 찬가를 부르고 있는 것이다.

각 나라와 족속과 백성과 방언에서 아무도 능히 셀 수 없는 큰 무리가 흰옷을 입고(출 19:5-6; 벧전 2:9), 손에 종려 가지를 들고 보좌 앞(하나님)과 어린 양(그리스도) 앞에서 구원하심을 찬양한다(요 12:13). 종려나무 가지는 유대인들이 고난과 죽음을 위해 예루살렘에 오신 예수님을 이스라엘 왕으로 삼기 위해 찬양하며 흔들었던 것이다. 유대인들이 생각하는 종려나무는 그 상징성에서 이방인들이 생각하는 것과 완전히 구분된다. 앞서 4-5장에서도 네 생물과 이십사 장로와 모든 천사가 보좌 앞에 엎드려 얼굴을 대고 하나님께 경배했다. 그들은 영광과 찬송이 세세토록 하나님께 있기를 기원했다.

4. 13-17절 : 흰옷 입은 자들의 섬김

이들은 곧 큰 환난에서 나오는 자들이다. 이들은 어린 양의 피(αἵ

ματι)에 그 옷을 씻어 희게 된 자들이었다. 그들이 하나님의 보좌 앞에 있어 밤낮 하나님을 섬기매($\lambda\alpha\tau\rho\epsilon\acute{u}ou\sigma\iota\nu$, 현재 능동), 보좌에 앉으신 이가 그들 위에 장막을 치실 것이다. 그들은 세상에서의 삶과 완전히 다른 삶을 살 것이다. 다시는 주리지도 않고 목마르지도 않을 것이다. 그들은 해나 아무 뜨거운 기운에 상하지도 않을 것이다. 보좌 가운데 계신 어린 양이 그들의 목자가 되셔서 생명수 샘($\epsilon\pi\grave{\iota}\ \zeta\omega\tilde{\eta}\varsigma\ \pi\eta\gamma\grave{\alpha}\varsigma$)으로 인도하실 것이기 때문이다($\acute{o}\delta\eta\gamma\acute{\eta}\sigma\epsilon\iota$, 미래 능동). 하나님은 그들의 모든 수고를 아시고 그들의 눈에서 모든 눈물을 닦아 주실 것이다.

[신학적 제언 1]

1. 144,000에 대해

요한계시록 해석에서 이 숫자는 중요하다. 이 숫자의 셈을 잘못하는 경우 이단이나 사이비가 되기 때문이다.

혹자는 땅의 숫자 '4'와 하늘의 숫자 '3'을 곱하여 '12'라는 완전수가 되었다고 한다. 여기다 만수인 '1,000'을 곱해 '12,000'이 되고, 다시 열두 지파를 곱해 '144,000'이 되었다고 한다. 다른 이는 숫자 '12'가 완전수인데, 여기에 12지파를 곱하고 또 만수를 곱해 그 숫자가 되었다고 한다. 또 어떤 이는 삼위일체 하나님의 숫자를 '3'이라고 하고, 여기에 동서남북 사방의 숫자 '4'를 곱한 뒤, 또 12지파를 곱하고, 다시 만수를 곱해 이 숫자가 나왔다고 한다. 또 이 숫자를 이루는 사람들도 여러 부류로 해석한다. 유대인이라고 보기도 하고, 유대인과 이방인이 혼합된 것으로 보기도 하며, 모든 믿는 성도로 이해하기도 한다.

이 중 어떤 것이 정확한지는 알 수 없다. 다만 성경 해석학적으로 여러 정황상, 본 장과 14장이나 15장에 나오는 144,000명의 사람이 7장 4-8절의 그 숫자의 사람과 동일한 사람이 아님은 분명하다. 문맥과 성경의 구조, 상황, 상징과 비유 등을 고려할 때 서로 다른 사람들로 해석되기 때문이다(이에 관한 설명은 앞의 '본문 구조' 참조).

2. 9절과 14절의 '흰옷 입은 자들'에 관하여

· 9절 : '이 일 후에' 내가 보니 '각 나라와 족속과 백성과 방언'에서 '아무도 능히 셀 수 없는 큰 무리'가 나와 '흰옷을 입고' '손에 종려 가지를 들고' 보좌 앞과 어린 양 앞에 서서

· 14절 : 내가 말하기를 내 주여 당신이 아시나이다 하니 그가 나에게 이르되 이는 '큰 환난에서 나오는 자들'(ἐκ τῆς θλίψεως)인데 '어린 양의 피'(αἵματι)에 '그 옷을 씻어 희게' 하였느니라

9절의 흰옷 입은 자들은 유대인으로 한정할 수 있다. '이 일 후에' 바로 앞인 4-8절에서 이스라엘 자손 중 인 침 받은 자가 '144,000'이라고 했기 때문이다. 그러나 '아무도 능히 셀 수 없는 큰 무리'에서 그 숫자는 상징이라고 보아야 한다. 그 무리가 흰옷을 입고 '손에 종려 가지를 들고' 하나님과 어린 양 앞에 섰다. 종려나무는 유대 민족을 상징하는 것이기도 하다. 따라서 이들은 환난 중에 거한 유대인으로 해석함이 옳다('내용 요약' 참조).

14절의 흰옷 입은 자들은 '큰 환난에서 나오는 자들'이라고 분명히 언급하고 있다. 이들은 분명히 대환난이 끝난 후 천국에서 하나

님께 나아가는 자들이다. 또 이들은 완전한 구원의 상태인 영화(榮華)의 단계에 이른 사람들이다. 이는 곧 '어린 양의 피'로 구속받은 모든 성도(유대인, 이방인)를 말한다.

9절의 흰옷 입은 자들은 앞서 기록한 이스라엘 지파를 따른 유대인임이 거의 분명하다(만일 유대인이 아니라 전 성도라면 유대 지파를 기록할 필요가 없음). 그리고 이것이 만일 상징이더라도 유대인의 구원은 항상 먼저임을 기억해야 한다. 하나님은 셈의 10대손 아브라함의 구원을 위해 그를 갈대아에서 가나안으로 보내셨다(창 12:1-3). 그리고 그를 믿음의 조상으로 세우셨다(창 15:6, 17:5). 그 구원은 아브라함의 아들 이삭과 야곱, 그리고 요셉으로 이어졌다. 특히 이들의 자손은 애굽에 내려가 광야 같은 생활을 했다. 이는 하나님이 지시하신 땅 가나안을 유업으로 주시기 위한 준비 작업이었다. 이처럼 유대 즉 이스라엘의 구원은 늘 먼저였음을 기억해야 한다. 바울도 이에 적극적으로 동의했다(롬 9:24, 11:25-26).

[신학적 제언 2] 언약과 어린 양, 그리고 그리스도에 대해

1. '어린 양'은 그리스도의 상징

어린 양은 그리스도에 대한 상징적 표현으로, 제단에서 제물로 쓰던 양을 말한다. 왜 굳이 어린 양을 그리스도에게 적용하는 것인가? 그것은 두말할 여지 없이 그가 인간의 죄에 대한 속죄 제물이시기 때문이다. 그 예표는 창세기 22장 8절에 잘 나타나 있다. 아브라함이 하나님의 명령을 따라 독자 이삭을 번제로 드리기 위해 모리아산으로 갔다. 이삭이 번제로 드릴 어린 양을 찾자, 아브라함은 하나님이 친히 준비하실 것이라고 말한다. 이때 그 어린 양이 그리스도의 모형이었다. 이는 이사야 53장 7절의 "그가 곤욕을 당하여 괴로울 때에도 그의 입을 열지 아니하였음이여 마치 도수장으로 끌려가는 어린 양과 털 깎는 자 앞에서 잠잠한 양같이 그의 입을 열지 아니하였도다"라는 말씀에서도 확인된다. 이로 말미암아 하나님은 인간에게 다시는 애통과 슬픔과 눈물이 없을 것을 약속하셨다.

2. 언약과 그리스도

그리스도는 심판의 주체시다. 그는 보좌에 앉으신 하나님에게서 모든 권력을 다 받으신 분이다. 그 권능으로 큰 환난과 심판과 재앙을 통해 알곡과 가라지를 가려내신다(마 13:30). 그 일을 이루기 위해 주님은 다시 오시며, 감추어져 있던 비밀의 큰 일을 드러내신다. 본문은 그 언약에 따라 진행되는 일련의 과정이다.

어린 양의 심판과 재앙이 여섯째 인을 떼신 후 잠시 중단되었다. 모든 땅의 사방에 선 네 천사가 바람을 붙잡아 사역을 일시 중지시켰다. 이때 다른 천사(ἄγγελον, 단수)가 하나님의 인을 가지고 와서 땅과 바다를 해롭게 할 권세를 받은 네 천사에게 '우리(σφραγίσωμεν, 복수)가 우리 하나님의 종들의 이마에 인 치기까지 땅이나 바다나 나무들을 해하지 말라'고 말했다. 네 천사에게 말했던 천사는 하나였지만(계 7:2), 천사들은 무리였다(계 7:3).

그 인 침을 받은 자들은 유대인으로 그 숫자는 십사만 사천이었다. 이들이 보좌에 앉으신 구원의 주권자이신 하나님과 어린 양에게 큰 소리로 영광과 찬송을 돌렸다. 또 모든 큰 환난에서 건짐 받은 흰옷 입은 성도들이 천사와 네 생물과 장로들과 함께 보좌에 계신 하나님과 어린 양께 경배하며 찬양을 돌렸다. 하나님이 그들 위에 장막을 치실 것이며, 이후로는 사망이나 슬픔과 눈물이 없을 것이라고 약속하셨다.

[교훈 및 실천]

오늘날 많은 거짓 스승과 이단의 미혹으로 수많은 영혼이 죽음의 길로 내몰리고 있다. 많은 사람이 영혼의 자유를 갈망하지만, 하나님과 그 중재자 그리스도 예수를 제대로 알지 못한다. 이러한 거짓 증인들로 인해 이들은 영혼의 갈증을 해소하지 못할 뿐 아니라 자기가 가는 길도 알지 못한다.

그리스도 예수를 바로 아는 일은 참으로 중요하다. 그것은 영혼의 구원과 관련되어 있기 때문이다. 하나님은 온 인류의 구원을 위해 사랑하는 독자 예수 그리스도를 이 땅에 보내셨다. 그리고 죄악으로 점철된 인간을 위해 십자가의 피로 대속하셨다. 이 사실을 믿기만 하면 천국을 소유한 자가 된다. 그 영혼은 하나님의 인 치심을 받고 하나님의 자녀가 된다.

요한계시록은 말세에 일어날 일을 기록한 책이다. 마지막으로 하나님 나라의 완성을 위해 그 구원의 능력을 보이시는 것이다. 이는 곧 마지막 심판이다. 그리고 성도를 시험(test)하려고 사탄의 힘을 잠시 허용하신다. 사탄의 유혹이자 심판을 통한 큰 재앙 곧 대환난이다. 이때 믿지 않는 자와 모든 우상 숭배자는 멸망으로 치달을 것이다. 우리는 이 환난을 견디고 믿음을 굳건히 지켜 흰옷 입은 성도로 하나님 앞에 서기 위해 힘써야 한다.

8) 요한계시록 8장 1-13절
주제 : 일곱 인과 일곱 나팔 재앙의 상관성

8:1 일곱째 인을 떼실 때에 하늘이 반 시간($\dot{\eta}\mu\iota\dot{\omega}\rho\iota o\nu$, half an hour)쯤 고요하더니

8:2 내가 보매 하나님 앞에 일곱 천사가 서 있어 일곱 나팔을 받았더라

8:3 또 다른 천사가 와서 제단 곁에 서서 금향로($\lambda\iota\beta\alpha\nu\omega\tau\dot{o}\nu$)를 가지고 많은 향($\Theta\upsilon\mu\iota\dot{\alpha}\mu\alpha\tau\alpha$, incense)을 받았으니 이는 모든 성도의 기도($\pi\rho o\sigma\varepsilon\upsilon\chi\alpha\tilde{\iota}\varsigma$, prayers)와 합하여 보좌 앞 금제단에 드리고자 함이라

8:4 향연(smoke in the incense)이 성도의 기도와 함께 천사의 손으로부터 하나님 앞으로 올라가는지라($\dot{\alpha}\nu\dot{\varepsilon}\beta\eta$, went up)

8:5 천사가 향로를 가지고 제단의 불을 담아다가 땅에 쏟으매 우레와 음성과 번개와 지진이 나더라

8:6 일곱 나팔을 가진 일곱 천사가 나팔 불기를 준비하더라($\dot{\eta}\tau o\acute{\iota}\mu\alpha\sigma\alpha\nu$, prepared, 과거)

8:7 첫째 천사가 나팔을 부니 피 섞인 우박과 불이 나와서 땅에 쏟아지매 땅의 삼 분의 일이 타 버리고 수목의 삼 분의 일도 타 버리고 각종 푸른 풀도 타 버렸더라

8:8 둘째 천사가 나팔을 부니 불붙는 큰 산과 같은 것이 바다에 던져지매 바다의 삼 분의 일이 피가 되고

8:9 바다 가운데 생명 가진 피조물들의 삼 분의 일이 죽고 배들의 삼 분의 일이 깨지더라

8:10 셋째 천사가 나팔을 부니 횃불같이 타는 큰 별이 하늘에서

떨어져 강들의 삼 분의 일과 여러 물샘에 떨어지니

8:11 이 별 이름은 쓴 쑥이라 물의 삼 분의 일이 쓴 쑥이 되매 그 물이 쓴 물이 되므로 많은 사람이 죽더라

8:12 넷째 천사가 나팔을 부니 해 삼 분의 일과 달 삼 분의 일과 별들의 삼 분의 일이 타격을 받아 그 삼 분의 일이 어두워지니 낮 삼 분의 일은 비추임이 없고 밤도 그러하더라

8:13 내가 또 보고 들으니 공중에 날아가는 독수리가 큰 소리로 이르되 땅에 사는 자들에게 화(Ούαί, Woe), 화, 화가 있으리니 이는 세 천사들이 불어야 할 나팔 소리가 남아 있음이로다 하더라

[내용 요약]

앞서 6장에서는 어린 양이 첫째 인부터 여섯째 인까지 떼시는 장면, 그리고 7장에서는 하나님의 인 침을 당한 자들을 환난으로부터 구원하는 모습을 기록하고 있다. 이제 8장에서는 일곱째 인을 떼시며 일곱 나팔 재앙이 시작된다.

1. 1-6절 : 일곱 나팔을 불기 위한 준비(향연과 성도의 기도를 들으시는 하나님)

일곱째 인을 떼실 때 일곱 나팔 재앙이 동반된다. 이는 그리스도의 재림과 연관된 사건으로 보인다. 일곱 나팔 안에 있는 일곱 나팔 재앙은 심판이 중첩되는 것으로 전개된다. 8장의 일곱 나팔 재앙은 이미 앞 장에서 언급했듯이 더욱 격렬하고 광범위한 재앙이다.

요한은 일곱째 인을 떼실 때 하늘이 반 시간쯤 조용했다고 말한다. 반 시간은 '잠시'로 이해할 수 있다. 스가랴는 혈기 있는 자들은

하나님 앞에서 잠잠하라고 경고했다(슥 2:13, 개역한글). 이는 일곱 나팔의 진노가 임하기 전의 긴장감을 나타내기 위한 침묵이라 할 수 있다(Morris). 바클레이도 핍박을 당하는 하나님의 백성들의 기도와 절규를 듣기 위한 시간이라고 말했다(6:10).

다른 천사가 와서 제단 곁에 서서 많은 향을 받았는데, 이는 모든 성도의 기도와 함께 보좌 앞에 드리기 위함이었다. 향연이 성도의 기도와 함께 천사의 손으로부터 하나님께 올라갔다(ἀνέβη, 과거형). 천사가 향로에 제단의 불을 담아다 땅에 쏟았다. 그러자 우레와 음성과 번개와 지진이 났다. 그리고 일곱 나팔을 가진 일곱 천사가 나팔 불기를 준비했다(ἡτοίμασαν, 과거).

2. 7-13절 : 첫째 나팔부터 넷째 나팔까지 붊(역사적 해석과 문자적 해석 필요)

재앙 때 삼 분의 일이 해를 입는다는 것은 실제로 그렇게 되는 것을 말한다. 많은 사람이 이 본문을 상징적으로 해석하여 은유와 비유로만 풀이하려 한다. 그러나 이는 재앙에 대한 무리한 해석으로 보인다. 예를 들어, 첫째 나팔을 불 때 피 섞인 우박과 불이 땅에 쏟아진 일을 실제로 일어나는 일로 보지 않고 상징적으로 해석하여 큰 재앙이라고만 하는 식이다. 또 둘째 나팔 때 바다의 삼 분의 일이 피가 된다는 것이 사람이 다 죽는 것을 의미한다며 영적으로나 상징적으로만 해석하기도 한다. 이런 해석은 옳지 못하다.

이제 첫째 천사가 나팔을 불어 재앙을 알리고, 계속해서 넷째 천사까지 나팔을 불었다. 요한이 또 보고 들으니 공중의 독수리가 땅에 사는 자들에게 화, 화, 화가 있을 것이라고 했다. 이는 나머지 세 천사가 불어야 할 나팔이 아직 남아 있었기 때문이다. 첫째부터 여섯째 나팔 재앙은 8-9장에서 나타나고, 이후 마지막 일곱 나팔 재앙은 14장까지 이어진다.

[신학적 고찰]

요한은 어린 양이 일곱째 인을 떼실 때 하늘이 반 시간쯤 고요했다고 말한다. 이는 하나님이 성도의 기도를 들으시는 시간이다. 그리고 일곱 나팔의 큰 재앙을 펼치기 위한 준비 시간이기도 하다. '하나님 앞에서 일곱 천사가 일곱 나팔을 받았다'는 표현에서 일곱이라는 숫자는 하나님의 능력과 심판의 완전함을 나타낸 것이다.

이때 다른 천사가 와서 제단 곁에 서서 금향로를 가지고 많은 향을 받았는데, 여기서 이 '다른 천사'를 예수님이라고 해석하는 사람이 많다. 그러나 예수님은 천사로 비유할 수 없다. 성경에서 그리스도는 분명 천사보다 우위에 있는 것으로 묘사된다(히 1:4). 또 앞서 말했듯 '향'은 성도의 기도로 보는 것이 타당하다(계 5:8). '금향로'는 성막의 향로를 가리킨다. 실제로 성막의 향로는 금으로 되어 있었다(왕상 7:50-정금 대접과 불집게와 주발과 숟가락과 불을 옮기는 그릇). 향연(연기처럼 보이는 향)이 성도의 기도와 함께 천사의 손에서 하나님 앞으로 올라가고, 천사가 그 향로에 제단의 불을 담아 땅에 쏟는다. 이때 큰 소리와 음성, 번개와 지진이 일어난다. 이제 일곱 천사가 일곱 나팔 불기를 준비한다.

3절의 '나팔'은 구약에서 백성을 소집하거나 전쟁의 시작을 알릴 때 사용했다. 절기를 알리기 위해서도 사용되었다(민 10:3-10). 또한 이스라엘 군대를 이끌 때와 왕의 대관식에서도 사용되었다(레 23:24; 수 6장; 왕상 1:34-39). 요한계시록에서 '나팔'은 그리스도의 재림과 깊은 관계가 있다(마 24:31; 살전 4:16). 곧 하나님의 진노의 날을 알리는 데 사용되었다(계 8:7-12, 9:1-21). 일곱 나팔은 세상의 인간을 향한 하나님의 심판의 경고다. 또 하나님의 엄위하시고 주권적인 역사와 권위를 나타낸다(사 27:13 "그날에 큰 나팔을 불리니 앗수르 땅에서 멸망하는 자들과 애굽 땅으로 쫓겨난 자들이 돌아와서 예루살렘 성산에서 여호와께 예배하리라", 습 1:16 "나팔을 불어 경고하며 견고한 성읍들을 치며 높은 망대를 치는 날이로다").

첫째 천사부터 넷째 천사까지 나팔을 불 때 벌어진 상황은 다음과 같다.

1. 첫째 천사가 나팔을 붊 – 피 섞인 우박과 불이 땅에 쏟아짐

여기서 '쏟아지매'는 과거 수동태로, 우박과 불이 실제로 땅에 쏟아지는 것을 말한다. 이는 구약의 심판이 신약에서 성취되는 실제적이고 역사적인 사건이다. 하나님 나라의 목적에 부합된 최후 심판의 전조로서 자연계를 파괴하는 것이다(마 24:29-30). '삼 분의 일'은 하나님께서 내리신 심판 형벌의 궁극적인 것으로 표현된다. 혹자는 이것이 하나님의 진노를 깨닫고 회개케 하려는 의도를 암시한다고 하나, 그런 암시는 이미 계속적으로 주어지고 있었다. 여기서는 계속적으로 심판을 이루어 가시는 하나님의 주권적인 일을 뜻한다.

땅과 수목과 각종 푸른 풀의 삼 분의 일이 타 버린다는 것은 이 재앙이 실제로 일어날 참혹한 종말론적 사건임을 말한다. 앞서 말했듯 이것은 무서운 재앙에 대한 상징적인 표현이 아니라는 것이다.

2. 둘째 천사가 나팔을 붊 – 불붙는 큰 산과 같은 것이 바다에 던져짐

바다 가운데 피조물은 물고기를 의미한다. 배들의 삼 분의 일이 파괴되었다는 것은 전쟁으로 인해 배들이 침몰함을 뜻하는 것으로 보인다. 이런 무서운 재앙으로 바다의 생물체가 죽는다는 것이다. 이러한 재앙은 종말론적 심판으로, 하나님의 최종적인 진노라기보다 오히려 심판의 전조임을 분명히 드러낸다.

3. 셋째 천사가 나팔을 붊 – 횃불같이 타는 큰 별이 하늘에서 떨어짐

인간들에게 임할 고난이나 재앙이 떨어지는 별로 표현되고 있다 (마 24:29). 물을 오염시키는 별이 하늘에서 떨어지는 것은 애굽에 내려진 첫째 재앙과 비슷하다(출 7:20). 이 별은 쓴 쑥으로 강들의 삼 분의 일과 여러 물샘에 떨어져 쓴물이 되게 만들었다. 요한 당시에 강을 숭배하는 사상이 있었던 것으로 보아, 이는 강을 숭배하는 자들을 향해 진노하신 것이라고 할 수 있다(Morris). 그 물이 써서 마시지 못하므로 많은 사람이 죽었다(출 15:23, 마라에 이르렀더니 그곳 물이 써서 마시지 못했음). 하나님이 점점 더 심각한 재난을 통해 인간을 회개하도록 유도하심을 암시한다(계 9:20; 출 9:14, Morris, Ladd).

4. 넷째 천사가 나팔을 붊 – 해와 달과 별 삼 분의 일이 타격을 받음

이때 하늘의 해와 달과 별들의 삼 분의 일이 타격을 받았다. 즉, 삼 분의 일이 어두워져 낮 삼 분의 일은 비추임이 없고, 밤도 그러했다. 이는 실제로 온 우주적 재앙을 말한다. 그러므로 마지막 때의 재앙을 상징적으로 해석하여 교훈으로만 받자고 말하는 것은 무지한 처사다. 하나님은 천지와 우주를 만드신 분이다(행 17:24).

이어 요한은 공중의 독수리가 큰 소리로 말하는 것을 들었다. "땅에 사는 자들에게 화, 화, 화가 있으리니"라는 말이었다. 이는 세 천사가 불어야 할 나팔이 아직 남아 있었기 때문이다. '독수리'는 예수님께서 마태복음에서 재앙에 대한 상징으로 사용하셨다(마 24:28, 주검이 있는 곳에는 독수리들이 모일 것임). 누구나 볼 수 있는 공중에 독수리가 출현한 것은, 남은 세 가지 나팔 재앙으로 인해 일어날 재앙의 신속성을 고하기 위한 것이다. 나머지 세 가지 나팔 재앙이 임할 대상은 '땅에 거하는 자들'이다. 하나님을 대적하고 사탄의 세력에 동참하여 주의 자녀를 핍박하는 자들이다(계 11:10, 13:8, 17:2).

〈일곱 천사에 대하여〉

천사는 영적인 의미에서 하나님께 찬양하는 자로, 인격을 가진 사자라고도 불린다(시 89:5 "여호와여 주의 기이한 일을 하늘이 찬양할 것이요 주의 성실도 거룩한 자들의 모임 가운데에서 찬양하리이다"). 또 예수님과는 감히 비교할 수 없는 존재다(히 1:4).

위경 토빗과 에녹서에 일곱 천사장의 이름이 나와 있다(I Enock 20:2-8). 곧 미가엘(Michael), 가브리엘(Gabriel), 라구엘(Raguel), 라파엘(Raphael), 레미엘(Remiel), 사라카엘(Saraqael), 우리엘(Uriel)이다. 위경서는 이 일곱 천사장이 성도들의 기도의 향을 가지고 하나님께 나아간다고 기록한다(Morris). 그러나 일곱 천사를 천사장이라고 해석하는 것 자체가 문제가 있다. 그리고 성경에서 굳이 언급하지 않은 천사들을 억지로 끼워 맞춰 해석하는 것은 무리다.

[교훈]

1. 하나님의 언약은 그리스도를 통해 변함없이 이루어지고 있음을 볼 수 있다. 그 일의 중심이 되신 분이 그리스도 예수시다. 예수께서 일곱 인 중 여섯 개를 떼실 때 여섯 재앙이 쏟아졌다. 일곱째 인을 떼실 때는 일곱 나팔 재앙이 나타났다. 성경의 전체 맥락은 죄, 심판, 은혜라는 주제의 삼중 구도로 이어진다. 요한계시록도 마찬가지다. 하나님은 사람들의 죄는 미워하시되 사람은 사랑하시어 그들을 구원하기를 원하셨다(출 34:7).

2. 구속자이자 중보자이신 그리스도는 참 사람으로 이 땅에 오셨다.[14] 어린 양으로 오시어 스스로 제물이 되어 인류의 죗값을 담당하셨다. 그리스도 대속의 대가로 인간에게 의가 전가되었다. 이제 하나님의 자녀들은 그리스도 안에서 자유를 얻었다. 마지막 환난 날이라도 그분의 신실함을 믿고 모든 것을 의뢰하면 반드시 어린 양의 피로 씻음을 받는다(계 7:14).

3. 성도는 하나님의 언약을 기억하며 늘 굳센 믿음으로 세상에 대해 승리하며 살아야 한다.

〈언약과 그리스도의 종말적 중보 사역〉

1. 창세 전부터 종말까지의 그리스도의 중보

그리스도의 사역은 아담의 타락 이후 노아와 그의 후손, 그리고 이스라엘을 선택하신 하나님의 언약 선상에 있다. 이 일의 중심은 그리스도의 중보 사역(officum Mediator)이다. 하나님은 창세 전에 기

---

14) 문병호, 《30주제로 풀어 쓴 기독교 강요》, p.131.

독론적인 차원에서 이 일을 약속하셨다(벧전 1:19-20). 그 하나님의 섭리하심이 우리에게 성취되었다. 하나님은 낮고 천한 인간에게로 친히 오시어 자신의 능력으로 죄악 된 인간을 구원하기로 작정하셨다. 이 사건은 인류의 역사 가운데 이루어진 놀라운 하나님의 경륜이다. 그리스도의 중보 사역은 말세를 향한 하나님 나라의 계속적 통치의 기반이자 실체이다.

2. 그리스도의 존재하심(계심, substantia)과 출래하심(나심, proceed)

그리스도의 '계심'과 '나심'은 명료함과 동시에 신비로움 그 자체다. 이것의 심오한 구별에 대한 교리문답은 믿음의 '서고 넘어짐'의 잣대다. 이 진리는 우리의 신성한 믿음과 삶을 가늠한다. 또 이는 중요한 기치(symbol)이며, 하나님의 아들의 성육신에 대한 역사적 진정성이다.[15)

3. 통시적·공시적 사역인 대속적 무름(satisfactio)

통시적(通時的)인 관점에서 바라볼 때 그리스도의 대속은 역사를 주관하시고 이루어 가시고 완성하시는 하나님의 구속 계시 안에서 이루어졌다. 그것은 하나님의 언약이었고, 그리스도 안에서 성취되었다. 하나님은 이 모든 일을 역사적인 사실 안에서 인류를 향한 사랑으로 이루어 가셨다. 이는 그리스도의 인간에 대한 중보 사역의 중심인 대리적인 무름(satisfactio)으로 말미암은 구속의 맞추심(acommodatio)이다.

---

15) John Murray, *Collected Writings of John Murray*, Vol. 1(Edinburgh: The banner if the Truth Trust, 1976), p.33.

그리스도 안에서 살아가고 있는 하나님의 백성들은 공시적(公示 的)인 하나님의 뜻 안에 있다. 그리스도와 함께 십자가에 못 박히고, 또 그와 함께 산다. 그리스도는 비단 유대인뿐 아니라 그를 믿는 모든 민족에게, 그리고 누구에게나 적용되는 분이시다. 개혁주의 신학자 워필드는 "그리스도는 히브리의 '메시아'의 헬라적 표현이다. 그분은 명확하게 '기독교도들'에 의해 숭상된 유대인들의 약속된 메시아다. 그들은 '그리스도'라는 명칭으로 그의 개인적인 이름에 빼앗겼던 그의 '메시아성'을 더 많이 만들었다. 그는 면밀하게 '그리스도'로서 어디에나 알려졌다"고 하였다.[16)

4. 성경의 증명과 의의 전가(iustitiae Christi Imputatio)

에릭슨은 "성경은 하나님이 내재적이면서도 초월적인 분이심을 가르친다. 하나님은 그의 창조 안에서 존재하시고 활동하신다. 그러면서도 그가 창조하신 만물에 대하여 초월적이고 독립적이시다. 이런 성경의 사상은 균형을 유지하며 반드시 지켜져야 한다"고 했다.[17) 하나님은 처음부터 지금까지, 앞으로도 계속적으로 역사적 중보 계시 안에서 그분의 일을 성취하신다. 그리고 자신의 큰 일을 그리스도 안에서 목적하신 바대로 이루신다. 그것의 중심은 중보자 그리스도고, 그것은 곧 그리스도의 '의의 전가'를 말한다. 성도는 값 없는 하나님의 은혜를 통해 온 인류를 향한 역사적인 계시의 방식으로 일하시는 하나님을 바라보아야 한다.

---

16) Benjamin B. Warfield, *Christology and Criticism* Ⅲ(The Presbyterian and Reformed Publishing Company, 1970), pp.149-150.
17) Millard J. Erickson, *Christian Theology*(Baker of House, 1983), p.327.

5. 그리스도의 중보 사역의 종말론적 정점

그리스도의 중보 사역은 그리스도의 지상 사역의 연속이다. 또한 어린 양의 보혈의 피로 하나님의 보좌 앞에서와 천사와 이십사 장로들 가운데서 심판의 주권자로 일하시는 것이다. 그의 통치와 심판은 상관성이 있으며, 경역(境域)적이며 절대적이다. 특별히 재림 전까지와 그 후(그리스도 안에서, Unio Christou)까지도 연결된다는 점이 특이하다. 그리스도는 영원한 하나님 나라의 통치권자이시기 때문이다.

요한계시록 1장부터 시작된 그리스도의 종말을 향한 사역은 계속 진행된다. 4장에서 삼위 하나님과 창조자이신 하나님에 대한 경배가 등장한다. 5장에서는 하나님으로부터 받은 모든 심판과 재앙을 행사할 수 있는 권력에 대한 경배로 이어진다. 심판을 향한 인을 떼기에 합당한 어린 양(그리스도)에 대한 지극한 찬양이었다. 7장에서는 하나님의 인 치심을 받은 자들과 환난에서 건져 냄을 받은 자들에 대한 구원의 역사가 펼쳐친다. 8장에서는 일곱 인과 일곱 나팔을 통한 재앙을 주로 다룬다. 이 일을 행하시는 주권자가 어린 양(그리스도)이시다.

마지막 때를 향한 그리스도의 재림 이전에 있는 대환난 중에라도 그리스도의 중보적 사역은 계속된다. 그 일의 중차대한 의미는, 구원받은 성도는 하나님 나라에서 그리스도와 함께 영원히 통치한다는 것이다.

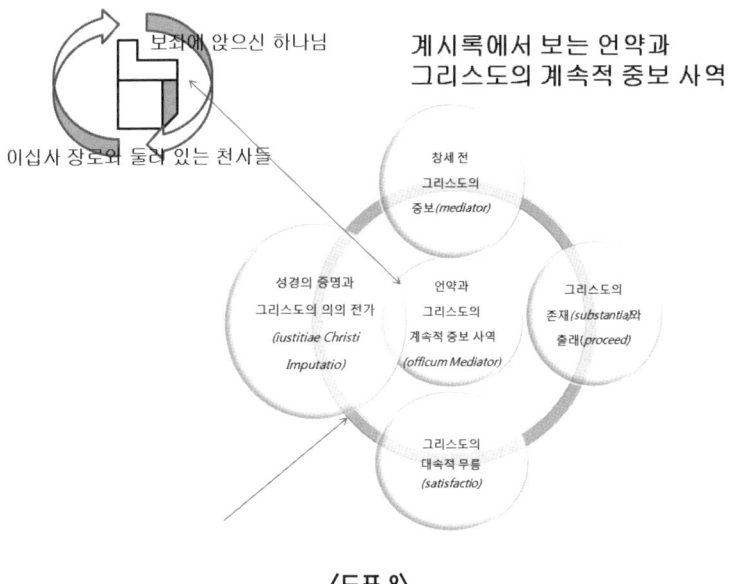

계시록에서 보는 언약과
그리스도의 계속적 중보 사역

보좌에 앉으신 하나님

이십사 장로와 둘러 있는 천사들

창세전
그리스도의
중보 *(mediator)*

성경의 증명과
그리스도의 의의 전가
*(iustitiae Christi
Imputatio)*

언약과
그리스도의
계속적 중보 사역
(officum Mediator)

그리스도의
존재 *(substantia)*와
출래 *(proceed)*

그리스도의
대속적 무름
(satisfactio)

⟨도표 8⟩

9) 요한계시록 9장 1–21절

주제 : 다섯째, 여섯째 나팔 재앙

9:1 다섯째 천사가 나팔을 불매 내가 보니 하늘에서 땅에 떨어진 별 하나가 있는데 그가 무저갱(ἀβύσσου)의 열쇠(κλεὶς)를 받았더라

9:2 그가 무저갱을 여니 그 구멍에서 큰 화덕의 연기 같은 연기가 올라오매 해와 공기가 그 구멍의 연기로 말미암아 어두워지며(ἐσκοτώθη, 과거형)

9:3 또 황충(ἀκρίδες, 메뚜기)이 연기 가운데로부터 땅 위에 나오매 그들이 땅에 있는 전갈의 권세(ἐξουσία)를 받았더라(ἐδόθη, 과거 수동)

9:4 그들에게 이르시되 땅의 풀이나 푸른 것이나 각종 수목은 해하지 말고 오직 이마(μετώπων)에 하나님의 인 침을 받지 아니한 사람들만 해하라 하시더라

9:5 그러나 그들을 죽이지는 못하게 하시고 다섯 달 동안 괴롭게만 하게 하시는데 그 괴롭게 함은 전갈이 사람을 쏠 때에 괴롭게 함과 같더라

9:6 그날에는 사람들이 죽기를 구하여도 죽지 못하고 죽고 싶으나 죽음이 그들을 피하리로다

9:7 황충들의 모양은 전쟁(πόλεμον)을 위하여 준비한 말들 같고 그 머리에 금 같은 관 비슷한 것을 썼으며 그 얼굴은 사람의 얼굴 같고

9:8 또 여자의 머리털 같은 머리털이 있고 그 이빨은 사자의 이빨 같으며

9:9 또 철 호심경 같은 호심경이 있고 그 날개들의 소리는 병거와 많은 말들이 전쟁 터로 달려 들어가는 소리 같으며

9:10 또 전갈과 같은 꼬리와 쏘는 살이 있어 그 꼬리에는 다섯 달 동안 사람들을 해하는 권세가 있더라

9:11 그들에게 왕이 있으니 무저갱의 사자라 히브리어로는 그 이름이 아바돈이요 헬라어로는 그 이름이 아볼루온이더라

9:12 첫째 화는 지나갔으나 보라 아직도 이후에 화 둘이 이르리로다

9:13 여섯째 천사가 나팔을 불매 내가 들으니 하나님 앞 금제단 네 뿔에서 한 음성이 나서

9:14 나팔 가진 여섯째 천사에게 말하기를 큰 강 유브라데에 결박한 네 천사를 놓아주라 하매

9:15 네 천사가 놓였으니 그들은 그 년 월 일 시에 이르러 사람 삼

분의 일을 죽이기로 준비된 자들이더라

9:16 마병대의 수는 이만 만이니 내가 그들의 수를 들었노라

9:17 이 같은 환상 가운데 그 말들과 그 위에 탄 자들을 보니 불빛

(πυρίνους, fiery) 과 자줏빛(ὑακινθίνους, hyacinthine)과 유황빛(θειώδ

εις, brimstone-like) 호심경이 있고 또 말들의 머리는 사자 머리 같고

그 입에서는 불과 연기와 유황이 나오더라(ἐκπορεύεται, proceed)

9:18 이 세 재앙 곧 자기들의 입에서 나오는 불과 연기와 유황으로

말미암아 사람 삼 분의 일이 죽임을 당하니라

9:19 이 말들의 힘은 입과 꼬리에 있으니 꼬리는 뱀 같고 또 꼬리

에 머리가 있어 이것으로 해하더라

9:20 이 재앙에 죽지 않고 남은 사람들은 손으로 행한 일을 회개

하지 아니하고 오히려 여러 귀신과 또는 보거나 듣거나 다니거나

하지 못하는 금, 은, 동과 목석의 우상에게 절하고

9:21 또 그 살인과 복술과 음행과 도둑질을 회개하지 아니하더라

(οὐ μετενόησαν)

[내용 요약]

요한은 다섯째 천사가 나팔을 불 때 하늘에서 떨어진 별을 보았

다. 그 별은 앞선 8장의 '별'과는 다르다. 이 별은 마귀나 타락한 천

사인 사탄으로 볼 수 있다. 그는 잠깐 무저갱의 열쇠를 받는(ἐδόθη,

과거 수동) 것이 허락되었다(계 20:1; 사 14:12-아침의 아들 계명성). 그는 무

저갱의 문을 열어 전갈 같은 권세를 가진 황충(마 3:4, ἀκρίδες, 메뚜

기와 동일)을 땅에 내놓았다.

1. 첫째 화, 황충의 재앙(다섯 번째 재앙)

1) 2-3절 : 황충 재앙의 예고

무저갱이 열리자 화덕의 연기 속에 있던 악령들이 나왔다. 그들의 임무는 이마에 하나님의 인을 맞지 않는 자들을 해하는 것이었다. 그들은 땅에 있던 전갈의 권세를 지녔다(계 20:3, 사탄을 무저갱에 던지고 잠가 천 년 동안 만국을 미혹하지 못하게 함, 그 후에는 반드시 잠깐 놓아줌). 이 재앙은 불신자에게 행해질 것이다. 이 황충 재앙은 이스라엘 백성의 출애굽 시 애굽 땅에 내렸던 여덟 번째 메뚜기 재앙과 연관된다(출 10:1-10). 요엘도 메뚜기 재앙에 대해 실감 나게 표현했다(욜 1:4).

2) 4-6절 : 인 침을 받지 않은 자는 재앙을 받음

주님은 그 황충들에게 땅의 풀이나 푸른 것과 각종 수목은 해하지 말고, 오직 이마에 하나님의 인 침을 받지 않은 사람들만 해하라고 하셨다. 하나님이 허락하신 황충이라도 하나님의 주권 아래 있음을 분명히 보여 준다. 모리스는 "종말적 재앙에서 인간에게 죽기를 간절히 원하게 하는 것은 낙심이 아니라 실제적 고통이다"라고 했다.

주님은 그들을 다섯 달 동안 괴롭게 하고 죽이지 못하게 하셨다. 그 괴로움은 전갈이 사람을 쏘는 것과 같았다. 그때는 사람들이 죽고 싶어도 마음대로 죽지 못할 것이다(계 7:1-8, 하나님이 인 치신 자들을 구원하심).

3) 7-10절 : 황충의 모양

⑴ 전쟁을 위한 말들 같음 - 기괴함과 잔인함을 표현, 돌진하는 기개가 당당함

⑵ 머리에는 금 같은 관 비슷한 것을 씀 - 황충의 능력을 상징

⑶ 얼굴은 사람 같음

  - 사람 같은 지능을 가짐을 의미, 하나님의 형상으로 창조되었기 때문임

⑷ 여자의 머리털 같은 것이 있고 이빨은 사자의 이빨 같음

  - 실제적인 메뚜기의 모습 표현, 매우 큰 황충의 모습

⑸ 철 호심경 같은 것이 있음 - 완벽한 방어 태세를 갖춤

⑹ 그 날개들의 소리는 병거와 많은 말이 전쟁터로 달려 들어가는 소리 같음

  - 황충의 대단위 움직임을 묘사

⑺ 전갈과 같은 꼬리와 쏘는 살이 있고, 꼬리에는 다섯 달 동안 해하는 권세가 있음 - 전갈의 독과 악한 행위가 제한된 시간 동안 계속됨

  매튜 헨리는 이 같은 상황을 상징으로 이해한다. 그러나 앞서 말했듯이 이는 역사에서 실제 일어날 자연적 재앙임이 분명할 것이다. 현재도 이런 현상의 조짐이 비일비재하게 나타나고 있다. 이는 분명 마지막 때가 가까웠음을 보여 준다.

4) 11-12절 : 무저갱의 사자인 왕

  그들에게 왕이 있는데 곧 무저갱의 사자로, 히브리어로는 '아바돈'(אֲבַדּוֹן), 헬라어로는 '아볼루온'(Ἀβαδδών)이다. 첫째 화(다섯째 나팔)는 지나갔으나, 이제 둘째 화(여섯째 나팔)가 이

르게 된다. 혹자는 이 둘째 화는 더 심화할 것이라고 말한다. 하나님은 어린 양에게 마지막 심판을 완전히 위임하셨고, 실제로 심판의 참람함과 비참함은 더욱 심해질 것이다.

2. 둘째 화, 전쟁을 통한 재앙(여섯 번째 나팔 재앙)

1) 대전쟁의 예고

여섯째 천사가 나팔을 불 때 하나님 앞 금제단 네 뿔에서 한 음성이 나더니, 여섯째 천사에게 유브라데에 결박한 네 천사를 놓아주라고 한다(창 15:18-아브람에게 언약하시고 애굽 강에서 유브라데까지 주신다고 하심). 이는 장차 다가올 대전쟁의 예고로 보인다. 이 유브라데에 인간 죄악의 근원들이 자리잡고 있었기 때문에 그것을 비유로 큰 전쟁이 날 것을 말하고 있다.

2) 살육이 예고된 자들과 큰 군대

네 천사가 그 년 월 일 시에 사람 삼 분의 일을 죽이기 위해 준비했다. 그 정확한 숫자는 알 수 없다. 그러나 살육당한다는 것은 분명히 예고되었다. 마병대의 수는 이만 만이었다. 요한이 이 같은 환상 가운데 그 말들과 그 위 탄 자들을 보니 불빛과 자줏빛과 유황빛 호심경이 있었다. 또 말들의 머리는 사자 머리 같고, 그 입에서는 불과 연기와 유황이 나왔다. 이 세 재앙 곧 자기들의 입에서 나오는 불과 연기와 유황으로 말미암아 사람 삼 분의 일이 죽임을 당했다. 이 말들의 힘은 입과 꼬리에 있었다. 꼬리는 뱀 같고, 또 꼬리에 머리가 있어 이것으로 해하였다.

3) 죽지 않고 남은 자들의 불경함

이 재앙에 죽지 않고 남은 사람들은 손으로 행한 일을 회개하지 않고, 오히려 여러 귀신과 또는 보거나 듣거나 다니거나 하지 못하는 금, 은, 동과 목석의 우상에게 절했다. 또 그 살인과 복술과 음행과 도둑질을 회개하지 않았다. 이것은 아직 인류의 삼 분의 이가 남았다는 의미로 해석된다. 다만 남은 자들이 강퍅한 자들이라는 것이다.

[신학적 고찰]

앞서 살펴보았듯 본 장은 크게 두 부분으로 나뉜다. 첫째, 황충 재앙에 관한 부분이다. 이 황충은 일반 황충과는 비교가 안 될 정도의 엄청난 힘과 기괴한 모습을 하고 있다. 물론 하나님이 잠깐 재앙의 도구로 사용하신 것이다. 둘째, 인류 전쟁의 재앙에 관한 부분이다. 이 전쟁은 엄청난 대단위 전쟁이다. 이에 인류의 삼 분의 일이 죽는다. 이때 투입된 군사는 무려 2억이나 된다[실제로 중국의 예비역 군사는 정확히 2억 명으로 알려지고 있다. 〈위키백과〉에 따르면, 현재도 군 간부의 4화(연소화, 지식화, 전문화, 혁명화)를 통한 군 현대화가 진행 중이다. 총병력 500만 명, 예비역 2억 명, 그 밖의 인민 무장 경찰 100만 명(2001년 현재)이다].

혹자는 이 '이만 만'이라는 숫자를 상징적으로 해석하여 단순히 많은 숫자의 마귀를 뜻한다고 보지만, 실제로는 그렇지 않다. 인류는 점점 악해져 가고 있다. 이단뿐 아니라 타 종교의 활동도 대단하다. 특히 이슬람의 세력은 가히 만만치 않다. 그들의 저력은 대단하다. 더구나 강경파들은 자기들의 신념을 위해 목숨까지 서슴없이 내놓는다. 이제 마지막 때가 멀지 않다. 본 장은 그 년 월 시에 인류의 삼 분의 일이 죽을 것을 말한다. 세계 인구수는 2025년 6월 기준 82억 명이다. 이 중 삼 분의 일은 27억 명이다.

다음으로 황충 재앙과 대전쟁 재앙의 의미를 좀더 깊이 살펴보고 자 한다.

1. 첫째 화 곧 다섯째 나팔 재앙인 황충 재앙의 의미

1) 무저갱에 대하여

어린 양이 일곱 인을 떼시고 천사가 다섯째 나팔을 불 때 인 간을 향한 재앙이 시작된다. 무저갱(악령, 사탄의 거처로 알려짐, 눅 8:31; 롬 10:7)은 사탄이 그리스도의 천년왕국 동안 일시적 으로 갇혀 있는 곳으로도 묘사된다(계 20:2). 하나님은 이 악 령들을 다스리며 주관하는 분이시다(시 74:13-주의 능력으로 바 다를 나누고 물 가운데 용들의 머리를 깨뜨리심; 암 9:3-내 눈을 피하 여 바다 밑에 숨을지라도 내가 거기에서 뱀을 명령하여 물게 할 것임).

2) 실제적인 황충 재앙

황충은 메뚜기과의 일종으로, 여기서는 마태복음 3장 4절의 세례 요한이 먹었던 메뚜기와 같은 것이다. '그 황충이 얼마 나 위력이 있을까' 하며 의심할 수 있으나, 그 곤충이 하나님 의 심판 도구가 되면 엄청난 파괴력을 지니게 된다. 하나님 으로부터 보냄을 받은 사탄의 세력이 전갈 같은 위력을 지 닌 황충들을 땅에 나오게 한다. 그리하여 인류에게 매우 고 통스러운 재앙을 쏟아붓는다. 혹자는 이 황충을 마귀라고 하며 이 일을 상징적으로만 해석하려 한다. 그러나 하나님은 구약 시대에 실제로 이스라엘 백성을 위험한 광야 곧 불뱀과 전갈이 있는 곳으로 인도하시기도 했다(신 8:15). 마지막 때는 심지어 그 정도가 아니다. 하나님께서는 분명 역사적인 심판을 통해 인류의 멸망을 가져올 것이다. 만일 사탄이 정말 상징적으로 이런 일을 한다면, 그것은 하나님의 방법이 아닐 것이다. 그것은 곧 성도를 환난 중에 거하게 하지 말고 바로 구원하시면 되는 것과 같다. 불신자들에게 굳이 재앙을 내리실 필요 없이 바로 지옥에 넣으시면 되는 일과도 같다.

3) 인간을 다섯 달 동안 고통받게 하시는 이유

하나님은 황충에게 특별한 명령을 하신다. 이 땅에 자연적인 해를 끼치지 말고 이마에 하나님의 인을 맞지 않는 사람들만 해하라는 것이다. 사실 네 번째 나팔 재앙까지만으로도 이미 자연적인 재앙은 엄청났다. 하나님이 주관하시는 일은 인간의 상상을 뛰어넘는다. 그들이 자연을 배제하고 인 침을 받지 않은 자들만 해하는 것은 가능한 일이다. 그런데 인간을 죽이지 않고 그저 고통만 받게 하신다. 왜일까? 래드와 모리스는 그들에게도 한정된 고통의 기간에 회개할 기회를 주시기 위함이라고 했다. 다섯 달이라는 한정적인 기간도 실제 이 기간으로 해석하는 것이 옳다(만일 그냥 막연한 얼마 동안이면 굳이 개월 수를 말씀하지 않으셔도 된다). 또 그들이 너무 고통스러워 죽고자 해도 죽지 못하게 하신다. 이 고통은 후에 지옥 불에 떨어질 자들에 대한 엄위한 하나님의 경고인 듯하다. 이들에게 이미 하나님의 계심과 위대하심을 알려 주었기 때문이다. 또 두 번째 화인 인간을 향한 대전쟁 중에도 얼마를 남겨 두셨는데, 그들은 회개하기는커녕 더욱 하나님을 배격했다.

2. 둘째 화 곧 여섯째 나팔 재앙인 인류 대전쟁의 의미

1) 전쟁으로 인류 삼 분의 일이 죽음

앞서 요한은 화가 있을 것이라는 예고를 들었다. 그 예고대로 점차 가중되는 재앙이 계속되고 있다. 전쟁 재앙은 실제로 인류 삼 분의 일이 죽는 사건이다. 이것도 상징적으로 보는 이들이 있는데, 이는 잘못된 판단이다. 이 재앙도 하나님의 허락으로 이루어진다. 특히 네 뿔에서 큰 음성이 난다고 했는데, 이 음성은 제단 아래 있는 순교자들의 소리일 가능성이 높다(계 6:10). 주님은 결박한 네 천사를 유브라데강에 놓아주라고 하셨다. 이 천사들은 인류 삼 분의 일을 죽이는 일을 도맡은 악한 천사들이다. 이들은 앞서 7장 1절에 등장하는 천사들과 동일한 천사들이 아니다.

2) '이만 만'에 대한 해석

네 천사가 그 년 월 일 시에 이르러 사람 삼 분의 일을 죽이기로 준비되었다. 이 재앙으로 나머지 죽지 않는 자들에게는 더욱 강력한 경고를 고지하시는 것이다. 실제로 이만 만의 군사가 중동 지역에서 전쟁을 일으킬 것이다. 래드는 이 숫자를 상징으로 본다. 그러나 그의 해석은 어딘가 부족하다. 그 이유에 대해 강종수 목사는 다음과 같이 해석하고 있다.

"1차 대전 때는 1914~1918년의 5년간 16개국이 참전해 8,418,000명의 군인이 사망했다. 2차 대전 때는 1939~1945년의 8년간 36개국이 참전해 7,860,000명의 군인이 사망했다. 3차 대전 때는 대환난 후 3년 반이 끝날 무렵 세계 대국들과 적그리스도국이 참전해 세계 인구 1/3이 사망할 것이다. 로마 시대에는 적군 한 사람을 죽이는 데 75센트, 1차 대전 때는 15,000달러, 2차 대전 때는 30,000달러가 소요되었다. 한국 전쟁 때는 50,000달러, 베트남 전쟁 때는 80만 달러가 사용되었다. 성경은 이천 년 전에 이미 핵전쟁을 예언했다."

3) 대전쟁의 모습

황충 재앙을 문자적으로 보았다면, 대전쟁의 재앙은 상징적으로 볼 수 있다. 물론 황충 재앙도 상징적으로 해석할 수 있지만, 인간에 대한 고통으로 죽음과는 거리가 멀기 때문에 실제 황충 재앙으로 보는 것이다. 하지만 대전쟁은 말 그대로 인간끼리 싸우는 것이다. 당시 요한이 보았던 말 탄 자의 숫자가 이만 만이었는데, 그들의 무기를 현대적으로 보면 탱크나 미사일이나 총기류일 가능성이 높다. 현대 전쟁은 무기 전쟁이다. 앞서 보았듯이 마지막 전쟁은 3차 대전일 확률이 매우 높다. 지금도 중동에서는 끊임없이 전쟁이 일어나고 있으며, 북방 중국도 군사를 2억 명이나 보유하고 있기 때문이다. 또 말 탄 자들과 괴물 같은 말들의 모습은 그 재앙의 잔인함과 파괴력을 상징한다. 혹자는 소돔과 고모라를 연상하여 해석하기도 한다. 여하간 대전쟁이 일어나 사람 삼 분의 일이 죽는 것은 분명하다. 나는 이것이 곧 현대

전쟁의 모습을 비유하는 것이라고 본다.

4) 재앙에 죽지 않고 남은 자들

하나님은 대전쟁을 예고하셨고, 그 전쟁으로 사람 삼 분의 일이 죽게 될 것이다. 그리고 나머지 삼 분의 이는 살아남게 된다. 그러나 죽지 않고 남은 자들은 하나님께 온전히 돌이키기는커녕, 오히려 우상에게 절하고 살인과 복술과 음행과 도둑질을 회개하지 않았다. 이 죄악들은 십계명의 여섯 번째, 일곱 번째, 여덟 번째와 관련된 것이다. 이는 이들이 멸망의 길로 들어갈 수밖에 없음을 보여 준다.

[교훈]

1. 요한계시록 해석에서는 그 내용을 문자적으로 풀이할 것인지, 상징이나 비유로 풀이할 것인지가 중요하다. 계시의 내용을 바르게 주석하며 여러 모양으로 말세에 나타날 징조를 해석해 내는 일은 참으로 어렵고 조심스러운 작업이다. 그러나 말세에 임할 하나님의 심판과 재앙이 참으로 무서울 것이라는 사실은 분명하다.

2. 황충은 돌진하는 기세로 자신의 능력과 존재를 과시한다. 인간의 지능과 능력으로 인해 나타난 불가항력적 재앙을 의미한다. 이는 잔인한 사자의 이빨과도 같다. 게다가 견고한 성과 강한 방어력을 가진 집단적인 사탄의 모습이다.

3. 인류의 삼 분의 일이 죽는 대전쟁은 세계대전에 비유할 수 있다. 주님은 말세에 불신자들을 향한 대전쟁을 통해 분명히 믿는 자들 속에서 그렇지 않은 자들을 솎아 내실 것이다. 이러한 큰 재앙을 보았음에도 회개치 않는 자들은 반드시 벌을 받는다. 반면 마지막

날에 일어날 일에 대하여 각성하는 자들은 구원받는다. 이러한 대전쟁은 성경의 예언대로 반드시 일어날 것이다.

4. 오늘날 황금만능주의(mammonism)는 이 세상에 돈으로 되지 않는 것은 없다고 말한다. 눈속임으로 영혼까지 살 수 있다고 큰소리치는 세상이다. 그러나 영혼의 구원은 결코 돈으로 해결할 수 없다. 이것을 깨닫는다면 회개할 기회도 얻을 수 있다. 이러한 회개의 기회가 왔을 때 이를 놓치지 말아야 한다.

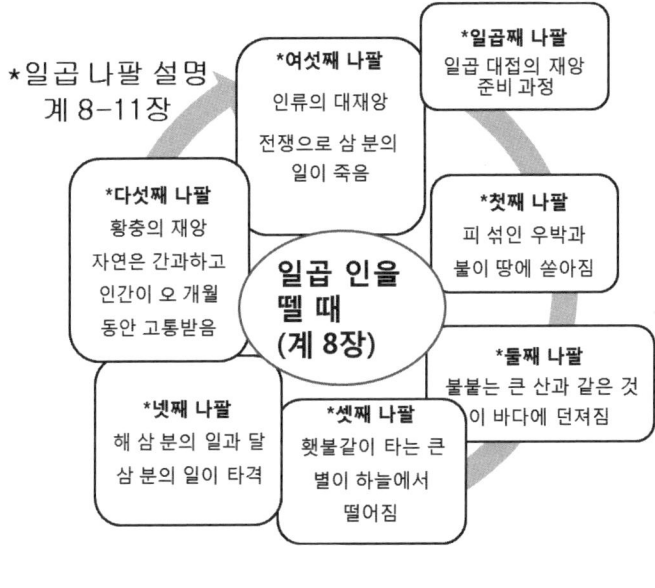

〈도표 9〉

10) 요한계시록 10장 1-11절

주제 : 힘센 천사의 모습과 두루마리를 먹은 요한

10:1 내가 또 보니 힘센(ἰσχυρὸν) 다른 천사가 구름을 입고 하늘에서 내려오는데 그 머리 위에 무지개가 있고 그 얼굴은 해 같고 그 발은 불기둥 같으며

10:2 그 손에는 펴 놓인 작은 두루마리(βιβλαρίδιον, a little scroll)를 들고 그 오른발은 바다를 밟고 왼발은 땅을 밟고

10:3 사자가 부르짖는 것같이 큰 소리로 외치니 그가 외칠 때에 일곱 우레가 그 소리를 내어 말하더라

10:4 일곱 우레가 말을 할 때에 내가 기록하려고 하다가 곧 들으니 하늘에서 소리가 나서 말하기를 일곱 우레가 말한 것을 인봉하고 (Σφράγισον) 기록하지 말라 하더라

10:5 내가 본바 바다와 땅을 밟고 서 있는 천사가 하늘을 향하여 오른손(χεῖρα δεξιὰν)을 들고

10:6 세세토록(αἰῶνας τῶναἰώνων) 살아 계신 이 곧 하늘과 그 가운데에 있는 물건이며 땅과 그 가운데에 있는 물건이며 바다와 그 가운데에 있는 물건을 창조하신(ἔκτισεν) 이를 가리켜 맹세하여 이르되 지체하지 아니하리니(χρόνος οὐκέτι, delay no longer)

10:7 일곱째 천사가 소리 내는 날 그의 나팔을 불려고 할 때에 하나님이 그의 종 선지자들에게 전하신 복음과 같이 하나님의 그 비밀이 이루어지리라(ἐτελέσθη μυστήριον, 과거 수동) 하더라

10:8 하늘에서 나서 내게 들리던 음성이 또 내게 말하여 이르되 네가 가서 바다와 땅을 밟고 서 있는 천사의 손에 펴 놓인 두루마

리를 가지라(λάβε τὸ βιβλίον, take the little scroll) 하기로

10:9 내가 천사에게 나아가 작은 두루마리를 달라 한즉 천사가 이르되 갖다 먹어 버리라 네 배에는 쓰나(πικρανεῖ, 미래형) 네 입에는 꿀같이 달리라 하거늘

10:10 내가 천사의 손에서 작은 두루마리를 갖다 먹어 버리니 내 입에는 꿀같이 다나 먹은 후에 내 배에서는 쓰게(ἐπικράνθη, 과거형) 되더라

10:11 그가 내게 말하기를 네가 많은 백성과 나라와 방언과 임금에게 다시 예언하여야(προφητεῦσαι, 과거형) 하리라 하더라

[구조 분석]

본 장은 앞의 8장에서 독수리가 말한 "화, 화, 화" 중에서 마지막 세 번째 화가 발생하기 전, 즉 일곱째 나팔 재앙 전 삽입된 막간으로 보인다. 이 계시는 크게 두 부분으로 나뉜다. 즉, 작은 책을 가진 힘센 또 다른 천사가 등장하는 부분(1-6절)과 요한이 작은 두루마리를 먹는 부분(7-11절)이다. 본 장은 마지막 재앙에 무게를 더하고 있으며, 재앙의 긴박함을 잘 묘사하며 요한의 체험을 기록하고 있다.

먼저 힘센 마지막 천사의 나타남을 웅장하게 묘사한다. 요한이 받은 계시는 장엄함과 위대함을 가지고 있었다. 천기의 현상은 구름과 온 지구를 아우르며 하늘과 땅을 섭렵한 모습으로 나타났다. 큰 징조를 통해 하늘의 비밀을 펼치실 때가 되었음을 보이신 것이다. 그 비밀은 반드시 펼쳐질 것이다. 마치 예수 그리스도의 재림을 재촉하는 듯한 모습을 보여 주고 있다.

두 번째는 요한이 작은 두루마리를 먹는 장면이다. 두루마리는

하나님의 생명의 말씀이자, 하늘로부터 오는 계시를 뜻한다. 이 두루마리는 달기가 꿀 같았다(시 19:10, 119:103; 겔 3:3). 말씀의 달콤함과 순수함으로 더욱 그렇게 느낀 것이다. 세상이 아직 불완전하기 때문에 그 말씀은 온전히 서야 했다. 이에 주님은 요한에게 천사에게 작은 두루마리를 받아서 먹고 그 내용을 만민에게 전파하라고 명령하셨다.

[내용 요약]

1. 1절 : 웅장한 다른 천사의 모습

요한이 본 천사의 모습이 조금 특별하다. 혹자는 이를 그리스도라고 보기도 한다. 그러나 앞 장에서 설명했듯이 그리스도는 천사와 비교할 수 없다. 천사는 단지 그 역할을 위해 창조된 피조물에 불과하다. 그 역할이란 하나님을 찬양하는 일과 심판의 도구로 쓰이는 일, 보좌 앞에서 섬기는 일과 인류 구원에 대한 하나님의 일을 돕는 일 등 여러 가지를 말한다. 여기 등장하는 천사는 요한계시록 6장 4절의 '힘센 천사'와 같다.

그 천사가 구름을 입고 하늘에서 내려오는데 그 머리 위에는 무지개가 있다. 얼굴은 해 같고 발은 불기둥 같다. 많은 사람이 이 모습을 풍유적으로 해석해 그가 그리스도라고 말한다. 구름과 불은 출애굽 이후 하나님이 광야에서 이스라엘을 인도하셨던 배경으로 볼 수 있다(출 13:21-22). 무지개는 하나님이 노아에게 주신 언약 가운데 다시는 물로 심판하지 않으시겠다는 의미로 사용되었다(창 9:13). 얼굴이 해와 같다는 표현은 요한계시록 1장 16절에서 '인자 같은 이'

의 모습을 표현할 때도 언급되었다. 그렇더라도 천사의 모습에서 굳이 어린 양이신 그리스도 모습을 도출할 필요는 없다. 요한은 '어린 양', '인자 같은 이' 등을 통해 그리스도를 언급할 때 그 표현을 아끼지 않았기 때문이다.

2. 2-7절 : 두루마리를 들고 있는 천사의 장대한 모습

1) 2절 : 천사의 모습

"작은 두루마리를 들고." 앞선 5장 9절에서는 어린 양이 두루마리를 떼기에 합당하다고 노래를 불렀다. 본문에서는 다른 천사가 두루마리를 들고 있는 모습을 묘사했다.

"오른발은 바다를 밟고 왼발은 땅을 밟고"에서 거대한 천사의 모습을 그리고 있다. 이는 보좌에 앉으신 하나님과 어린 양의 권세를 나타내는 상징적 표현이다. 이처럼 거대한 구름을 입고 작은 두루마리를 손에 든 천사의 모습을 통해 앞으로 더 큰 일을 펼쳐 가실 하나님을 생각해 볼 수 있다.

2) 3-4절 : 두루마리에 있는 것을 인봉하고 기록하지 말라

"사자가…큰 소리로 외치니…일곱 우레가 그 소리를 내어 말하더라." 요한은 거대한 천사의 큰 음성을 들었다. 그 음성은 일곱 우레를 발생시켰다. 우레는 이스라엘 백성이 애굽에서 나와 광야에 있을 때 경험했다. 하나님은 십계명을 주시려고 모세를 시내산으로 부르셨다. 십계명을 받은 모세는 산에서 내려와 백성을 성결하게 했다. 이때 우레와 번개와 빽빽한 구름이 산 위에 있고 나팔 소리가 크게 들렸다(출 19:14-16). 이는 분명 주님께서 심판하실 일들을 분명하고도 장엄하게 말씀하신 것으로 보인다.

또 "우레가 말한 것을 인봉하고 기록하지 말라"고 하셨다. 이는 앞선 1장 19절의 내용과는 상반된다. 그때는 요한이 본 것과 이제 장차 될 일을 기록하라고 하셨다. 인봉하지 말라는 것은 다른 재앙들에 대한 경고의 메시지로 볼 수 있다. 다니엘 12장 4절에서 "마지막 때까지 이 말을 간수하고 이 글을 봉함하라"고 하신 것과 같다. 이는 앞으로 남은 재앙의 심층적인 모습을 암시하고 있다.

3) 5-7절 : 창조하신 이를 찬양함, 그리고 하나님의 그 비밀

"하늘을 향하여 오른손을 들고." 성경에서 오른손은 하나님의 의, 힘, 능력 등을 말한다. 하나님은 이사야 선지자에게 "두려워하지 말라 내가 너와 함께함이라…나의 의로운 오른손으로 너를 붙들리라"(사 41:10)라고 말씀하셨다. 다니엘의 환상에서는 세마포 옷을 입은 자가 좌우의 손을 들어 하늘을 향하여(사 57:15, 높고 거룩한 곳에 계신 하나님) "영원히 살아 계시는 이"(단 12:7)라고 말했다. 아마도 요한은 이 표현을 여기에 사용한 것으로 보인다.

"지체하지 아니하리니." 하나님의 비밀이 이루어지는 것이 임박함을 말한 것이다. 6절의 '하늘과 땅과 물건과 모든 것을 창조하신 이 곧 영원토록 살아 계시는 하나님'이 곧 행하실 것이다. 즉, 선지자들에게 말씀하신 것과 하나님의 비밀이 이루어질 것을 말하고 있다.

"하나님의 그 비밀." 시편 27편 5절에서 다윗은 "여호와께서 환난 날에 나를 그의 초막 속에 비밀히 지키시고"라고 고백

했다. 이사야는 "내가 처음부터 비밀히 말하지 아니하였나니 그것이 있을 때부터 내가 거기에 있었노라 하셨느니라 이제는 주 여호와께서 나와 그의 영을 보내셨느니라"(사 48:16)고 말했다. 요한도 장차 일어날 일을 아직 모르는 하나님의 비밀이라고 표현했다. 그리고 그 비밀은 이루어질 것이라고 말했다. 이는 하나님의 심판과 재앙, 구원과 그리스도의 재림, 하나님 나라의 완성을 의미한다.

3. 8-11절 : 작은 두루마리를 먹은 요한

하늘에서 요한에게 또 음성이 들렸다. 요한에게 "네가 가서 바다와 땅을 밟고 서 있는 천사의 손에 펴 놓인 두루마리를 가지라"라고 하셨다. 이에 천사에게 두루마리를 달라고 하자, 천사는 그것을 갖다 먹어 버리라고 했다. 이 부분은 에스겔 선지자의 두루마리와 상응하는 장면이기도 하다(겔 3:3, 에스겔이 두루마리를 먹었더니 입에서 꿀 같이 달았음). 다만 요한의 경우는, 그것이 입에는 달았으나 배에서는 쓰게 되었다.

4. 9-10절

이 부분은 동일한 내용이 반복되고 있다. 이에 사본 작업에서 실수로 기재된 것이라고 보기도 하지만, 실은 그렇지 않다. 오히려 반복을 통한 강조라고 보는 것이 더 타당하다. 시편 42편 5절과 11절도 똑같은 문장과 내용으로 되어 있다. 히브리 문학은 반복적인 것이 특징이다.

이때 이 두루마리가 요한의 입에서는 다나 먹은 후 배에서는 쓰게 되었다는 것은, 요한계시록 16장 1-6절의 진노의 대접으로 모든 악의 진멸을 이루실 것을 알리는 전조로 이해해야 할 것이다. 그 천사가 요한에게 많은 백성과 나라와 방언과 임금에게 다시 예언해야 할 것이라고 말했기 때문이다.

[신학적 제언]

1. 본 장의 '힘센 다른 천사'에 대해

성경에는 앞서 살펴보았듯 천사장 미가엘과 가브리엘을 주축으로 많은 천사가 등장한다. 외경에서는 미가엘과 가브리엘을 포함한 일곱 천사장을 말한다. 천사장 미가엘과 가브리엘은 하나님을 찬미하며, 하나님의 뜻을 인간에게 알려 주는 중재자 역할을 한다. 미가엘은 다니엘서 10장, 12장, 유다서 1장, 요한계시록 12장에서 언급된다. 가브리엘은 다니엘서 8장에서 다니엘에게 지혜와 총명을 가져다주는 존재로 등장한다. 또 누가복음 1장에서는 마리아에게 메시아의 수태를 고지했다.

나머지 천사들은 그 역할이 방대하다. 구약에서는 천사(창 19:1)와 하나님의 사자(출 3:2)로 등장한다. 또 타락한 천사에 대해서는 이사야 14장에서 '계명성'이라고 표현하며, 루시퍼(Lucifer)[18]로 알려져 있다. 이 천사가 타락하여 사탄이 되었다고 한다. 하나님이 이 범죄한 천사들을 용서하지 않으셨다. 지옥에 던져 어두운 구덩이에 두어 심판 때까지 지키게 하셨다(벧후 2:4). 예수께서는 시험받고 사탄을 물

---

18) 루시퍼를 계명성(빛나는 자)으로 표현한 것은 바벨론 왕에 대한 은유다. 비교하여 에스겔 28장 12-17절에 두로 왕을 사탄(루시퍼)으로 비유하여 말한다. 다만 성경 본문에는 루시퍼와 사탄의 연결에 대해서 직접적인 언급이 없다.

리치신 후 천사에 의해 수종을 받으셨다(마 4:11).

혹자는 본 장의 '힘센 다른 천사'에 대해 '힘센'의 뜻이 '가브리엘'과 상응하기 때문에 가브리엘이라고 본다. 또 하나님 또는 그리스도라고 보기도 한다. 이 두 해석은 모두 무리가 있다. 그보다는 앞선 천사들과는 또 다른 천사로 하나님의 특별한 능력을 나타내려 하신 것으로 볼 수 있다. 그리스도가 우리를 위해 천사보다 조금 못하게 되신 적은 있었다(히 2:9). 그러나 곧 하늘에 오르셨고, 천사들과 권세들과 능력들이 그에게 복종했다(벧전 3:22).

요한계시록 1장 1절에서는 하나님이 요한에게 비밀을 알게 하시려고 천사를 보내셨다. 또 5장 2절에서는 '힘 있는 천사'가 큰 음성으로 외쳐 '누가 그 두루마리를 펴며 인을 떼기에 합당하냐'고 말했다. 천사들은 하나님이 재앙을 내리시는 데 쓰임 받았다(요한계시록 5장부터 22장 8절까지 계속 등장한다). 한마디로 요한계시록에 등장하는 많은 천사 중에 그리스도를 묘사하는 천사는 없다. '힘센 천사'는 통상적으로 '다른 천사' 중 하나다.

2. 요한이 계시록을 쓰게 된 연유

사도 요한은 예수님의 직속 제자다. 그는 예수님의 지상 사역(죄 사함) 중 핵심적 사역의 전환점인 변화산 상에서 하나님의 음성을 들었다. 그리고 예수께서 얼굴빛과 옷이 광채가 나며 변화되는 모습을 보았다(마 17:1-3). 물론 베드로와 야고보도 이를 보았다. 이들은 자신들에게 맡겨진 임무가 있었다. 이들은 다 순교하기까지 자신들에게 맡겨진 임무를 충실히 이행했다.

변화산 사건은 실제 예수의 지상 사역에서 전환점이 되었다. 곧 예수께서는 자신의 신성과 인성을 인간에게 직접 보여 주기를 원하셨다. 요한은 하늘의 음성을 듣고 그리스도께서 하나님의 아들이심을 확실히 알게 되었다. 그는 그리스도의 지상 사역을 여과 없이 다 보았다. 그렇기에 계시록을 기록하기에 부족함이 없는 사람이었다. 그런 그가 이 계시록을 통해 자신이 본 환상을 그대로 기록한 것이다. 물론 계시를 토대로 비유와 은유적 표현, 그리고 역사적 상징적 현상으로 기록했다.

요한계시록 10장의 내용도 요한이 본 것을 그대로 기록한 것이다. 그 모습은 하나님의 권위와 능력을 상징하는 것으로 천사를 등용시킨 것이다. 우리는 이러한 천사의 모습에서 하나님의 모습을 상상할 수 있다. 하나님은 온 우주를 창조하신 분이기 때문이다. 천사는 하나님의 마지막 대환난을 향한 심판과 재앙의 메시지를 가지고 있었다.

요한은 계시록을 쓰는 데 매우 적격이었다. 그가 천사를 볼 수 있고 두루마리를 받을 수 있는 자였기 때문이다.

3. 왜 하나님은 계시를 비밀로 주시는가?

하나님은 온 세상을 창조하셨다. 그리고 아담과 하와를 만드시고, 그들에게 자유와 의지를 허락하셨다. 하지만 그들은 자신의 의지를 남용했다. 하나님의 처음 약속을 어긴 것이다. 따라서 하나님은 그들을 완전한 멸망의 길로 가게 하셔야 했다. 그러나 하나님은 그들을 심판하시는 중에 은혜를 주셨다. 그것이 곧 언약으로 연결되었다. 하나님께서 인간에게 그 언약을 주실 때는 직접적으로 주기도 하시지만, 때로는 계시와 환상으로 주기도 하셨다. 그리고 대부분은 비밀로 주셨다. 왜 그렇게 하신 것일까?

하나님을 향한 인간의 마음이 다양하기 때문이다. 계시가 아닌 직접적 현상을 보여 주어도 모두 하나님을 따르지는 않기 때문이다. 그 실례가 출애굽 사건과 가나안 정복 사건이다. 이스라엘은 하나님이 하신 일을 직접 목도했다. 그러나 그들은 하나님을 믿는다고 하면서도 돌아서면 바로 잊어버리고 눈에 보이는 우상을 섬겼다. 이처럼 인간은 참으로 우둔하다. 하나님의 바람은 모든 사람이 구원받는 것이지만, 인간은 불신으로 거기에 부응하지 못했다.

하나님은 선지자와 예수님을 통해 이 땅에 직접적인 계시를 주셨다(고전 4:1, 그리스도의 일꾼이요 하나님의 비밀을 맡은 자). 자연 만물과 인간의 양심에도 일반계시를 심어 주셨다(롬 1:18-20, 2:14-15, 율법을 모르는 이방인에게 양심을 주어 그것으로 율법이 되게 함-이는 구원 조건과는 무관). 다니엘은 은밀한 말(אֲחִידָן, hard sentences)을 밝힐 수 있는 사람이었다. 이 '은밀한 말'을 '계시'라고 할 수 있다. 바울은 골로새서 1장 27절에서 "하나님이 그들로 하여금 이 비밀의 영광이 이방인 가운데 얼마나 풍성한지를 알게 하려 하심이라 이 비밀은 너희 안에 계신 그리스도시니 곧 영광의 소망이니라"라고 했다. 예수께서는 지상 사역을 하실 때 '귀 있는 자는 들으라'고 하셨다(마 11:15, 13:9; 막 4:23).

하나님은 비밀의 일을 믿는 자들에게 '주님의 때'에 주셨다. 주의 영광의 광채를 믿음으로 알고 보게 하셨다. 다른 말로 하면 '믿음의 영안'이 열려야 비밀을 볼 수 있는 것이다. 이방인과 불의한 자는 아무리 하나님의 능력을 보아도 꿈쩍하지 않는다. 마지막 환난 때도 마찬가지다(계 9:20-21-재앙에 죽지 않고 남은 자들은 회개하지 않고 살인, 복술, 음행, 도둑질을 함).

[교훈]

마지막 때를 살아가는 성도들은 환난 중에라도 하나님의 구원을 참고 기다려야 한다. 그 비밀의 일이 이루어질 때까지 늘 깨어 있어야 한다. 악인들은 심판을 견디지 못하며, 결국 의인들의 회중에 들지 못한다(시 1:6). 따라서 귀 있는 자는 들어야 할 것이다(마 11:15, 13:9, 43; 계 2:7, 11, 17, 29, 3:13, 22).

우리는 하나님의 뜻을 받은 천사의 모습에서 하나님의 장엄하신 위엄을 엿볼 수 있다. 우리는 이렇게 높은 데 거하시는 거룩하신 분을 늘 상기해야 한다. 또 요한이 일곱째 나팔 재앙을 예고하는 전조 현상을 기록한 두루마리를 먹고 쓰게 되었던 것을 기억해야 한다. 이에 늘 깨어 기도하며 종말론적 삶을 영위해야 한다.

11) 요한계시록 11장 1-19절
주제 : 두 증인과 세 번째 '화'(일곱째 나팔)

11:1 또 내게 지팡이 같은 갈대(κάλαμος)를 주며 말하기를 일어나서 하나님의 성전과 제단과 그 안에서 경배하는 자들을 측량하되

11:2 성전 바깥마당은 측량하지 말고 그냥 두라 이것은 이방인에게 주었은즉 그들이 거룩한 성을 마흔두 달 동안 짓밟으리라(πατήσουσιν, they will trample upon)

11:3 내가 나의 두 증인(μάρτυσίν)에게 권세를 주리니 그들이 굵은 베옷을 입고 천이백육십 일을 예언하리라(προφητεύσουσιν)

11:4 그들은 이 땅의 주 앞에 서 있는 두 감람나무와 두 촛대니

11:5 만일 누구든지 그들을 해하고자 하면 그들의 입에서 불이 나와서 그들의 원수를 삼켜 버릴 것이요 누구든지 그들을 해하고자 하면 반드시 그와 같이 죽임을 당하리라

11:6 그들이 권능(ἐξουσίαν)을 가지고 하늘을 닫아 그 예언을 하는 날 동안 비가 오지 못하게 하고 또 권능을 가지고 물을 피로 변하게 하고 아무 때든지 원하는 대로 여러 가지 재앙으로 땅을 치리로다

11:7 그들이 그 증언을 마칠 때에 무저갱(ἀβύσσου)으로부터 올라오는 짐승(θηρίον)이 그들과 더불어 전쟁(πόλεμον)을 일으켜 그들을 이기고 그들을 죽일 터인즉

11:8 그들의 시체가 큰 성 길에 있으리니 그 성은 영적으로 하면 소돔이라고도 하고 애굽이라고도 하니 곧 그들의 주께서 십자가에 못 박히신 곳이라

11:9 백성들과 족속과 방언과 나라 중에서 사람들이 그 시체를 사흘 반 동안을 보며 무덤에 장사하지 못하게 하리로다

11:10 이 두 선지자가 땅에 사는 자들을 괴롭게 한 고로 땅에 사는 자들이 그들의 죽음을 즐거워하고 기뻐하여 서로 예물을 보내리라 하더라

11:11 삼 일 반 후에 하나님께로부터 생기(πνεῦμα ζωῆς)가 그들 속에 들어가매 그들이 발로 일어서니 구경하는 자들이 크게 두려워하더라

11:12 하늘로부터 큰 음성이 있어 이리로 올라오라 함을 그들이 듣고 구름을 타고 하늘로 올라가니 그들의 원수들도 구경하더라

11:13 그때에 큰 지진이 나서 성 십 분의 일이 무너지고 지진에 죽

은 사람이 칠천이라 그 남은 자들이 두려워하여 영광을 하늘의 하나님께 돌리더라

11:14 둘째 화는 지나갔으나 보라 셋째 화가 속히 이르는도다

11:15 일곱째 천사가 나팔을 불매 하늘에 큰 음성들이 나서 이르되 세상 나라가 우리 주와 그의 그리스도의 나라가 되어 그가 세세토록 왕 노릇 하시리로다 하니

11:16 하나님 앞에서 자기 보좌에 앉아 있던 이십사 장로가 엎드려 얼굴을 땅에 대고 하나님께 경배하여

11:17 이르되 감사하옵나니 옛적에도 계셨고 지금도 계신 주 하나님 곧 전능하신 이여 친히 큰 권능을 잡으시고 왕 노릇 하시도다

11:18 이방들이 분노하매 주의 진노가 내려 죽은 자를 심판하시며 종 선지자들과 성도들과 또 작은 자든지 큰 자든지 주의 이름을 경외하는 자들에게 상 주시며(δοῦναι τὸν μισθὸν) 또 땅을 망하게 하는 자들을 멸망시키실 때로소이다 하더라

11:19 이에 하늘에 있는 하나님의 성전이 열리니 성전 안에 하나님의 언약궤(κιβωτὸς τῆς διαθήκης, ark of the covenant)가 보이며 또 번개와 음성들과 우레와 지진과 큰 우박이 있더라

[구조 분석]

본문은 두 증인과 일곱째 나팔을 통해 대환난 시에 있을 교회에 대한 핍박과 악에 대한 심판을 제시한다. 먼저 1-6절에서는 교회의 두 증인이 활동하는, 핍박기 전 삼 년 반의 기간에 대해 설명한다. 7-10절에서는 두 증인이 사탄의 무리에게 죽임을 당하고 복음 전파가 단절되는 핍박기 이후 삼 년 반의 기간에 대해 기록한다. 이어

11-13절에서는 순교했던 증인들이 영광의 부활을 맞이할 것을 말하고 있다. 14-19절의 일곱째 나팔은 세 번째 '화'를 뜻한다. 이때 하늘에서 나는 큰 음성이 하나님과 그리스도의 나라가 세세토록 왕 노릇 하실 것이라고 말한다. 주를 경외하는 자에게는 상을 주시고, 주를 대적하는 자들은 반드시 심판하신다. 요한은 하늘에 있는 하나님의 언약궤를 보게 되고, 번개와 우레 등을 통하여 하나님의 위대하심이 나타난다.

[내용 요약 및 신학적 고찰]

1. 1-6절 : 이방의 뜰을 제외한 성전 측량과 두 증인

1) 1-2절 : 하늘에서 나는 음성이 요한에게 갈대로 성전과 제단과 그 안에서 경배하는 자들을 측량하라고 한다. 이사야는 하나님이 '정의를 측량줄로 삼고 공의를 저울추로 삼는다'고 말씀하셨다고 했다(사 28:17). 아모스는 측량하는 일을 '하나님의 구원 회복과 재건, 참된 성도들을 영적인 해나 모독으로부터 보존하기 위한 것'으로 보았다(암 7:7-9). 요한은 하나님의 성전 바깥마당은 측량하지 말라는 명을 받았다. 그곳은 이방인에게 주었는데, 그들이 거룩한 성을 마흔두 달 동안 짓밟을 것이기 때문이었다. 이는 하나님의 백성을 향한 고난과 핍박이라도 하나님이 허락하심에 따라 이뤄진다는 것을 보여 준다. 마치 욥의 고난과도 흡사하다. 하나님은 사탄에게 욥의 고난을 허락하셨다(욥 1:12).

'측량'은 거룩한 집을 채우시기 위한 하나님의 큰 일이다(사

9:7; 요 14:2). 그러나 성전 바깥마당 곧 이방인의 뜰은 마흔두 달 동안 짓밟힐 것이라고 하셨다. 이는 예루살렘을 비롯하여 믿는 자들의 범위를 벗어난 경계를 말하는 것이다.

2) 3-4절 : 하나님은 두 증인에게 권세를 주어, 그들이 굵은 베옷을 입고 천이백육십 일을 예언하게 할 것이라고 하셨다. 이는 삼 년 반 동안 복음을 전하고 회개를 촉구하는 기간을 말한다. 다른 말로 하면 삼 년 반의 대환난기다.

'두 증인'은 모세와 엘리야나 미래의 두 예언자를 의미한다고 보기도 하고, 혹자는 삼 년 반 동안 또는 처음 그리스도의 오심 이후 증언한 교회를 뜻한다고 보기도 한다(래드, 모리스, 헨드릭슨 등). 나는 이 학자들의 의견에 동의하는 한편, 협의적 의미로 본다면 두 증인은 숫자 그대로 두 사람으로 보는 것도 타당하다고 생각한다. 그들은 바로 두 감람나무와 두 촛대라고 했기 때문이다. 스가랴는 기름 부음 받은(הַיִּצְהָר, anointed) 자가 둘이니 온 세상의 주 앞에 서 있는 자라고 하였다(슥 4:11-14). 이에 나는 실제 두 명의 증인이라고 본다. 물론 위와 같은 여러 해석자의 설명도 무시할 수는 없다.

본문은 두 증인이 하나님에게서 위임받은 능력으로 하나님의 말씀을 예언하고 있음을 암시한다(래드). 여기서 두 감람나무와 두 촛대는 서로 상관성을 갖는다. 감람나무의 기름을 통해 두 촛대가 어두움을 밝히는 빛을 발할 수 있기 때문이다.

3) 5-6절 : 만일 두 증인을 해하려고 하면 그들의 입에서 불이 나와 원수를 삼켜 버릴 것이며, 그는 죽임을 당할 것이다. 그

들은 자신들이 예언하는 날 동안 비가 오지 못하게 하고, 물을 피로 변하게 하며, 원하는 대로 여러 가지 재앙으로 땅을 칠 것이다. 본 절은 하나님께서 예언자들을 보호하시는 장면으로 시작한다.

'불'은 하나님의 심판을 상징하며, 두 증인이 선포한 예언의 말씀을 암시한다(렘 5:14). 하나님께서 원수들이 두 증인을 해하려 할지라도 원수들의 손에서 보호하겠다고 하셨다. 두 증인의 입으로 선포되는 불과 같은 말씀을 통해 그 원수들을 철저히 파멸시키신다. 두 증인은 하나님이 허락하신 권능을 가지고 하늘을 닫을 것이다. 즉, 예언하는 동안 비가 오지 않게 할 것이다(왕상 17:1, 내가 말이 없으면 비나 이슬이 내리지 않을 것임). 또 물을 피로 변하게 할 것이다. 나아가 아무 때든지 원하는 여러 가지 재앙으로 땅을 칠 것이다(출 7:20).

2. 7-8절 : "증언을 마칠 때에"라는 구절에서 두 증인이 하나님이 뜻하신 목적을 온전히 성취한 것으로 보인다.

두 증인을 대적하고 하나님을 대적하는 자들이 그들을 해하려고 했다. 그러나 하나님의 목적을 성취하기까지 해할 수 없었다고 말한다. 이는 하나님의 허락하심이 있어야 사탄도 일할 수 있음을 시사한다(욥 2:6).

다니엘서는 궁극적으로 하나님을 대적하는 종말론적 적그리스도에 대해 말한다. 이 적그리스도가 무저갱으로부터 올라온다는 것은 그 근원이 사탄임을 보여 준다. 그는 사람들이 하나님을 대적하고 배교하게 하며, 멸망하도록 하는 일을 한다(계 9:1-11, 13:4-18, 17:8). '짐승'은 적그리스도를 상징한다. 이 짐승이 13장과 17장에서 언급된 짐승임을 암시한다. '짐승'의 기원은 다니엘 7장에서 알 수 있다. 짐승에 대한 다니엘의 환상은 다음과 같다.

〈짐승(단 7:3-11)〉

바다에서 나온 큰 짐승 넷의 모양은 사자와 곰과 표범과 열 뿔이 있는 짐승이었다. 첫째, 사자는 독수리의 날개가 있었다. 요한이 보는 중에 그 날개가 뽑히고, 사람처럼 두 발로 서게 되었으며, 사람의 마음을 받았다. 둘째, 곰은 한쪽 몸을 들었으며 입에는 세 갈빗대가 물려 있었다. 사람들이 그에게 많은 고기를 먹으라고 했다. 셋째, 표범은 등에 새의 날개 넷이 있고, 또 머리 넷이 있으며 권세를 받았다. 넷째, 열 뿔이 있는 무섭고 놀라운 짐승은 그 뿔들 사이에서 작은 뿔이 나더니 첫 번째 뿔 중 셋이 그 앞에서 뿌리까지 뽑혔다. 그 작은 뿔에는 사람의 눈 같은 것이 있고, 또 입이 있어 큰 말을 했다. 이어 그곳에 왕좌가 놓이고 옛적부터 항상 계신 이가 좌정하셨다. 그는 흰옷을 입고 머리털은 깨끗했으며, 그의 보좌는 불꽃이며 불이 강처럼 그의 앞에서 나왔다. 그 앞에 '모셔 선 자'는 만만이며 심판을 베푸는 책들이 펴 놓였다. 작은 뿔에 의해 짐승이 죽임을 당하고 불에 던져졌으며, 남은 짐승들은 그의 권세를 빼앗겼으나 그 생명은 보존되어 정한 시기가 이르기를 기다리게 되었다.

두 증인의 시체가 큰 성 길에 있을 것이다. 그 성은 영적으로 하면 소돔 또는 애굽이며, 곧 그들의 주께서 십자가에 못 박히신 곳이다. 두 증인이 죽임을 당한 일은 마귀의 권력에 의한 것으로 보인다.

비유적으로 보면, 하나님이신 예수님이 이 땅에 오셔서 잠시 죄에 자신을 내어 주심으로 죽임을 당하신 것과 같다. 그러나 예수님은 자기의 피로 우리의 죄를 사하시고 부활, 승천하시어 승리하셨다. 큰 성 예루살렘 길에서 죽은 두 증인도 마찬가지다. 이들은 비록 죽었지만, 그 주권은 하나님의 손에 있다. 이는 완전한 하나님 나라를 이루어 가는 일이다. 곧 신앙의 견고함과 인내로 이기는 역동성을 보여 준다. 여기서 말하는 소돔과 애굽은 이방인들 곧 마귀의 자식들을 대표한다.

3. 9-10절 : "백성들과 족속과 방언과 나라 중에서"라는 구절에 대해 래드는 이는 유대인을 제외한 모든 이방인을 가리킨다고 하였다.

모리스는 하나님을 대적하고 불신앙에 사로잡힌 세상 모든 사람과 사회 구조를 의미한다고 말했다. 본문은 그들의 시체를 사흘 반 동안 보며 무덤에 장사 지내지 못하게 했다고 말한다. 두 증인의 주검은 비참함과 참담함 그 자체였다. 또 수치와 조롱과 저주의 표시였다. 특히 유대인들에게 시신을 장사하지 못하게 한다는 것은 모욕과 멸시를 뜻했기 때문이다(왕상 21:24).

이 사건은 그리스도께서 조롱과 모욕을 당하신 것으로 이해된다. 더 넓게는 그리스도인들이 당하는 핍박과 고난을 말하기도 한다. 두 증인이 하나님의 말씀을 선포하며 회개를 촉구했다. 그러나 양심에 화인을 맞은 자들(딤전 4:2)은 그들이 전한 복음을 못마땅하게 생각했다. 그들의 표현을 빌리자면, 복음이 역겨웠던 것이다. 그들은 두 증인 때문에 괴롭다고 생각했다. 그러했기에 땅에 거하는 자들에게 두 증인의 죽음은 너무나 반가운 것이었다.

그들은 두 증인의 죽음에 대해 서로 예물을 교환하며 기뻐했다. 아마 이 일로 축제를 벌였을 것이다. 그 축제 기간은 삼 일 반이었다. 그들은 아마 승리자의 노래를 불렀을지도 모른다. 그러나 그 기쁨의 기간은 매우 제한적이다. 그들은 그것을 마치고 곧 영원한 두려움과 공포와 멸망으로 떨어져 소멸되지 않을 불에 탈 것이다.

4. 11-13절 : 그러나 삼 일 반 후에 하나님으로부터 생기가 그들 속에 들어갔다.

이 구절은 에스겔 37장 5-14절을 연상시킨다. '생기'는 창세기에서 흙으로 빚은 사람을 생령이 되게 한 것이다. 하나님은 이처럼 자신의 주권으로 인간을 창조하셨다. 두 증인에게 생기가 들어감으로 살아난다는 것은 곧 재창조와 연결된다.

"하늘로부터 큰 음성이 있어." 하나님의 일하심과 뜻하심의 상징인 하늘의 음성은 사실에 대한 확실성을 보여 준다. 하나님은 그들에게 '이리로 올라오라'고 하셨다. 그 승천하는 과정을 원수들이 목격했다. 예수께서 승천하셔서 구름 속으로 올라가셨던 것과 동일한 장면이다. 이 모습에서 알 수 있는 것은, 가시적 승천 곧 예수께서 그렇게 하셨듯이 성도도 그러한 모습으로 승천할 것이라는 사실이다.

〈휴거론자들의 주장〉

휴거론자들은 요한계시록 11장 12절을 인용해, 7년 환난기 중반에 두 증인이 순교하여 하늘로 올라간 것처럼, 신앙생활을 잘한 성도 이 땅에서 휴거된다고 주장한다(살전 4:17). 이들은 주로 세대론자들로 7년 대환난 전후와 중간, 때로는 통과론까지 주장하여 정통

신학을 흔들고 있다. 휴거는 전혀 성경적이지 않다. 성경을 바르게 해석하려면 다각적인 시각과 성령의 조명 등이 필요하다.

두 증인의 승천과 동시에 땅에서는 '큰 지진'이 났다. 이로 인해 성 십 분의 일이 무너졌다. 그 지진에 죽은 사람은 7천 명이었다. 당시 예루살렘 인구가 대략 6만에서 9만 명 정도였다. 7천이라는 숫자는 정확한 숫자라기보다 '7'이라는 완전수와 '1,000'이라는 충만 수를 말한다. 모리스는 "이 숫자가 예루살렘 인구의 일부라고 주장하는 이도 있지만, 세상 전체 인구 중 십 분의 일로 보는 것이 타당할 것이다"라고 말했다. 남은 자들은 두려워하고 하나님께 영광을 돌렸다. 예수의 지상 사역 때와 요한계시록의 다른 부분에서도 큰 표적을 보고 많은 사람이 하나님께 영광을 돌렸다(마 9:6-8, 15:31; 눅 2:20; 계 14:7, 19:7).

5. 14-19절 : 하나님과 그리스도의 세상을 향한 영원한 통치(계 22:5)

1) 14-17절 : 둘째 화는 지나갔다. 그리고 셋째 화가 이르렀다. 일곱 나팔에 해당하는 화를 말한다. 일곱째 천사가 나팔을 불 때 큰 음성이 있었다. 하나님의 큰 음성으로 볼 수 있다. 모리스의 말처럼 큰 음성은 천사를 통한 하나님의 음성으로 이해할 수 있다. 하나님은 소리를 직접 발하셔도 되지만, 모든 일을 질서 있게 운행해 나가기를 원하신다. 그 소리는 세상 나라가 우리 주와 그리스도의 나라가 되어 완전한 하나님의 나라를 이루어 간다고 말한다(계 1:6, 5:10, 12:10, 20:4). 그리고 이제 마귀의 방해는 없을 것임을 선언한다. 이는 하나

님의 전능하심과 무한하심을 찬양하는 것이다.

이어 이십사 장로가 얼굴을 땅에 대고 하나님께 경배했다. 그 찬양은 보좌 앞에 있는 천사들도 함께 했다(계 4:4, 10, 5:8, 19:4). 그들은 '옛적에도 계셨으며 지금도 계신 전능하신 하나님께서 친히 큰 권능을 잡으시고 왕이 되셨도다'라고 찬양했다(히 13:8; 계 1:8, 4:8). 하나님의 통치는 전능(Omni-potence), 전지(Omni-science), 편재(Omni-presence)하시다.

"이방들이 분노하매"는 시편 2편 1절의 "어찌하여 이방 나라들이 분노하며 민족들이 헛된 일을 꾸미는가"라는 구절과 연관된다. 하나님의 일을 반대하는 자들은 언제나 자신의 테두리에서 벗어나지 못하고 분노로 일삼는다. 그러나 이런 일은 하나님의 심판과 재앙만 자초할 뿐이다.

2) 18-19절 : "주의 진노가 내려 죽은 자를 심판하시며"에서 '죽은 자'는 불신자들과 하나님의 대적을 말한다. 우상 숭배자도 포함된다. 이 말은 요한계시록 20장 12절과 연관된 것으로 보인다. 즉, 죽은 자들은 큰 자나 작은 자나 그 보좌 앞에 서 있게 된다. 그리고 거기에 책이 펼쳐져 있는데, 곧 생명책이다. 죽은 자들은 책에 기록된 자신의 행위대로 심판을 받을 것이다.

"주의 이름을 경외하는 자들에게 상 주시며"에서 주의 이름을 경외하는 자는 곧 순교자 또는 그리스도를 믿는 자다(계 5:8, 14:7, 15:4, 16:6, 18:20). 모리스는 모든 시대의 믿는 자라고 했다. "땅을 망하게 하는 자"는 짐승이나 거짓 선지자, 이단, 사탄의 무리를 나타낸다(계 16:13, 19:2, 20:10).

'하나님의 언약궤'는 하늘에 있다. 하늘이 열리고 언약궤가 보였다. 구약의 대제사장은 일 년에 한 번 언약궤가 있는 지성소에 들어갈 수 있었다(히 9:11-12). 하나님은 그리스도를 통해 자기 백성을 구속하시고 새로운 약속을 주셨다. 따라서 구속받은 자들은 하나님 앞에 담대하고 자유롭게 나아갈 수 있게 되었다(히 4:16, 10:19-22). 모리스는 하나님 나라의 도래로 구속 사역이 성취되었다고 말했다. "번개와 음성들과 우레와 지진과 큰 우박"은 하나님의 현현과 능력과 전지하심을 나타낸다(계 4:5, 6:12, 8:5, 16:18).

[신학적 제언] 새 언약의 관점에서 '두 증인'과 '하나님의 언약궤'의 상관성

1. 새 언약은 예레미야 선지자를 통해 말씀하신 것이며(렘 31:31, 이스라엘과 유다 집에 새 언약), 그리스도의 피로 체결되었다(눅 22:20; 고전 11:25). 그리고 그리스도가 우리를 새 언약의 일꾼으로 삼으셨다(고후 3:6). 그리스도는 새 언약의 결정체이자, 새 언약 자체였다(히 12:24).

2. 두 증인은 그리스도의 재림 전 대환난 기간인 삼 년 반 동안 예언했다. 그 내용은 혹독한 흑암이 깃든 세대라도 그리스도 안에서 믿음을 굳게 지킨 자는 반드시 승리한다는 것이다. 그들은 그 시대에 편만해 있던 타락과 싸웠다. 교회에 대한 배교 행위와 하나님께 대한 적대적 행위에 대항해 증언했다. 두 증인을 반대하는 자들은 복음을 무시하고 그들을 죽이려고 애썼다. 결국 두 증인은 죽음으로 종말을 맞이했다. 그러나 하나님은 언제나 그들을 지키셨다. 그리고 그들을 죽음에서 생명으로 옮기셨다.

진리에 대한 적군인 복음 방해꾼들은 자기들이 승리했다고 자축

했다. 이 두 증인은 스가랴 4장 11-14절에서 말하는 등잔대 좌우의 두 감람나무였다. 이 둘은 기름 부음 받은 자였다. 그들은 온 세상의 주인이신 하나님 앞에 서 있었다. 구약과 신약은 곧 새 언약의 성취로 이어졌다.

3. 하나님의 언약궤

십계명이 들어있는 여호와의 언약궤(증거궤)를 뜻한다(민 10:33). 언약의 두 돌판이라고도 부른다(신 9:11). 이 언약궤에는 아론의 지팡이와 십계명, 만나 항아리가 들어 있었다(민 17:10; 히 9:4). 하나님의 언약궤는 지상에서 언약의 백성들의 삶을 인도하신 하나님의 계심과 나타내심과 일하심의 표징이다. 이 언약궤의 모형은 지상에 있고, 본질 즉 실체는 천상에 있다. 요한은 그 언약궤에 대해 정확히 표현했다.

정리하면, 본 장에서는 마치 언약궤가 먼저 있었던 것처럼 보인다. 하지만 삼위일체 하나님의 구원 협약이 선재했다. 언약궤는 그 중간에 모세를 통해 만들어진 것이다. 그 안에는 하나님의 일하심에 대한 내용이 있었다. 곧 아론의 지팡이와 만나 항아리와 십계명이다. 이는 이스라엘 백성을 구원의 대표 주자로 삼으셔서 진정한 언약이 무엇인지 말씀해 주신 것이다. 이 언약의 내용에는 그리스도의 함께하심이 내재해 있다.

이스라엘 및 유다와 맺으신 새 언약이 바로 그것이다. 옛 언약이 하나님의 율법으로 점철되었다면, 그리스도는 새로운 언약이시다. 그리스도는 중보자로서 하나님과 인간 사이를 가로막고 있던 높은 담을 허무셨다. 언약의 당사자로서 곧 새 언약을 성취하셨다.

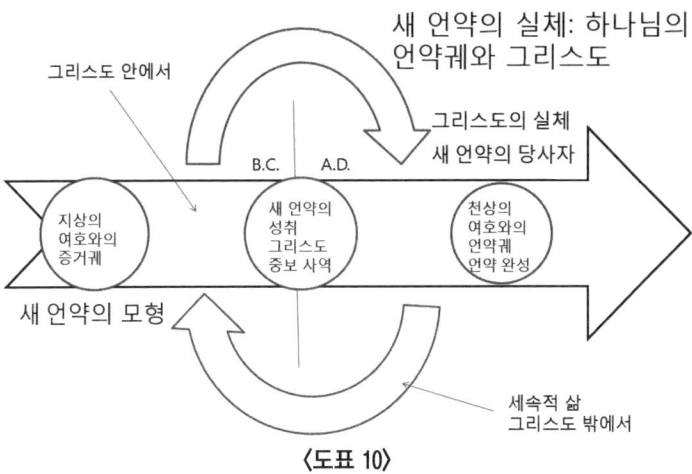

새 언약의 실체: 하나님의
언약궤와 그리스도

그리스도 안에서

그리스도의 실체
새 언약의 당사자

B.C. A.D.

지상의
여호와의
증거궤

새 언약의
성취
그리스도
중보 사역

천상의
여호와의
언약궤
언약 완성

새 언약의 모형

세속적 삶
그리스도 밖에서

〈도표 10〉

　본 장의 두 증인은 스가랴의 이상(슥 4장)과도 관련된다. 증인의 삶은 복음을 전하고 순교로 마감되었다. 그들은 기름 부음 받은 자들이었다. 그리스도는 순교자의 처음이시다. 그 후 예수 그리스도를 위해 용감하게 싸운 사람들이 계속 일어났다. 주께서 다시 오시는 날 부끄럽지 않도록 우리는 신앙의 줄을 단단히 붙잡아야 한다.

　믿음은 하나님께서 모든 것을 하실 수 있음을 아는 것이다. 하나님이 그 믿음에 대한 계획을 가지고 계셨음을 인정하는 것이다. 이 일에 우리가 소명을 받았음을 인지해야 한다. 성령의 역사로 말미암아 믿음을 가지게 되었다는 사실에 감사해야 한다. 우리는 그 은혜에 의하여 믿음으로 말미암아 구원을 받았다(엡 2:8). 그러므로 증인의 삶이야말로 최상의 삶이다.

　복음은 전도, 즉 증인 된 삶을 사는 것이다. 전도하지 않으면 복음의 효력을 맛볼 수 없다. 증언은 곧 순교라고도 할 수 있는데, 그만큼 목숨까지도 내놓고 전한다는 뜻이다. 복음은 생명이기 때문이다. 하나님은 결코 언약궤를 헛되이 하지 않으실 것이다. 우리는 그리스도를 통해 반드시 더 좋은 상급을 주실 줄 믿어야 한다.

12) 요한계시록 12장 1-17절
주제 : 칠 년 대환난기 중 삼 년 반의 상황

12:1 하늘에 큰 이적(σημεῖον)이 보이니 해(ἥλιον, the sun)를 옷 입은 한 여자가 있는데 그 발 아래에는 달이 있고 그 머리에는 열두 별의 관(στέφανος)을 썼더라

12:2 이 여자가 아이를 배어 해산하게 되매 아파서 애를 쓰며 부르짖더라

12:3 하늘에 또 다른 이적이 보이니 보라 한 큰 붉은 용(δράκων, a dragon)이 있어 머리가 일곱이요 뿔이 열이라 그 여러 머리에 일곱 왕관이 있는데

12:4 그 꼬리가 하늘의 별 삼 분의 일을 끌어다가 땅에 던지더라 용이 해산하려는 여자 앞에서 그가 해산하면 그 아이를 삼키고자 하더니

12:5 여자가 아들(υἱόν, 휘오스-왕권을 지닌 아들)을 낳으니 이는 장차 철장으로 만국을 다스릴(ποιμαίνειν, to shepherd) 남자라 그 아이를 하나님 앞과 그 보좌 앞으로 올려가더라(ἡρπάσθη, was caught up)

12:6 그 여자가 광야로 도망하매 거기서 천이백육십 일 동안 그를

양육하기 위하여 하나님께서 예비하신 곳이 있더라

12:7 하늘에 전쟁이 있으니 미가엘과 그의 사자들(ἄγγελοι)이 용과 더불어 싸울새 용과 그의 사자들도 싸우나

12:8 이기지 못하여 다시 하늘에서 그들이 있을 곳을 얻지 못한지라

12:9 큰 용이 내쫓기니 옛 뱀 곧 마귀(Διάβολος)라고도 하고 사탄이라고도 하며 온 천하를 꾀는 자라 그가 땅으로 내쫓기니 그의 사자들도 그와 함께 내쫓기니라

12:10 내가 또 들으니 하늘에 큰 음성이 있어 이르되 이제 우리 하나님의 구원과 능력과 나라와 또 그의 그리스도의 권세가 나타났으니 우리 형제들을 참소하던 자 곧 우리 하나님 앞에서 밤낮 참소하던 자가 쫓겨났고

12:11 또 우리 형제들이 어린 양의 피와 자기들이 증언(μαρτυρίας)하는 말씀으로써 그를 이겼으니 그들은 죽기까지 자기들의 생명을 아끼지 아니하였도다(ἐνίκησαν, have overcome)

12:12 그러므로 하늘과 그 가운데에 거하는 자들은 즐거워하라 그러나 땅과 바다는 화 있을진저 이는 마귀가 자기의 때가 얼마 남지 않은 줄을 알므로 크게 분 내어 너희에게 내려갔음이라 하더라

12:13 용(δράκων)이 자기가 땅으로 내쫓긴 것을 보고 남자를 낳은 여자를 박해하는지라

12:14 그 여자가 큰 독수리의 두 날개를 받아 광야 자기 곳으로 날아가 거기서 그 뱀(ὄφεως)의 낯을 피하여 한 때와 두 때와 반 때를 양육받으매

12:15 여자의 뒤에서 뱀이 그 입으로 물을 강같이 토하여 여자를 물에 떠내려가게 하려 하되

12:16 땅이 여자를 도와 그 입을 벌려 용의 입에서 토한 강물을 삼키니

12:17 용이 여자에게 분노하여 돌아가서 그 여자의 남은 자손 곧 하나님의 계명을지 키며 예수의 증거를 가진 자들과 더불어 싸우려고 바다 모래 위에 서 있더라

[내용 요약 및 신학적 고찰]

요한계시록 12장부터 14장까지는 일곱 대접 재앙에 앞서 칠 년 대환난기에 성도들이 받을 고난에 대해 언급한다. 본 장은 삼 년 반 동안 용에게 핍박받는 유대인과 그 후 삼 년 반 동안 핍박받는 기독교인들을 묘사한다. 하늘에서 미가엘과의 싸움에서 패배한 사탄이 땅에 내려와 여자(유대인)를 해하지 못하자, 그의 후손들을 해하려고 악랄한 핍박을 더한다. 따라서 13장에서 이뤄지는 재앙은 그 강도가 가중된다. 본 장은 크게 두 부분으로 나뉘는데, 1-6절에서는 삼 년 반 동안의 상황을 설명하고, 7-17절에서는 용 곧 사탄이 여자와 그의 후손들을 핍박하는 현상을 묘사한다. 그럴지라도 결국 여자가 낳은 아이가 철장을 가지고 통치할 것이며 완승을 거둔다는 내용이다.

1. 1-6절 : 삼 년 반 동안의 상황

1) 1-4절 : 여자에 대한 표현

하늘에 큰 '이적'(σημεῖον)이 있었다. 이는 하나님의 행하심에서 나타나는 열심(קִנְאַת, The zeal)을 뜻한다(사 9:7). '여자가 해(ἥλιον)를 옷 입었고, 그 발 아래에 달이 있고, 머리에는 열두 별의 관을 썼다'는 표현은 온 우주를 주관하시는 하나

님의 엄위함을 나타낸다. 이 여자가 아이를 해산하게 되어 애를 쓰며 부르짖었다. 이는 곧 하나님 나라가 가까이 왔고, 그 일을 주체적으로 할 아이(메시아)를 보내겠다는 하나님의 의지를 보여 준다.

'해를 옷 입은 한 여자'에 대한 해석은 각양각색이다. 첫째, 2절의 해산하는 여자라는 말에 근거해 '마리아'로 보는 견해다. 둘째, 모리스나 벵겔은 '교회'를 상징한다고 설명한다. 셋째, '유대교'로 보는 견해다(창 37:9, 해와 달과 열한 별이 요셉에게 절함). 먼저 '마리아'라고 보는 관점은 5-6절의 '아이를 낳고 나서 유대 광야로 도망했다'는 내용과 맞지 않기 때문에 부적절하다. '교회'를 상징한다고 보는 것은, 교회가 하나님이 불러 모은 주의 자녀들의 모임이라는 뜻이므로 상징적으로 해석하면 큰 문제는 없어 보인다. 그러나 그렇게 되면 교회가 메시아를 낳았다는 뜻이 된다. 이는 의미가 너무 애매하며 광범위하다. 따라서 유대교나 유대 민족으로 해석하는 것이 적절하다. 앞서 7장에서 12지파를 운운하는 것과 나중에 유대교가 먼저 구원받고 이방인의 충만한 수가 채워지는 것으로 볼 때 이 해석이 옳다(롬 11:25-27; 계 21:12).

'큰 붉은 용'의 해석은 학자들의 의견이 동일하다. 하나님을 대적하는 사탄, 리워야단, 라합 등으로 본다(계 12:9; 사 27:1; 욥 26:12). 이들은 하나님이 잠시 허락하신 권세를 가지고 세상을 파괴하는 일을 맡았다. 사탄의 정체는 망하게 하는 자다. 그는 머리가 일곱이고, 뿔이 열이며, 일곱 왕관을 쓰고 있다. 일곱은 완전수이며 하나님의 숫자이지만, 사탄에게 잠시 힘을 빌려주신 것을 뜻한다고 본다.

그 붉은 용이 꼬리로 하늘의 별 삼 분의 일을 끌어다 땅에 던졌다. '하늘의 별'은 용을 따르는 세력으로 하나님을 대적한 천사라고도 칭한다(사 14:14-계명성; 벧후 2:4). 이것은 세상에 임할 엄청난 파괴와 재앙을 뜻한다. 이번에는 붉은 용이 해산하는 여인의 아이를 삼키고자 했다. 이 용은 당대의 헤롯, 여인의 아이는 예수를 상징한다고 할 수 있다.

2) 5-6절 : 영원하신 통치자를 낳음

"여자가 아들을 낳으니"에서 '아들'은 장차 철장으로 만국을 다스릴 자다(시 2:7-9). '아들'은 헬라어로 'υἱόν'(휘오스)며, 왕권을 가진 왕이라고 할 수 있다. 그 아이를 하나님 앞과 그 보좌 앞으로 데리고 올라갔다. 이 아이는 곧 메시아며, 장차 왕으로 이 땅을 통치하실 것이다. 그는 사탄의 위협 중에 탄생했으나, 하나님의 보호하심으로 나중에 반드시 큰 승리를 이룰 것임을 말씀하고 있다.

'여자가 광야로 도망한다'는 의미는 앞서 살펴보았듯이 너무 문자적으로만 이해하면 안 된다. 이는 유대인들의 피신을 말할 수도 있다. 혹자는 교회가 핍박 가운데서 보호받는 것을 말하기도 한다. 일단 이 두 견해 중 유대인들이 도망하는 것으로 보는 것이 더 타당한 듯하다. 거기에는 '천이백육십 일' 동안 그를 양육하시기 위해 하나님께서 마련하신 곳이 있었다. 이는 곧 하나님이 삼 년 반의 환난기 동안 유대인들을 보호하시는 역사를 말한다.

2. 7-17절 : 여자와 그 후손을 향한 극렬한 핍박

1) 7-9절 : 전쟁에서 패한 사탄이 땅으로 쫓겨남

"하늘에 전쟁이 있으니"라는 말은 땅에 핍박이 있는 동안 하늘에서도 전쟁이 있었음을 암시한다. 미가엘과 그의 사자들이 용과 그의 사자들과 싸웠다. 그 용과 사자들이 지고 나서 다시 하늘에서 그들이 있을 곳을 찾지 못했다. 여기서 이긴 자는 미가엘 천사라고 말한다. 물론 미가엘 천사기도 하지만, 11절에서 '어린 양의 피와 자기들이 증언하는 말씀으로써 그를 이겼다'고 말하는 것으로 볼 때 그는 그리스도며, 이는 그의 승리가 분명하다. 이는 상징적인 표현으로, 인간의 죄를 주장하는 사탄을 완전히 물리치신 것을 뜻한다(단 10:21; 요일 3:8-죄를 짓는 자는 마귀에게 속함, 하나님의 아들이 나타나신 것은 마귀의 일을 멸하려 하심).

사탄은 본래 천사였으나 타락하여 하나님의 권위에 도전해 왔다. 그러나 결국 하나님의 권능에 의해 하늘에서 땅으로 떨어지고, 하나님의 자녀들을 괴롭게 하는 일을 한다. 그들의 권세는 영원하지 않다. 마지막 때에 앞 장에서 보았듯이 두 증인에게 승리한 것처럼 보일 수 있지만, 그들의 결국은 무저갱일 뿐이다. 본문 9절에서 큰 용이 내쫓겼는데, 그는 옛 뱀 곧 마귀라고도 하고 사탄이라고도 했다(창 3:1; 욥 1:6-11; 사 14:14; 슥 3:1; 벧전 5:8).

2) 10-12절 : 죽기까지 신앙을 지킬 수 있게 하는 힘

요한은 큰 음성을 자주 들었다. 세미한 음성이 아니라 우레

와 같은 소리였다. 이 음성은 하나님의 승리의 소리다. 이는 다급한 전쟁 상황에서 맹렬한 추격을 시작하는 수장(首長)의 외침과 같은 것이다. 하나님의 구원과 능력이 인류 역사에서 실재하신다는 것을 보여 준다. 그리스도의 권세가 나타나 성도들을 괴롭게 하던 자들을 쫓아냈다. 그것은 인간의 죄를 지배하던 사탄에 대한 승리며, 그리스도의 성육신(3-6절)과 아울러 지상 사역의 완성을 말한다. 물론 여기에는 부활과 승천도 포함될 수 있다. 이제 성도들은 그리스도와 함께 나라와 제사장 노릇을 할 수 있게 된다(벧전 2:9; 계 5:9, 10).

세상에 있는 성도들은 그 핍박과 환난기 동안 죽음을 각오하고 신앙을 지킬 수 있는 힘이 생긴 것이다. 요한이 사역하던 시대에 로마가 교회를 심하게 핍박했다. 그러나 성도들은 그러한 핍박을 신앙으로 이겨 낼 수 있었다(계 6:9, 11:8-12). 주님은 하늘과 그 가운데 있는 자들에게 즐거워하라고 하셨다. 하나님의 선한 통치가 이루어지는 영역에 속한 자들은 찬양을 부를 것이다. 반대로 땅과 바다에 거하는 마귀들은 자기의 때가 얼마 남지 않았음을 알고 성도들을 더 해할 것이다. 여기서 '하늘에 거하는 자'는 순교한 자와 이미 잠든 영혼으로서 하늘 보좌 제단 아래에 있는 자들로 해석할 수 있다. 어떤 이는 천사들이라고 해석하는데, 이는 무리가 있는 듯하다. 천사는 하나님이 필요할 때 사용하시는 영체이므로 구원과는 별개의 존재로 이해된다. 반면 아직 땅에 있는 자들은 계속 핍박을 받게 될 것이라는 부분은 해석이 난

해하다. 그러나 뒤에 이어지는 계속적인 핍박은 예수 재림 전 환난기의 상황으로 볼 수 있다. 여하간 사탄은 최후의 수단으로 성도들에게 악랄하게 반응할 것이다.

3) 13-17절 : 여자와 남은 자에 대한 용의 박해

땅으로 내쫓긴 용이 남자를 낳은 여자를 박해한다. 여기서 '여자'는 기독교 공동체 곧 교회라고도 볼 수 있지만, 실제로는 유대인이나 유대교로 해석하는 것이 적절하다. 모리스 역시 교회라고 본다. 그러나 17절에서 그 여자의 남은 자손을 '하나님의 계명을 지킨 자'라고 말하고 있는데, 이 계명은 그리스도 이전의 유대인에게 속했던 것이다. 즉, 사탄이 여자의 남은 자손 곧 유대인의 남은 자손을 박해하는 것이다. 사탄은 이처럼 하나님께 먼저 선택받은 유대인에게 힘을 쏟는다. 13절의 '남자'도 메시아와 그를 믿는 자를 동시에 뜻한다고 해석하기도 하는데, 여자의 후손(곧 유다의 후손 요셉의 아들 예수)은 그리스도임이 확실하다.

여자는 큰 독수리의 두 날개를 받아 광야로 날아가 거기서 그 뱀의 낯을 피하여 한 때와 두 때와 반 때를 양육받게 된다. 여기서 '한 때와 두 때와 반 때'는 마흔두 달, 천이백육십 일과 동일한 삼 년 반을 뜻한다(계 12:6, 11:2). 독수리는 하나님이 구약 시대에 이스라엘을 보호하시던 도구로, 성경 여러 곳에서 등장한다(출 19:4; 신 32:11; 사 40:31). 이 구절도 여자를 유대인으로 해석하는 근거가 된다.

"여자의 뒤에서 뱀이." 유대인을 향한 사탄의 권세가 뱀이다. 그는 또 용으로도 표현되는데, 용은 보통 바다에 기거하

는 것으로 이해한다. 물을 강같이 토한다는 것은 홍수를 의미한다. 용이 그 물에 여자를 떠내려가게 했다. 그러나 땅이 용의 입에서 나온 물을 흡수했다. 이 장면은 매우 극적이다. 요한의 기록이 그리스도의 계시에 근거하고 있다는 것을 염두에 둘 때, 이는 모세가 홍해를 가른 일에서 유추해 볼 수 있다. 바다의 용이 물을 낸다고 할지라도, 땅(유대 땅은 광야로 이루어져 그 땅의 특성상 물을 잘 빨아들임)은 물을 받아들일 준비가 되어 있다.

그러자 용이 여자에게 더욱 분노했다. 여자의 남은 자손 곧 하나님의 계명을 지키며(유대인) 예수의 증거를 가진 자들과 더불어 싸우려고 바다 모래 위에 섰다. 이들은 유대인과 기독교로 개종한 유대인(Messianic Jews)을 말한다.

요한계시록은 얼핏 몽상적인 이야기 같지만, 그 상징적인 뜻이 구약과 신약에서 기원하는 것을 알 수 있다. 그럼에도 이단들은 자기 임의대로 어떤 그림 같은 환상을 붙여다 퍼즐 맞추기식으로 이 책을 해석한다. 그러면서 수많은 영혼을 사탄에게 내주고 만다.

[신학적 제언]

1. 여자가 낳은 아이 – 예수(이스라엘 구원을 위한 메시아)

마태복음과 로마서에서 중점적으로 피력하고 있는 것처럼, 여자가 낳은 아이는 예수다. 그는 장차 철장으로 만국을 다스릴 자다. 천사장 중 하나가 타락하여 수하에 있는 천사들과 땅에 던져졌다.

사탄은 거짓말쟁이로 비진리의 실체를 상징한다. 그 사탄의 지배 아래 아기 예수를 죽이려는 헤롯의 살인 위협이 있었다. 그 아이는 하나님 앞과 그 보좌 앞으로 올라갔다. 이는 예수의 부활과 승천을 상징한다. 1절의 '여자'는 유대교 공동체로 이해할 수 있다. 2절의 '아이'는 메시아 곧 그리스도다(창 3:15; 갈 4:4). 5절의 '장차 철장으로 만국을 다스릴 자' 역시 그리스도다(시 2:7-9).

본 장은 일곱 대접 재앙에 앞서 칠 년 대환난기에 성도들이 받을 고난을 묘사한다. 1-6절에서는 여자와 아이가 사탄에게 핍박받을 것을 상징적으로 설명한다. 여자와 아이는 각각 유대인과 그 계보를 따라 난 그리스도를 말한다. 이 '여자'를 초대교회 때 우상시되었던 마리아로 해석하기도 하는데(데오도커스, 키릴이 주장), 여기에는 무리가 있다. 대부분의 학자는 교회라고 해석한다. 그러나 교회를 있게 한 유대인들로 해석하는 것이 무리가 없는 듯하다. 결과적으로 고난을 이겨 내고 승리하신 그리스도가 하나님 앞과 보좌 앞에서 만국을 다스리실 것이다.

2. 여자의 남은 자손

이들은 하나님의 계명을 지킨 자, 즉 기독교로 개종한 유대인들이다. 앞서 언급한 여자는 유대인이고, 남은 자손은 기독교로 개종한 성도들이다. 구원도 이스라엘이 먼저 받고, 박해도 그들이 먼저 받는다. 마지막 구원도 이스라엘에게 먼저 주어진다는 사실을 본문을 통해 알 수 있다.

유대인 구원은 아브라함을 통해 주신 하나님의 지고하신 언약이다. 그 언약은 마지막 때까지도 이어질 것이다. 그러나 하나님은 유대인들이 이해하는 특정적인 이스라엘만의 하나님이 아니시다. 이 것은 구약 어디를 보더라도 알 수 있다(창 15장-믿음 후에, 17장-할례, 출 19:5-6-전 세계의 구원의 여망, 욘 4장 등).

신약에서는 사도 바울이 이방인의 사도로 활동했다. 더구나 그의 복음 전도 사역은 매우 선교적이었다. 그러나 그의 교리는 구약적이 었으며, 유대인 구원이 먼저였다. 그다음이 이방인이었으며, 또 유대 인으로서 개종한 기독교인이었다. 이를 사도 요한이 마지막 때와 연 관하여 계시했다.

[교훈]

그리스도는 능력 그 자체이시다. 그가 모든 만물의 연약함을 안 고 회복하셨다. 인간의 죄를 사하시고 모든 율법을 성취하셨다. 그 리스도의 공로는 우리에게 고난 가운데 믿음을 가지고 승리할 수 있게 한다. 이는 곧 그리스도와의 신비적 연합(unio mystica unto Christi)이다.

말세의 때가 이르면 사탄(용)이 천사장인 미가엘과의 싸움에서 패 한다. 이 사탄이 패배하여 땅에 내려와 남자를 낳은 여자를 핍박한 다. 이때 핍박당하는 자는 교회라기보다 유대인이다. 기독교인도 포 함된다. 하나님께서는 도망하는 여자를 광야의 미리 준비하신 곳에 서 삼 년 반 동안 보호하신다. 용 곧 사탄은 쉼 없이 기독교인들을 더 강력하게 박해할 것이다. 성도는 사탄의 유혹에 넘어가지 않도록 늘 깨어 있어야 한다.

13) 요한계시록 13장 1-18절

주제 : 두 짐승(적그리스도와 거짓 선지자)

13:1 내가 보니 바다에서 한 짐승이 나오는데 뿔이 열이요 머리가 일곱이라 그 뿔에는 열 왕관이 있고 그 머리들에는 신성모독(βλα σφημίας, of blasphemy)하는 이름들이 있더라

13:2 내가 본 짐승은 표범과 비슷하고 그 발은 곰의 발 같고 그 입은 사자의 입 같은데 용(δράκων)이 자기의 능력과 보좌와 큰 권세를 그에게 주었더라(ἔδωκεν, gave)

13:3 그의 머리 하나가 상하여 죽게 된 것 같더니 그 죽게 되었던 상처가 나으매 온 땅이 놀랍게 여겨 짐승을 따르고

13:4 용이 짐승에게 권세를 주므로 용에게 경배하며 짐승에게 경배하여 이르되 누가 이 짐승과 같으냐 누가 능히 이와 더불어 싸우리요 하더라

13:5 또 짐승이 과장되고 신성모독을 말하는 입을 받고 또 마흔두 달 동안 일할 권세를 받으니라

13:6 짐승이 입을 벌려 하나님을 향하여 비방하되(βλασφημίας, blasphemies) 그의 이름과 그의 장막 곧 하늘에 사는 자들을 비방하더라

13:7 또 권세를 받아 성도들과 싸워 이기게 되고 각 족속과 백성과 방언과 나라를 다 스리는 권세를 받으니

13:8 죽임을 당한 어린 양의 생명책(βιβλίῳ, book)에 창세 이후로 이름이 기록되지 못하고 이 땅에 사는 자들은 다 그 짐승에게 경배하리라(προσκυνήσουσιν, will worship)

13:9 누구든지 귀가 있거든 들을지어다

13:10 사로잡힐 자는 사로잡혀 갈 것이요 칼에 죽을 자는 마땅히 칼에 죽을 것이니 성도들의 인내와 믿음이 여기 있느니라

13:11 내가 보매 또 다른 짐승이 땅에서 올라오니 어린 양같이 두 뿔이 있고 용처럼 말을 하더라

13:12 그가 먼저 나온 짐승의 모든 권세를 그 앞에서 행하고 땅과 땅에 사는 자들을 처음 짐승에게 경배하게 하니 곧 죽게 되었던 상처가 나은 자니라

13:13 큰 이적을 행하되 심지어 사람들 앞에서 불이 하늘로부터 땅에 내려오게 하고

13:14 짐승 앞에서 받은바 이적을 행함으로 땅에 거하는 자들을 미혹하며(πλανᾷ, it deceives) 땅에 거하는 자들에게 이르기를 칼에 상하였다가 살아난 짐승을 위하여 우상을(εἰκόνα θηρίῳ, image of the beast) 만들라 하더라

13:15 그가 권세를 받아 그 짐승의 우상에게 생기를 주어(δοῦναι πνεῦμα, to give breath) 그 짐승의 우상으로 말하게 하고 또 짐승의 우상에게 경배하지 아니하는 자는 몇이든지 다 죽이게 하더라

13:16 그가 모든 자 곧 작은 자나 큰 자나 부자나 가난한 자나 자유인이나 종들에게 그 오른손에나 이마에 표를 받게 하고

13:17 누구든지 이 표를 가진 자 외에는 매매를 못 하게 하니 이 표는 곧 짐승의 이름이나 그 이름의 수라

13:18 지혜가 여기 있으니 총명한 자는 그 짐승의 수를 세어 보라 그것은 사람(ἀνθρώπου, 단수)의 수니 그의 수는 육백육십육(ἑξακόσιοι ἑξήκοντα ἕξ, 600+60+6)이니라

[구조 및 핵심]

본 장은 두 짐승에 관한 내용이다. 앞 장에서 용이 미가엘 천사장과의 싸움에서 지고 땅으로 내쫓겼다. 이 용이 첫째 짐승에게 권세를 준다. 그 짐승은 교회와 성도를 핍박한다. 첫째 짐승은 바다에서 나온다. 그 짐승은 적그리스도를 상징하며, 죽었다가 회생하는 짐승으로 묘사된다. 이는 요한 당대의 국가들과 왕을 뜻하며, 또 말세에 그리스도를 대적할 사탄을 말한다. 둘째 짐승은 땅에서 나온다. 앞서 회생한 짐승에게서 권세를 받는다. 이 짐승은 거짓 선지자를 말하며, 현재의 기독교를 반대하는 정치 세력을 말한다. 또 기타 교회를 핍박하는 자들을 뜻할 수 있다. 특히 이단이나 우상 숭배자, 거짓 선생을 의미한다. 어렵고 힘든 환난의 때에 악한 무리는 언제든 성도를 해하려 한다. 성도는 그럴수록 정신을 바짝 차리고 깨어 있어야 한다.

[내용 요약 및 신학적 고찰]

1. 1-9절 : 첫 번째 짐승(적그리스도)

1) 1-4절 : 용에게 세력을 받은 바다 짐승

요한은 바다와 땅에서 나오는 짐승을 보았다. 그 짐승들은 하나님의 권능을 그대로 모방하는 듯 하늘과 땅의 권세를 다 가지고 있었다. 바다에서 나온 짐승에게는 일곱 머리와 열 뿔이 있었다. 이 짐승은 다니엘서 7장의 내용과 연관되며, 본 장 1절과 12절의 짐승은 같은 재앙의 맥락이다. 먼저 나온 짐승은 땅에서 올라오는 짐승보다 우세하다는 것을 알 수 있다. 이는 적그리스도를 뜻한다. 다른 짐승은 거짓 선지자를 가리킨다(계 19:20-짐승이 잡히고 그 앞에서 표적을 행하던 거짓 선지자도 함께 잡힘).

요한이 본 짐승은 적그리스도다. 열 뿔과 일곱 머리는 세계의 열방을 의미한다. 짐승은 표범과 비슷하고 발은 곰의 발 같고, 입은 사자의 입과 같았다. 용이 자기의 능력과 보좌와 큰 권세를 그에게 주었다. 머리가 일곱 개라는 말은 일곱 제국을 의미한다. 대부분의 학자가 인정하는 일곱 머리 국가는 앗수르, 바벨론, 페르시아, 애굽, 그리스, 로마, 그리고 아직 드러나지 않은 나라다(계 17:9-13). 열 뿔은 열 왕을 의미한다(계 17:12).

표범은 사납고 무서운 동물이다. 덩치로 볼 때 곰의 발은 강력한 힘을 상징한다. 사자의 입은 잔인함과 포학성을 나타낸다. 요한이 이런 표현을 쓰는 것은 그만큼 악의 세력이 강하다는 것이다. 짐승이 발악하는 모습을 참담하게 그리고자 한 것으로 보인다.

용은 능력과 보좌와 권세를 그 짐승에게 주었다. 용에게 힘과 권세와 보좌를 받은 짐승은 사탄이다. 그 짐승의 머리 하나가 상하여 죽은 것처럼 되었다. 그런데 이내 상처가 나아 온 땅이 놀랍게 여기며 그를 따랐다. 사탄은 본래 사람을 죽일 수 있는 능력이 없다. 그러나 말세에는 하나님에게 죽일 수 있는 능력을 부여받는다. 최후의 심판 때이기 때문이다. 이 사탄은 어떻게든 하나님의 형상을 닮은 인간을 멸망의 길로 내몰려고 안달한다. 이 사탄에게 주어진 힘은 용의 힘이다. 그 용에게 하나님이 잠깐 권세를 허락하셨다. "누가 능히 이와 더불어 싸우리요." 요한은 짐승과 싸우기 전부터 그 기에 눌려 이렇게 역설적으로 표현했다.

2) 5-9절 : 마흔두 달 동안 성도를 괴롭히는 짐승

"또 짐승이 과장되고." 이는 짐승이 거짓 술수로 공갈과 협박을 일삼는 것을 말한다. 또 "신성모독을 말하는 입"은 하나님을 대적하는 것을 뜻한다. 그들은 하나님께 대한 모독을 일삼을 것이다. 무식한 자들의 변론과 하나님의 성령을 훼방하는 자들도 이들과 별반 다를 것이 없다(시 10:4, 14:1, 53:1; 마 12:31). 마가는 성령을 모독하는 자는 영원히 사하심을 얻지 못하고 영원히 죄가 된다고 했다(막 3:29).

이 짐승은 이처럼 신성을 모독하는 입을 받았다. 또 마흔두 달 동안 성도를 해할 권세를 받았다. 이들은 입을 벌려 하늘의 하나님과 그의 장막 곧 하늘에 사는 자들을 비방했다. 이처럼 사탄에게 잠시 임한 권세는 그 세력이 하늘을 찌를 정도였다. 그들은 자신들의 가진 권세로 악한 일을 무자비하게 행할 것이다. 하나님의 일을 훼방할 것이며, 할 수만 있으면 한 영혼이라도 더 잡아 구렁텅이에 내던질 것이다. 실례로 바벨론 왕 벨사살은 부친 느부갓네살이 이스라엘에서 가져온 성전 기물을 술잔으로 삼으며 하나님을 모독했다. 그리고 그날 밤 다리오에게 죽임을 당했다(단 5:2, 30). 또 로마 황제 네로가 기독교 신자에게 자신이 저지른 로마시 방화죄를 뒤집어씌웠다. 그렇게 하나님의 이름을 모독했다. 그러고 4년 뒤 그는 31세로 자살했다.

이 용에게 권세를 받은 짐승 곧 사탄이 성도들과 싸워 이겼다. 그리고 각 족속과 방언과 나라를 다스리는 권세를 받았다. 사탄은 끊임없이 인간들을 멸망의 길로 잡아당긴다. 그들은 예수에게도 그렇게 했다. 그러나 예수는 하나님이시기 때문에 잠시 그들에게 내어 줌이 되었다가 부활하여 승리하셨다. 이 일과 연관하여 말세에도 성도의 환난과 시험(test) 과정이 남아 있다. 사탄은 끊임없이 성도를 공격한다. 앞서 11장의 두 증인처럼 성도도 잠깐 죽음의 길로 간다. 하지만 그들은 반드시 모든 것을 이겨 내고 최후 승리를 거둔다. 마지막으로 권세를 가지고 발악하는 최후의 짐승, 사탄은 족속과 나라와 방언의 권세를 잠시 가질 뿐이다. 그들의 결국은 사망이다.

놀라운 일은, 이 환난의 시기에 짐승의 핍박과 유혹을 피하지 못하는 자들이 있다는 것이다. 그들은 죽임을 당한 어린 양의 생명책에 기록되지 못한다. 이 땅에 사는 자들 곧 환난을 견디지 못한 성도와 믿지 않는 자들은 다 짐승에게 경배할 것이다. 누구든지 귀가 있거든 들어야 한다. 이 말씀을 듣고 깨닫는 자는 복이 있다. 성도는 어린 양의 생명책에 그 이름이 기록되어야 한다. 그것이 하나님의 언약 선상에 있다는 증거다.

2. 10-18절 : 두 번째 땅에서 나온 짐승

1) 10-15절 : 하나님의 권세를 가진 듯한 모습으로 성도를 유혹하는 짐승

이 짐승의 권세로 '사로잡힐 자'와 '칼에 죽는 자'가 있을 것이다. 성도들의 인내와 믿음을 여기서 볼 수 있다. 두 번째 짐승이 땅에서 올라왔다. 이 짐승은 어린 양같이 두 뿔이 있고, 용처럼 말했다. 여기서 왜 이 짐승을 '어린 양'으로 묘사했을까? 이는 양의 탈을 쓴 이리라는 표현이 떠오르게 한다(마 7:15). 이 짐승은 외형적인 모습에서는 양과 비슷할 수 있다. 하지만 자세히 보면 사실은 다르다는 것을 알 수 있다. 두 뿔은 사나운 짐승을 상징한다. 이는 곧 거짓 선지자를 말한다. 이 짐승은 먼저 나온 짐승의 모든 권세를 그 앞에서 행하고, 땅과 땅에 사는 자들을 처음 짐승에게 경배하게 했다. 그들은 곧 죽게 되었던 상처가 나은 자들이다.

매튜 헨리는 "먼저 나온 짐승의 모든 권세를 그 앞에서 행한다는 말은, 종교적 차원에서 교회 안에 짐승의 사상을 불어넣는 것을 의미한다"고 했다. 그것은 곧 거짓을 일삼는 행위이며, 도저히 용납할 수 없는 이단적 요소로 가득한 악한 행위들이다. 이는 예수님 당대에 많은 바리새인, 사두개인, 서기관이 외식과 율법으로 하나님을 찾은 행위와도 상응한다(마 16:6, 예수께서 저들의 누룩을 주의하라고 하심).

'죽게 되었던 상처가 나은 자'에 대해 많은 해석자가 당시 네로의 재생을 뜻한다고 말한다. 그가 네로든 아니든 분명한 것은, 앞선 짐승의 뿔 중 하나가 회복되는 것 같은 일이 발생한다는 것이다. 사탄은 어떻게 해서든 주의 백성들을 유혹해 하나라도 자기의 권속으로 만들려고 애를 쓴다.

이 짐승은 큰 이적을 일으킬 것이다. 심지어 사람들 앞에서 불이 하늘에서 땅에 내려오게 할 것이다. 엘리야가 하늘에서 불이 내려오게 한 사건과 비슷하다. 엘리야는 아합과 이세벨 앞에서 바알과 아세라 선지자 850명과 대결하는 도중 하늘에서 불이 내려오게 해 달라고 기도했다. 하나님은 기도를 듣고 불을 내리셨고, 그 불은 모든 번제물과 나무와 돌과 흙까지 태웠다. 이 일로 사람들은 여호와 그는 하나님이시라고 고백했다(왕상 18:37-38).

짐승은 이적을 행함으로 땅에 거하는 자들을 미혹하며, 그들에게 칼에 상하였다가 살아난 짐승을 위하여 우상을 만들라고 했다. 그리고 그가 권세를 받아 그 짐승의 우상에게 생기를 주어 그 짐승의 우상으로 말하게 했다. 또 짐승의 우상에게 경배하지 않는 자는 몇이든지 다 죽이게 했다. 바울은 육체의 일은 우상 숭배, 주술, 원수 맺는 것, 분쟁, 시기, 분 냄, 당 짓는 것, 분열함, 이단이라고 하였다(갈 5:20). 베드로도 "그러나 백성 가운데 또한 거짓 선지자들이 일어났었나니 이와 같이 너희 중에도 거짓 선생들이 있으리라 그들은 멸망하게 할 이단을 가만히 끌어들여 자기들을 사신 주를 부인하고 임박한 멸망을 스스로 취하는 자들이라"(벧후 2:1)라고 말했다.

칼에 살아난 짐승은 먼저 나타났던 큰 짐승이다(계 13:3). 그 짐승을 위하여 우상을 만들라는 것이다. 이는 분명 거짓 선지자다. 여호사밧 왕과 아합 왕이 동맹을 맺었을 때 그나아나의 아들 시드기야는 거짓 선지자로서 이스라엘과 유다가 아람을 이길 것이라고 거짓 예언을 했다(대하 18:10). 발람은 구약의 거짓 선지자를 대표한다(민 31:8, 16). 요한은 "사랑하는 자들아 영을 다 믿지 말고 오직 영들이 하나님께 속하였나 분별하라 많은 거짓 선지자가 세상에 나왔음이라"(요일 4:1)라고 경고했다.

이들은 큰 일을 행하고 이적을 행하며 각종 우상을 만들어 성도를 미혹했다. 하지만 그들은 불과 유황 못에 던져져 세세토록 밤낮 괴로움을 받을 것이다(계 20:10).

2) 16-18절 : 짐승의 수 육백육십육

거짓 선지자의 술수는 그리스도인을 유혹하기에 충분한 것처럼 보인다. 그들은 정치적 영향력을 바탕으로 작은 자나 큰 자, 부자나 가난한 자, 자유인이나 종들에게 오른손이나 이마에 표를 받게 했다. 이는 앞서 7장의 하나님의 인과는 차원이 다른 것이다. 나는 이 본문을 문자 그대로 받아들인다. 많은 사람이 이것을 형상과 이상으로만 해석하려는 경향이 있다. 실제로 미국이나 유럽, 러시아 등지에서는 의료 민영화 및 의료보험 적용과 행정 절차 간소화를 위해 팔이나 이마에 심는 '베리칩'(verification chip)을 사용하고 있다. 이것을 짐승의 숫자 '666'이라고 볼 수는 없다. 하지만 이런 것은 분명 말세의 전조 현상이다. 유로화는 사용된 지 이미 오래다. 교황권 확립도 오래전에 이루어졌다. 종교다원화도 뿌리를 내린 지 한참 되었다.

7년 대환난기에는 이 표를 가져야 매매할 수 있다. 이 표가 없으면 기아 상태로 죽거나, 음식 때문에 전쟁이 일어날 수도 있다. 그럼에도 성도는 이 표를 받아서는 안 된다. 여기에는 지혜가 필요한데, 지각이 있는 사람이라면 그 짐승의 수를 세어보라고 말한다. 그것은 곧 사람의 수를 가리키는데, 그 수는 육백육십육이다.

'육백육십육'에 대한 해석은 다양하다. 이 숫자를 네로 황제를 상징하는 것으로 보거나, 영적으로 해석해 사탄으로 보기도 한다. 나는 숫자의 중요성을 간과하지 말아야 하며, 실제적인 마귀의 능력으로 봐야 한다고 본다. 이는 현재 카드나 바코드에서 주로 사용하고 있는 숫자다. 요한계시록에서 말하는 이 숫자는 분명 거짓 선지자의 숫자임이 분명하다. 따라서 적그리스도를 품은 이단의 숫자로 보인다.

〈적그리스도에 대하여〉 - 요한계시록 13장의 '두 짐승'

매튜 헨리는 첫 번째 짐승은 로마 제국, 두 번째 짐승은 교황권을 뜻한다고 말했다. 랑게도 매튜 헨리와 비슷하게 보았다. 두 짐승을 로마와 교황권으로 설명하며, 하나님을 대적하고 적그리스도적인 성격을 가진 세력이라고 보았다. 다른 해석자들은 첫 번째 짐승을 다니엘이 그의 책에서 언급한 네 짐승과 동일한 것이라고 보았다. 이는 적그리스도, 즉 로마 제국을 비롯해 교회를 외적으로 핍박하는 세상 권력으로 볼 수 있다.

1. 두 짐승의 정체와 특성

첫 번째 짐승의 경우, 용이 이 짐승에게 권세를 주었다. 이는 하나님을 대적하는 세상의 모든 정치적 세력의 연합을 말할 수 있다. 두 번째 짐승은 세상의 권력을 얻기 위해 정치적 목적으로 행하는 일련의 이교도라고 할 수 있다. 즉, 거짓 선지자 또는 적그리스도로 볼 수 있다. 이들의 모양은 하나님 자녀의 모습을 흉내 낸다. 그들의 기능적 역할은 하나님 자녀가 겪는 고통을 역으로 투영한다. 마치 거울을 보며 미소 지으며 그 안을 불의로 채우는 모습이다. 그만큼 기괴하고 참담하고 비참한 재앙과 심판의 이면을 보이기 때문이다. 또 이는 악의 술수의 극단적인 모습을 보여 준다.

2. 공산주의와 적그리스도

마르크스와 레닌을 추앙하는 공산 국가들은 그들의 행동 강령과 정치 이념에 무신론과 반신론이 내재해 있다. 이들은 오직 혁명과 투쟁을 통한 전쟁만이 세계를 하나로 통합할 수 있다고 본다. 오늘날은 공산주의의 이론과 실재에서 모순이 드러나고 있다. 그런데도 많은 나라가 자유민주주의에서 제3동맹국으로 공산주의 국가로 전향하려 한다. 이들의 사상과 정치 활동의 배후에는 세상 권세를 잡은 자들의 힘이 있다. 본문에서 붉은 용이 진두지휘하고 있는 것과 비슷하다.

사탄은 공산주의를 이용하여 세계 권력을 차지하려고 기회를 노리고 있다. 공산주의는 본문의 적그리스도의 정체 중 하나로, 세계 권력을 차지하고자 한다. 또 예수 그리스도의 왕권과 그리스도의 몸 된 교회를 무너뜨리려 한다. 레닌은 "하나님은 죽었다. 그러니 하나님의 이름을 부르지 말라"라고 했다.

공산주의 세력은 세계기독교연합(WCC)에까지 가담했다. 기독교를 가장하여 세계를 공산화하는 데 주력하는 것이다. 이들은 거짓 선지자이며 적그리스도의 표상일 가능성이 높다.

3. 이단 종파와 거짓 선지자

이단 종교 집단은 표범처럼 기민하고 잔인하다. 또 그들은 곰처럼 우둔하지만, 맹목적인 공격적 성향을 지니고 있다. 저들은 우는 사자같이 두루 다니며 삼킬 자를 찾는다. 하나님이 불신자와 우상 숭배자에 대해 마지막 심판을 하신다. 그와 함께 하나님은 믿음이 강한 자들을 찾기 원하셨다. 이를 위해 용에게 잠깐 권세를 허락하신다. 이에 일곱 머리와 열 뿔 위에 열 왕관이 있는 짐승이 그들의 이교도적 교리를 터득하여 많은 성도를 괴롭게 하며 유혹할 것이다.

(1) 이단 종파의 종류

신천지(이만희), 하나님의 교회(안상홍), 통일교(문선명), 여호와의 증인 등 수없이 많은 이단이 하나님의 이름을 내걸고 많은 영혼을 지옥으로 인도하고 있다. 이 외 이단 시비가 있는 교회로는 평강교회(박윤식), 제칠일안식일교회(엘렌 지 화이트), 세계교회협의회(WCC), 다락방(류광수), 엘리야복음선교원, 기독교복음침례회(구원파) 등이 있다. 이단의 수는 날로 증가하고 있다. 이들은 모두 기존의 성도들을 나락(무저갱)으로 밀어 넣는다.

(2) 이단들의 포교 수단과 방법

이단들은 주로 기성 교인을 노린다. 자기들의 수법이 잘 먹히기 때문이다. 이런 수단과 방법을 사용한다는 것은 요한계시록 12-13장을 보면 정확히 알 수 있다. 하나님이 성도들을 유혹하기 위해 힘을 쏟고 있는 용에게 큰 권능을 주었다. 그가 첫 번째 짐승에게는 그 과업을, 두 번째 짐승에게는 거짓 선생의 일을 맡겼다. 이들은 사람들을 유혹하는 일도 하지만, 기존 성도를 빼앗는 일도 한다. 또 성도의 가정을 파괴한다. 결국 이들은 사람들을 멸망 길로 인도한다.

왜 선하신 하나님께서 용에게 권세를 주시어 이런 일을 하게 하시는가? 요한계시록 12-13장을 보면 다음과 같은 설명이 가능하다. 오히려 하나님은 선하시기에 이런 일을 하시는 것이다. 하나님은 참과 거짓을 분명히 가리기를 원하신다. 마지막 때에 알곡과 가라지를 분명하게 구분하고자 하신다. 분명한 믿음이 없으면 이단에 넘어갈 수밖에 없기 때문이다.

그리스도를 대적하는 무리에게서 벗어나려면 복음을 굳건히 붙드는 것밖에 없다. 거짓은 참을 이길 수 없다. 가짜이기에 적그리스도에게 당하는 것이다. 믿음을 굳건히 하지 못한 성도는 이런 이단들의 유혹에 노출되어 있다. 그러므로 그들을 보호하기 위해 기도해 주며, 또 저들의 수법을 잘 파악해야 한다. 지금은 두 짐승이 활동하는 시대라고 상징적으로 이해할 수 있다. 마지막 때의 전조 현상이다. 그러므로 늘 깨어 경계해야 한다.

[교훈]

요한계시록을 바르게 해석하려면 영적인 세계관을 가져야 한다. 또 역사적으로 성경을 이해할 수 있는 지혜가 필요하다. 두 짐승 곧 적그리스도와 거짓 선지자에 대해 정리하면 다음과 같다.

1. 타락한 천사가 세상 마지막까지 사람이 알 수 없는 방법으로 활동할 것이다. 그리고 성도들을 마흔두 달 동안 대적할 것이다. 즉, 성도들을 괴롭히고 또 죽이기도 할 것이다. 베드로는 "너희가 알거니와 너희 조상이 물려준 헛된 행실에서 대속함을 받은 것은…오직

흠 없고 점 없는 어린 양 같은 그리스도의 보배로운 피로 된 것이니라 그는 창세전부터 미리 알린 바 되신 이나 이 말세에 너희를 위하여 나타내신 바 되었으니"(벧전 1:18-20)라고 말했다. 우리는 모두 불확실성 속에서 살아간다. 그러나 창세 전부터 나타나시고 말세에 구원하실 그리스도 안에 있으면 반드시 마귀의 유혹에서 승리할 것이다. 적그리스도가 나타나 고난을 줄지라도 담대히 이겨 낼 수 있을 것이다.

2. 세계 지도자(적그리스도)로 인한 계속된 환난이 성도에게 있을 것이다. 적그리스도는 성도를 직접적으로 죽인다. 거짓 선지자는 영적으로 성도를 미혹한다. 또 경제적인 환난도 가져다준다. 몇 년 전 미국에서 건강보험 개혁 시 사용된 바코드 베리칩(RFID)을 짐승의 표로 보면서 많은 논란이 있었다. 국내 신앙인들 사이에서 큰 혼란과 동요가 일어나기도 했다. 물론 그것이 어떤 일의 상징적인 예표일 수는 있다. 그러나 진짜 짐승의 표라고 확정하기는 어렵다. 이는 성경에서 말하는 여러 정황에 근거한다. 또 현대인은 누구나 물건을 계산할 때 바코드를 사용한다. 그렇다고 베리칩의 등장 같은 현상을 완전히 무시할 수도 없다. 지금은 팔이나 이마에 베리칩을 받는다고 하지만, 여기서 더 나아가 마음까지 통제하는 무언가가 만들어질 수도 있기 때문이다. 만약 사람의 마음까지도 기계로 조작한다고 하면 그야말로 마지막 때가 아닐까 한다.

성도는 마지막 때를 분별하고 깨어 있어야 한다. 만약 짐승의 표를 받지 않고 산다면 문제에 봉착할 수 있다. 이 문제를 타고 마귀 사탄은 여러 방면으로 성도들을 공격할 것이다. 그러므로 깨어 경성해야 한다. 주님 오실 때를 간절히 소망하며 환난을 이겨 내야 한다.

또 성도의 영혼과 가정을 파탄시키는 이단 종파들을 조심해야 한다. 이를 위해 항상 깨어 기도해야 한다.

14) 요한계시록 14장 1-20절
주제 : 십사만 사천의 의미와 천사들의 재앙 예고

14:1 또 내가 보니 보라 어린 양이 시온산(ὄρος Σιών)에 섰고 그와 함께 십사만 사천이 서 있는데 그들의 이마에는 어린 양의 이름과 그 아버지의 이름을 쓴 것이 있더라

14:2 내가 하늘에서 나는 소리를 들으니 많은 물 소리와도 같고 큰 우렛소리와도 같은데 내가 들은 소리는 거문고 타는 자들이 그 거문고를 타는 것 같더라

14:3 그들이 보좌 앞과 네 생물과 장로들 앞에서 새 노래(ᾠδὴν καινὴν)를 부르니 땅에서 속량함을 받은(ἠγορασμένοι, having been redeemed) 십사만 사천밖에 는 능히 이 노래를 배울 자가 없더라

14:4 이 사람들은 여자와 더불어 더럽히지 아니하고 순결한 자라 어린 양이 어디로 인도하든지 따라가는 자며(ἀκολουθοῦντες) 사람 가운데에서 속량함을 받아 처음 익은 열매로(ἀπαρχὴ, as first fruits) 하나님과 어린 양에게 속한 자들이니

14:5 그 입에 거짓말이 없고 흠이 없는 자들이더라

14:6 또 보니 다른 천사가 공중에 날아가는데 땅에 거주하는 자들 곧 모든 민족과 종 족과 방언과 백성에게 전할 영원한 복음(εὐαγγέλιον)을 가졌더라

14:7 그가 큰 음성으로 이르되 하나님을 두려워하며 그에게 영광(δόξαν)을 돌리라 이는 그의 심판의 시간이 이르렀음이니 하늘과 땅과 바다와 물들의 근원을 만드신(ποιήσαντι) 이를 경배하라 하더라

14:8 또 다른 천사 곧 둘째가 그 뒤를 따라 말하되 무너졌도다 무너졌도다 큰 성 바벨론이여 모든 나라에게 그의 음행(πορνείας, immorality)으로 말미암아 진노의 포도주를 먹이던 자로다 하더라

14:9 또 다른 천사 곧 셋째가 그 뒤를 따라 큰 음성으로 이르되 만일 누구든지 짐승과 그의 우상에게 경배하고 이마에나 손에 표를 받으면

14:10 그도 하나님의 진노의 포도주를(οἴνου θυμοῦ, the wine of the wrath) 마시리니 그 진노의 잔에 섞인 것이 없이 부은 포도주라 거룩한 천사들 앞과 어린 양 앞에서 불(πυρὶ)과 유황(θείῳ)으로 고난을 받으리니

14:11 그 고난의 연기가 세세토록 올라가리로다 짐승과 그의 우상에게 경배하고 그의 이름표를 받는 자는 누구든지 밤낮 쉼을 얻지 못하리라 하더라

14:12 성도들의 인내가 여기 있나니 그들은 하나님의 계명과 예수에 대한 믿음을 지키는 자니라

14:13 또 내가 들으니 하늘에서 음성이 나서 이르되 기록하라 지금 이후로 주 안에서 죽는 자들은 복이 있도다 하시매 성령이 이르시되 그러하다 그들이 수고를 그치고 쉬리니(ἀναπαήσονται, that they may rest) 이는 그들의 행한 일이 따름이라 하시더라

14:14 또 내가 보니 흰 구름이 있고 구름 위에 인자(ἀνθρώπου υἱὸ

ν)와 같은 이가 앉으셨는데 그 머리에는 금면류관이 있고 그 손에는 예리한 낫을 가졌더라

14:15 또 다른 천사가 성전으로부터 나와 구름 위에 앉은 이를 향하여 큰 음성으로 외쳐 이르되 당신의 낫을 휘둘러 거두소서 땅의 곡식이 다 익어(ἐξηράνθη) 거둘 때가 이르렀음이니이다 하니

14:16 구름 위에 앉으신 이가 낫을 땅에 휘두르매 땅의 곡식이 거두어지니라

14:17 또 다른 천사가 하늘에 있는 성전에서 나오는데 역시 예리한 낫을 가졌더라

14:18 또 불을 다스리는 다른 천사가 제단으로부터(θυσιαστηρίου, from the alter) 나와 예리한 낫 가진 자를 향하여 큰 음성으로 불러 이르되 네 예리한 낫을 휘둘러 땅의 포도송이를 거두라 그 포도가 익었느니라 하더라

14:19 천사가 낫을 땅에 휘둘러 땅의 포도를 거두어 하나님의 진노의 큰 포도주틀에 던지매

14:20 성 밖에서 그 틀이 밟히니 틀에서 피가 나서 말 굴레에까지 닿았고 천육백 스다디온에 퍼졌더라

[내용 요약 및 신학적 고찰]

본문은 세 부분으로 나눌 수 있다. 곧 구속받은 십사만 사천 명 (1-5절)과 세 천사의 심판에 대한 예언(6-12절), 그리고 곡식의 추수와 불신자들에 대한 포도주틀 심판(13-20절)이다.

1. 1-5절 : 구속받은 십사만 사천 명의 모습

1) 1-3절 : 그리스도에 대한 묘사

그리스도는 시온산의 어린 양으로 묘사되었다. 다른 곳에서는 '어린 양'(계 5:6), '하나님과 및 어린 양'(계 22:1), '죽임을 당한 어린 양'(계 5:12, 13:8)으로 표현되었다. 한편, 앞서 13장 11절의 어린 양은 짐승을 말한다. 그러나 다른 곳에서의 어린 양은 '그리스도'를 뜻한다. 어린 양이 선 시온산은 승리하신 분의 존전을 말한다. 그 실체는 작지만, 그 위엄과 능력은 하늘을 찌르는 모습이다. 놀라운 사실은, 어린 양과 십사만 사천 명이 함께하고 있다는 것이다. 그들의 이마에는 어린 양과 아버지의 이름이 있었다. 이 숫자는 그리스도의 구속의 피를 통해 믿음으로 구원받은 자들을 가리킨다. 2절의 '많은 물 소리'는 하나님의 능력을 나타낸다. 하나님의 창조 질서에 물은 끊임없이 등장한다(창 1:2-하나님의 영이 수면 위를 운행하심, 창 7:11-노아 홍수). '큰 우렛소리'는 하나님의 위엄을 나타낸다(출 19:16; 계 11:19). "거문고를 타는 것 같더라"에서 거문고는 찬양의 악기를 말한다(왕하 3:15; 계 5:8).

'십사만 사천'의 숫자는 앞서 7장 4절에서 말한 숫자와 그 의미가 다르다. 7장에서는 굳이 이스라엘 각 지파를 언급하며 그 숫자를 기록했다. 즉, 이는 천사가 여섯째 인을 떼고 난 다음 일곱째 인을 떼기 전에 유대인 중 구원받는 자들의 숫자다. 그러나 '보좌 앞과 네 생물과 장로들' 앞에 있는 상황은 같지만, 여기서는 예수의 재림과 함께 구속의 피를 통해 구원받은 믿음의 사람들을 말한다. 여기에는 유대인과 믿는 이방인도 모두 포함된다.

2) 4-5절 : 속량 받은 자들의 성품

속량 받은 자들은 '여자와 더불어 자신을 더럽히지 않은' 사람들이다. 이 표현은 우상과 음행하지 않았다는 뜻이다. 다른 의미로는 음란한 세대를 묘사할 때 사용되었다(호 2:2-3, 3:1; 렘 5:7, 13:27). 그들은 그리스도가 어디로 인도하든지 따라가는 자들이다. 속량함을 받아 처음 익은 열매와 같은 자들이다. 속량함을 받았다는 것은 어린 양의 피로 구속함을 받은 것을 의미한다. '처음 익은 열매'에 대해 야고보는 "그가 그 피조물 중에 우리로 한 첫 열매가 되게 하시려고 자기의 뜻을 따라 진리의 말씀으로 우리를 낳으셨느니라"(약 1:18)라고 했다. 그들은 입에 거짓말이 없고 흠이 없는 자들이다.

2. 6-12절 : 세 천사의 심판 예고

1) 6-12절 : 천사와 영원한 복음의 상관성

요한은 또 다른 천사가 공중에 날아가는 것을 보았다. 천사는 땅에 거주하는 자들 곧 모든 민족과 종족과 방언과 백성에게 전할 영원한 복음을 가졌다. 이 천사는 하나님이 보낸 사자로 이해할 수 있다(창 16:10). 천사가 하나님의 복음을 가졌는데, 그 복음은 영원한 것이었다. 영원은 하나님의 속성이다. 하나님은 시초부터 시말까지의 복음을 가지셨다. 그 복음은 실체적이며, 그 복음의 결정체는 그리스도 예수시다. 예수는 중보자로서 그 복음의 실타래를 풀었다. 그 실타래의 중심은 하나님의 언약이다.

하나님은 말씀은 세세토록 있었고, 지금도 있으며, 앞으로도 있을 것이다(벧전 1:25; 계 1:6-세세토록 계시는 어린 양, 1:8, 4:9-10, 10:6). 이 복음과 언약의 결과는 언약 백성이다. 그들은 하나님 및 그리스도와 함께 영원히 왕 노릇 한다(계 11:15, 22:5). 모든 피조물은 심판이 다가왔기 때문에 온 우주와 세상(하늘과 땅과 바다의 근원)을 만드신 하나님을 두려워하며 영광을 올려야 한다(사 42:8, 43:7, 48:9; 마 5:16, 15:31; 요 12:23-인자가 영광을 얻을 때가 왔음).

곧 둘째 천사가 그 뒤를 따르며 "무너졌도다 무너졌도다 큰 성 바벨론이여"라고 말했다. 이 천사의 모습은 믿는 자들에게 귀감이 된다. 하나님은 처음부터 우상 숭배나 이방인들의 행위를 미워하셨다. 우상 숭배자나 이방인은 자기들의 잘못을 깨닫지 못하고 스스로의 행위로 망했다. 실제로 바벨론은 메대, 바사에게 망했다(단 5:31). 바벨론은 모든 나라에게 그의 음행(우상 숭배와 권모술수, 자기 공적)으로 말미암아 진노의 포도주를 먹이던 나라였다. 요한이 여기서 말하는 바벨론은 당대의 통치국인 로마를 뜻한다. 그들은 결국 모든 나라에 '진노의 포도주'를 먹이는 자들이었다. 멸망의 가증한 것으로 가득 찬 자들이었다. 그런 그들은 주님 앞에 설 자리가 없다(막 13:14).

그 뒤를 따라 셋째 천사가 큰 음성으로 '누구든지 짐승과 그의 우상에게 경배하고 이마에나 손에 표를 받으면 그도 하나님의 진노의 포도주를 마실 것'이라고 외쳤다. 하나님과 어린 양의 이름이 아니라 짐승의 표를 받는 자들은 가증한 멸망의 나락으로 떨어질 것이다. 그 진노의 잔은 섞인 것이 없는 포도주였다(렘 25:15 "너는 내 손에서 이 진노의 술잔을 받아 가지고 내가 너를 보내는바 그 모든 나라로 하여금 마시게 하라").

그들은 거룩한 천사들과 어린 양 앞에서 불과 유황으로 고난을 받을 것이다. 여기서 불신자들이 받는 고난을 영적으로 해석하는 이들이 있다. 그들은 이것이 어떤 벌을 받을 것임을 뜻한다고 설명한다. 그러나 하늘과 땅과 바다를 만드신 하나님의 심판은 실제적이다. 인간이 현상적으로 볼 수 있는 것으로 심판하신다. 그 형벌은 하나님과 어린 양과 천사들 앞에서 이루어질 것이다(눅 16:24-거지와 나사로). 그 고난의 연기는 쉬지 않고 영원토록 하나님께 올라갈 것이다. 그 고난에 참여하는 자들은 짐승과 그의 우상을 섬기는 이들이다. 반대로 하나님의 계명과 예수에 대한 믿음을 지킨 자들은 주님과 영원토록 함께한다.

3. 13-20절 : 곡식 추수와 불신자들에 대한 포도주틀 심판

1) 13-14절 : 곡식 추수

넷째 천사가 "지금 이후로 주 안에서 죽는 자들은 복이 있도다"라고 말했다. 그리스도 예수로 말미암아 핍박을 받아 죽는 자들에 관한 말씀이다. 이들은 순교자들이다. 하나님의 제단 아래 있는 자들(계 6:9)과 증인들(계 2:13, 11:3)을 말한다. 그리스도 예수께서 먼저 충성된 증인으로 죽은 자들 가운데서 먼저 나셨다(계 1:5). 그들은 복을 받은 자들이다. 성령께서 말씀하시기를, 그들이 수고를 그치고 쉴 것인데, 이는 그들의 행한 일 때문이라고 하셨다(마 5:16; 딛 2:14).

요한은 또 흰 구름 위에 인자와 같은 이가 앉아 있는 것을 보았다. 그 머리에는 금면류관이 있고, 그 손은 예리한 낫을 가졌다. 구름은 온 만물을 창조하신 하나님의 피조물이다. 구름은 영적 의미가 있는 것이 아니라 실제 구름을 말한다 (창 19:1; 단 7:13; 마 24:30; 계 1:7).

요한은 마태가 경험했던 것이나 바울이 계시받은 것과 비슷하게 말했다. 그는 하늘에서 내려온 자 곧 인자 외에는 하늘에 올라간 자가 없다고 했다(요 3:13). 그 머리에 있는 면류관은 당연히 그가 통치권자 곧 왕이신 그리스도이심을 의미한다. 그분은 예리한 낫을 가지셨다. 이 비유는 추수를 연상시킨다(마 3:12, 13:38-43).

앞 장에서 재앙을 내리는 용과 짐승에게 하나님의 권세가 잠시나마 동등하게 주어진 것을 살펴보았다(계 12-13장). 본 장 14절의 '인자 같은 이'는 '천사'인데, 그 천사에게서도 동일하게 낫을 들고 역사하시는 그리스도의 모습이 나타난다. 즉, 여기서 '인자 같은 이'는 '천사'로 해석함이 옳다.

〈14절의 '인자 같은 이'를 '천사'로 해석해야 하는 이유〉

첫째, 앞선 10장 1절의 천사가 구름을 입는 모습, 11장 12절의 두 증인이 구름을 타고 하늘로 올라가는 모습 등을 고려할 때, 인자는 마치 그리스도인 것처럼 보인다. 그러나 인자 같은 이가 구름 위에 앉았다고 해서 무조건 그리스도라고 보는 것은 무리가 있다. 요한은 구름 위에 있는 자가 '인자 같다'고 했다.

둘째, 문맥으로 볼 때 본문은 천사들의 심판의 메시지다. 하늘과 하늘 성전에서 하나님의 큰 음성이 들리고, 그 중간에 어린 양에게 심판의 권세를 주는 것은 사실이다. 그러나 요한계시록에서 재앙을 선포할 때는 대부분 천사에게 그 일을 위임하셨다. 요한계시록 19장에서는 재림하시는 예수님의 모습을 기록하고 있다. 곡식을 추수하는 것은 선인과 악인 모두를 심판하시는 과정이다.

셋째, '또'(Καὶ)가 13, 14, 15, 17절 모두를 계속 이어 주는 등위 접속사로 사용되었다. 만일 심판하시는 중에 구원의 일을 하셨다면 '그러나'로 연결되어야 한다.

넷째, 이후 19장 15절의 완전한 심판을 이루신 백마 탄 자, 그리스도의 직접적 심판과 구분된다. 이 사건은 환난이 끝나고 재림하시는 모습이기 때문이다.

2) 15-16절 : 추수 때의 환상

다섯째 천사가 성전에서 나왔다. 그 천사는 구름 위에 앉은 이를 향하여 "당신의 낫을 휘둘러 거두소서 땅의 곡식이 다 익어 거둘 때가 이르렀음이니이다"라고 큰 소리로 외쳤다. 구름 위에 앉으신 이가 낫을 휘두르자 땅의 곡식이 거두어졌다.

이것은 마태복음 13장 38-43절의 '추수와 심판'에 대한 말씀과 연관된다. 마지막 때 주님은 추수꾼들을 보내 알곡과 가라지를 가려내신다. 가라지는 악한 자의 아들들을 말한다. 성도의 환난은 현재부터 추수 때 곧 마지막 심판 때까지 이어질 것을 말씀하신다. 특히 곡식 추수는 예수의 재림 직전에 일어나는 사건이다. 십자가를 지고 어둠을 물리쳐야 하는 환난은 그 마지막 정한 때를 위한 것이다. 구름 위에 앉으신 주님이 낫을 휘두르니 땅의 곡식이 거두어졌다.

3) 17-20절 : 포도주틀 심판

'또 다른 천사'는 여섯째 천사다. 그가 하늘에 있는 성전에서 예리한 낫을 가지고 나왔다. 요한은 향로에 재단의 불을 담아 땅에 쏟는, 앞서 8장 3-5절의 천사를 염두에 두고 있다. 불을 다스리는 권세를 가진 천사가 예리한 낫을 가진 천사에게 명령을 내린다.

앞서 추수와 마찬가지로 성전은 하나님의 존전, 보좌를 말한다. 이 성전에서 나오는 천사는 제단과 관련하여 볼 때 의인의 기도를 하나님 앞에 드린 천사다(계 6:9, 8:3-5). 예리한 낫을 가진 천사에게 그 낫을 휘둘러 포도송이를 거두라는 말은, 요엘 3장 13절의 "너희는 낫을 쓰라 곡식이 익었도다 와서 밟을지어다 포도주틀이 가득히 차고 포도주 독이 넘치니 그들의 악이 큼이로다"라는 말씀과 같은 맥락이다. 이때 이 포도는 완전히 익은 것들이었다.

하지만 이는 좋은 포도가 아니었다. 천사가 낫을 땅에 휘둘러 땅의 포도를 거두어 하나님의 진노의 큰 포도주틀에 던졌다. 이것은 무서운 진노의 참화(慘火)를 말한다(계 19:15 "그의 입에서 예리한 검이 나오니 그것으로 만국을 치겠고 친히 그들을 철장으로 다스리며 또 친히 하나님 곧 전능하신 이의 맹렬한 진노의 포도주 틀을 밟겠고").

매튜 헨리는 포도주틀이 위치한 곳은 바벨론을 향한 군대의 진이 있는 성 밖이라고 말한다. 그 성 밖에서 그 틀이 밟히니 틀에서 피가 나왔다. 그 피가 말굴레에까지 닿았으며 천육백 스다디온에 퍼졌다. '천육백 스다디온'은 다음과 같이 해석할 수 있다. 1,600을 약분하여 동서남북 네 모퉁이를 숫자 4로 새겼다. 이 숫자 4의 제곱에 완전수 10의 제곱을 곱한다. 그러면 '16×100=1,600'이 된다. 즉, 예루살렘 성 밖까지를 말하는 것이다. 다른 해석도 있지만, 결국 이 숫자는 먼 거리를 의미한다. 포도주틀에서 나온 피가 말굴레에까지 닿고 1,600스다디온까지 퍼졌으니, 이는 좁게는 팔레스타인, 넓게는 전 세계에 걸친 하나님의 심판과 모든 악한 자의 진멸을 뜻한다.

[신학적 제언] 언약의 관점에서 본 '속량받은 십사만 사천과 첫 열매이신 그리스도'

1. 중보자 그리스도와 언약의 상관성

본 연구는 요한계시록을 언약의 관점에서 풀이하고 있다. 그 언약의 중심은 하나님의 사랑이다. 그 과정에서 실제적인 사역을 하는 분은 그리스도시다. 그리스도의 사역은 그가 이 땅에 오심으로 끝나는 것이 아니다. 그분은 삼위일체 하나님이며 자기 계시이신 중보자(Mediator)시다. 그리스도는 성육신을 통해 이 땅에 오셨다. 그가 이 세상에 오심으로 그의 위격이 인격이 되었다. 모든 사역을 인간의 감정을 가지고 하셨다. 성육신의 중심은 계시다. 그리스도가 그 인격으로 모든 것을 통치하신다. 그분은 죽음과 부활로 인류를 위해, 또 하나님을 향한 사역을 완수하신다.

2. 하나님 나라의 완성을 향한 언약

그리스도는 그 사역을 지상에서 실현하셨다. 그리스도는 계시를 위시하여 앞으로 일어날 일을 암묵적으로 또는 예시로 말씀하셨다 (마 13장; 24-25장). 그리고 목적하신 바를 이루시기 위해 요한을 통해 계시하셨다. 그 계시의 중심은 하나님의 언약이다. 그 언약으로 말미암아 최종적인 하나님의 심판과 그리스도의 심판이 이루어진다 (롬 14:10; 고후 5:10). 더불어 하나님 나라를 완성하신다.

3. 계속적 중보자 그리스도

새 언약이신 그리스도는 행위 언약을 성취하셨다(마 5:17). 덧붙여 설명하자면, 그리스도는 하나님과 사람 사이의 중보자가 되신 것이다. 첫 아담은 행위를 통해 순종하면 되는 것이었다. 그러나 그의 행위의 결과는 죄만 남겼다. 둘째 아담은 이 죄를 사해야만 했다. 바빙크는 "그는 행위 언약을 이루시는 그리스도가 되셔야 했다. 성육신하신 새 언약의 중보자는 수동적(passiva) 순종과 능동적(activa) 순종을 모두 담당하시게 된 것이다"[19]라고 말했다. 또 "이제 행위 언약이 성취되고, 은혜 언약을 통해—이 은혜 언약의 머리는 동시에 은혜 언약의 중보자시다—새 언약을 바라볼 수 있게 되었다. 그분은 계속적으로 중보하고 계시고, 지식에 대해서조차도 중보하시는 분이다"[20]라고 했다. 그리스도 예수는 말세에 나타날 영광과 심판에 대해서도 중보하신다.

---

19) 헤르만 바빙크, 《개혁교의학 3》, 박태현 역(서울: 부흥과개혁사, 2011), p.276, 495. 콕체우스는 "은혜 언약은 행위 언약의 연속적 폐기가 아니며, 오히려 성취이며 회복이다"라고 말했다.
20) 같은 책, p.757.

4. 십사만 사천과 첫 열매이신 그리스도의 상관성

십사만 사천은 앞서 7장에서의 숫자의 의미와 비슷하지만 같지 않다. 각 단락에서 어떤 의미인지 고찰해야 할 것이다. 하늘나라의 구속받은 자를 144,000명으로 단정 지어서는 안 된다. 그러면 예수 그리스도의 구속 사역에 대한 반향적인 태도를 가질 수 있다. 하나님은 모든 사람이 구원받으며 진리를 아는 데 이르기를 원하신다(딤전 2:4).

하나님의 언약을 성취하신 중보자 그리스도의 구속을 통해 구원받은 백성은 한정적이기는 하다. 그럼에도 구원의 범위와 숫자는 제한이 없다(요 14:2). 첫 열매 되신 그리스도는 하나님께 드리는 토지의 소산물과도 관련이 있다(렘 2:3; 고전 15:23; 약 1:18). 첫 열매는 하나님께 온전히 드린 바 되신 그리스도시다. 그 안에서 속량 받은 백성은 하나님의 언약의 선상에 있게 된다.

[교훈]

1. 본 장에 나오는 숫자는 실제이면서 영적이며 또 상징적이다. 이 단이나 기독교를 위장한 사이비 집단은 이를 자기 식으로 해석한다. 이들은 그 숫자가 아직 차지 않았기에 마지막 때가 이르지 않았으며, 숫자가 채워질 때 예수가 재림한다고 주장한다. 그러나 이들의 해석은 무리가 있다. 하나님의 구원 역사는 산 자들과 죽은 자들과 고통받는 그리스도인들에 대한 상징성을 띠고 있기 때문이다.

2. 예수는 마지막 날 추수 때에 알곡과 가라지를 나눌 것이라고 하셨다. 천사를 숭배하는 일은 잘못이다. 예수님은 천사보다 훨씬 뛰어난 분이시다(히 1:4). 예수님은 환난 끝에 재림하실 것이다. 한편

본 장에서 틀에 밟히는 포도는 불신자들을 말한다. 성도들은 환난을 두려워하지 말고 용기를 가져야 한다.

3. 알곡을 추수하시는 분은 그리스도 예수시다. 그리스도를 믿는 성도들은 악한 이들 앞에서 당황하거나 두려워하지 말고 믿음에 굳게 서야 한다. 환난을 맞이할 때도 어떠한 상황 가운데서도 주님이 주실 화평을 생각하며 이겨 내야 한다. 환난 이후의 상급이 더 크기 때문이다(롬 8:18).

4. 환난의 때가 오면, 성도들은 고통과 두려움 속에서 살게 된다. 사탄의 권세가 판을 칠 것이다. 그러나 성도는 어린 양의 보혈로 씻기어 어려움을 이겨 낼 수 있어야 한다. 혹 순교하게 될지라도 그것이 곧 하나님의 첫 열매가 되는 것임을 기억해야 한다. 마지막 심판 때 잘했다 칭찬받는 주님의 신실한 백성으로 인정받을 수 있어야 한다.

15) 요한계시록 15장 1-8절
주제 : 성도들의 찬양과 일곱 대접 재앙의 서막

15:1 또 하늘에 크고(μέγα) 이상한(θαυμαστόν) 다른 이적을 보매 일곱 천사가 일곱 재앙을 가졌으니 곧 마지막(ἐσχάτας) 재앙(πληγὰς)이라 하나님의 진노가 이것으로 마치리로다(ἐτελέσθη, was completed)

15:2 또 내가 보니 불이 섞인 유리 바다 같은 것이 있고 짐승과 그의 우상과 그의 이름의 수를 이기고 벗어난(νικῶντας, to conquer, prevail) 자들이 유리 바다 가에 서서 하나님의 거문고를 가지고

15:3 하나님의 종 모세의 노래, 어린 양의 노래를 불러 이르되 주 하나님 곧 전능하신 이시여 하시는 일이 크고 놀라우시도다 만국의 왕이시여 주의 길이 의롭고 참되시도다

15:4 주여 누가 주의 이름을 두려워하지 아니하며 영화롭게 하지 아니하오리이까 오직 주만 거룩하시니이다 주의 의로우신 일이 나타났으매 만국이 와서 주께 경배하리이다 하더라

15:5 또 이 일 후에 내가 보니 하늘에 증거(μαρτυρίου, marturiou) 장막(σκηνῆς)의 성전(ναὸς)이 열리며

15:6 일곱 재앙을 가진 일곱 천사가 성전으로부터 나와 맑고 빛난 세마포 옷을 입고 가슴에 금띠를 띠고

15:7 네 생물(ζῴων) 중의 하나가 영원토록 살아 계신 하나님의 진노를 가득히 담은 금대접(φιάλας) 일곱을 그 일곱 천사들에게 주니

15:8 하나님의 영광과 능력으로 말미암아 성전에 연기가 가득 차매 일곱 천사의 일곱 재앙이 마치기까지는 성전에 능히 들어갈 자가 없더라

[내용 요약 및 신학적 고찰]

요한계시록 15-16장은 일곱 대접 재앙의 내용이다. 그리스도의 재림 바로 직전에 일어나는 현상이다. 앞 장에서 살펴본 일곱 나팔 재앙부터 앞으로 18장까지 이어질 7년 대환난 후반의 일이다. 일곱은 하나님의 완전하신 성품과 심판의 완전함을 나타내는 숫자다. 본 장은 일곱 대접 재앙의 서막이라고 볼 수 있다.

본 장은 두 부분으로 나눌 수 있다. 곧 대환난을 통과한 성도들의 찬양하는 장면(1-4절)과 마지막 일곱 천사가 일곱 대접 재앙을 가

지고 등장하는 장면이다(5-8절).

1. 1-4절 : 구속받은 자들의 찬양

또 하늘에 크고 이상한 다른 이적이 있었다. 곧 마지막 재앙으로 일곱 천사가 일곱 재앙을 쏟을 것이다. 이는 준비된 재앙이며 마지막 심판을 예고한다. 앞서 일곱 인을 뗄 때 일곱 나팔 재앙이 있었던 것처럼, 그 일곱 나팔 재앙 속에 이 일곱 대접 재앙이 내포되어 있다. 하나님의 심판을 향한 재앙의 이중성과 연결성이다. 다양한 재앙이 하나의 통일적인 재앙, 곧 심판을 향한 한 줄기로 연결된다. 이 마지막 일곱 재앙은 하나님을 대적하는 세상에 대해 경종을 울리는 심층적인 대재앙[크고(μέγα) 이상한(θαυμαστόν)]으로 보인다.

요한은 '또'라는 말로 자기가 본 환상을 기록한다. '유리 바다'라는 표현은, 앞선 4장 6절에서는 하나님의 엄위하심과 거룩하심을 뜻하나, 본 장에서는 '불이 섞인'이라는 설명과 함께 하나님의 공의로운 심판과 진노를 나타낸다.

'짐승과 그의 우상과 그의 이름의 수를 이기고 벗어난 자들'은 갖은 핍박과 유혹과 환난을 죽음으로 각오하고 그들에게서 벗어난 자들이다. 벗어난 자들은 유대인이라고 말할 수 있다. 앞서 12장에서 말한 광야로 도망한 여인과 연결되어야 하기 때문이다. 요한계시록은 단락적으로 해석해서는 안 된다. 다각적인 시각에서 해석해야 하며, 서로 연결점이 있음을 인식해야 한다. 각 사건도 때로는 중첩된 사건으로 풀이해야 한다. 순교한 자들도 마찬가지다(계 13:13-18, 14:12, 래드). 이들은 하늘의 유리 바닷가에 서서 하나님의 거문고를 가지고 있었다. 거문고는 하나님께 드리는 찬양의 악기를 뜻한다. 짐승에게서 벗어난 자들이 기쁨의 노래를 부르는 것이다.

하나님의 종 모세의 노래와 어린 양의 노래를 부른다는 것은 두 가지 의미로 이해할 수 있다. 첫째, 모세의 노래와 어린 양의 노래를 하나로 보는 것이다. 모세의 노래는 구약을 배경으로 홍해를 건너 구원받은 모세가 부른 노래를 말한다(출 15:1-8). 어린 양의 노래는 아브라함이 하나님께 순종의 제사를 드릴 때 하나님이 예비하신 '여호와 이레'에 대한 노래라고 할 수 있다(창 22:8). 이것을 동시에 묶어 유대인과 이방인의 구원에 적용하는 것이다. 둘째, 모세의 노래와 어린 양이신 예수 그리스도의 대속의 사건을 따로 구분하는 것이다. 모세의 노래는 역사적으로 이스라엘의 노래다. 어린 양의 노래도 역시 그렇지만, 구속을 향한 그리스도를 예표하는 노래이기도 하다. 나는 두 번째 해석으로, 유대인인 이스라엘과 이방인으로서 구속받은 자들의 노래라고 본다.

〈유대인들의 노래(3-4절)〉

그들은 이렇게 노래한다. "주 하나님 곧 전능하신 이시여 하시는 일이 크고 놀라우시도다"(참조. 시 139:14; 사 9:6; 계 4:8, 11:17, 16:7, 19:6). "만국의 왕이시여 주의 길이 의롭고 참되시도다"(참조. 신 32:4; 욥 34:17). "누가 주의 이름을 두려워하지 아니하며"(참조. 렘 10:7). "영화롭게 하지 아니하오리이까 오직 주만 거룩하시니이다"(참조. 대하 20:13; 삼상 2:2). "주의 의로우신 일이 나타났으매 만국이 와서 주께 경배하리이다"(참조. 시 7:9, 86:9).

요한이 계시로 본 환상에서 찬양하는 자들의 소리를 들어 보면 그들은 곧 유대인이다. 이들은 이미 성경에 기록된 찬양을 다시 하고 있다. 이를 볼 때 유대인의 구원이 먼저다. 다음으로 이방인이 구원받는 것임이 분명하다(창 12장-아브라함의 언약; 계 7장-십사만 사천의 수; 롬 11:2-27).

2. 5-8절 : 증거 장막과 일곱 재앙의 서막

"이 일 후"는 짐승과 그의 우상과 그의 이름의 수를 이기고 벗어난 후이자, 하나님을 경배하고 찬양한 직후다. 이때 요한은 하늘에서 증거 장막의 성전이 열리는 것을 보았다. 장막과 법궤(레 16:2)는 하나님의 존전을 뜻한다. 증거 장막은 이스라엘 백성이 광야에 있을 때 생활의 터전이었다(출 25장; 민 17:7 "모세가 그 지팡이들을 증거의 장막 안 여호와 앞에 두었더라"). 그들이 기거했던 광야의 장막은 생명을 연장하는 곳이자, 천국의 모형이기도 했다. 땅에서의 삶이 하늘에서의 삶과 연결된다는 것을 보여 준 것이다. 장막에 거하시는 하나님은 특별히 지성소에 임재하셨다. 그것은 법궤로 증거를 세우셨기 때문이다(히 8:5-그들이 섬기는 것은 하늘에 있는 것의 모형과 그림자임).

이스라엘은 광야에서 진행할 때 늘 언약궤를 앞세웠다(민 10:33). 여호수아가 여리고를 정복할 때도 이스라엘 군대 앞에 언약궤를 두었다(수 6:6-8). 이러한 증거의 장막은 하나님의 언약과 신실하심이 확실함을 뜻한다. 더불어 하나님을 대적하는 악에 대한 진노의 심판을 확실히 실행하실 것임을 의미한다(계 11:19).

일곱 재앙을 가진 일곱 천사가 성전에서 나왔다는 것은 7년 대환난이 거의 마무리될 순간에 이르렀음을 말한다. 그리스도의 재림이 가까이 왔기에 하나님의 사자인 천사가 마지막 진노의 대재앙을 쏟을 것이다.

이때 일곱 천사가 "맑고 빛난 세마포 옷을 입고 가슴에 금띠를 띠고" 나온다. 이는 구약적 상황을 연출한 것이다. 즉, 제사장 직분을 나타낸다고 볼 수 있다(출 28:4 "네 형 아론과 그 아들들을 위하여 거룩한 옷을 지어 아론이 내게 제사장 직분을 행하게 하라"). 일곱 천사가 이러한 권위를 가지고 있다는 것은 하나님의 대리적 능력으로 심판을 예고하는 것이라고 볼 수 있다.

네 생물(하나님의 보좌와 재앙을 주는 천사 사이에 있는 중개자) 중 하나가 일곱 진노를 가득히 담은 일곱 대접을 일곱 천사에게 주었다. '일곱'이라는 숫자가 계속 등장한다. 이는 하나님의 완전하신 품성을 암시한다. 동시에 완벽한 심판을 행하겠다는 의지를 보여 준다.

구약적으로 볼 때 일곱 대접은 포도주나 희생 제물의 피를 담는 도구였다. 앞서 5장에서는 순교자들의 기도를 담은 도구로 사용되었다. 본 장에서는 진노의 상황과 연결되고 있다. 또 성전에서의 모습을 그리고 있다. 이는 솔로몬이 경험한 여호와의 영광과 이사야가 소명 받을 때를 재현하는 것이다(대하 7:1-3; 사 6:4). 하나님의 영광은 인간이 추구하고 경험하고 인식할 수 있는 것과는 비교가 안 된다. 하나님의 영광을 직접 보기 전에는 표현할 방법이 없다. 완전한 하나님의 심판이 행해지고 그리스도의 재림으로 구원받은 백성이 그분과 함께하는 날에 그 영광을 볼 수 있을 것이다. 이러한 하나님의 영광과 능력으로 말미암아 성전에 연기가 가득 차, 일곱 재앙이 마치기까지는 성전에 들어갈 수가 없었다.

[신학적 제언]

왜 모세의 찬양과 어린 양의 노래를 유대인의 것으로 보아야 하는가?

요한계시록은 소아시아 일곱 교회에 편지를 써서 보내는 것으로 시작한다. 그 교회들의 성도 대부분은 흩어진 디아스포라 유대인이었다. 그들이 전도한 이방인과 함께 그리스도 예수를 믿어 구원의 도구가 되었다. 특히 바울이 선교 여행을 통해 복음을 많이 전했다. 이 복음은 예루살렘에서 시작되었다(행 1:8). 그리고 점차 유대 지역으로 퍼져 가며 이방인 취급을 받았던 사마리아와 온 세상에 이르렀다. 이렇듯 복음의 시초를 늘 유대로 보는 것이다.

사도 요한도 갈릴리 세베대의 아들로서 유대인의 구원을 먼저 생각했다. 그가 유대 민족을 버리고 이방인 구원을 먼저 생각했다는 것은 어불성설이다. 요한계시록은 일곱 교회뿐 아니라 로마의 박해로 몸서리치게 고통당하고 있던 유대인들에게 용기를 주고자 기록되었다. 그들을 제외하고 이방인의 구원만 생각했다는 것은 있을 수 없다. 예수님도 공생애 때 갈릴리 지역에서 유대인을 상대로 복음 사역을 펼치셨다. 가끔 이방인도 있었지만(가나안 여인, 백부장, 고넬료 등), 먼저는 유대인이었다. 요한계시록 12장의 여자를 유대인으로 해석하지 않고 모든 구속받은 자로 해석하면 이와 같은 유대적 구원의 요소가 희석되어 버린다.

바울은 로마에 있는 교회에 편지하기를 "내가 복음을 부끄러워하지 아니하노니 이 복음은 모든 믿는 자에게 구원을 주시는 하나님의 능력이 됨이라 먼저는 유대인에게요 그리고 헬라인에게로다"(롬 1:16)라고 말했다. 이 서신은 서머나(스페인)로 전도 여행을 가기 위해 로마 교회(유대인이 주축인 교회)에 쓴 것이다. 모세와 어린 양의 찬양의 노래는 유대인의 전통과 장로들의 유전을 따라 불렀던 곡들이다.

이방인은 이러한 구약적 찬양을 부를 이유가 없다.

[교훈]

1. 본 장은 그리스도의 재림 직전에 일어날 일곱 대접 재앙에 관한 내용이다. 숫자 '7'이 자주 나오는데, 이는 앞서 언급했듯 완전수다. 요한계시록에서는 하나님 심판의 완전성을 말한다. 일곱 나팔, 일곱 대접은 7년 대환난의 후기 3년 반 동안 일어나며 그리스도의 재림과 심판 때 종결된다.

2. 마지막 심판은 세상 끝에 이루어지는 유대인뿐 아니라 기독교인도 포함한 종말을 말한다. 이는 역사적 심판을 마감하시는 장면이다. '이기고 벗어난 자들'에 관해, 첫째로 이기는 것은 그리스도만 가능하다. 그와 신비적 연합을 이룬 자들이 이에 속한다. 둘째로 벗어난 자들은 유대인을 말한다. 그들은 앞서 12장에서 여자로 묘사되며, 광야로 피한 자로 표현된다. 이 벗어난 자들이 유리 바닷가에 서서 회개하고 하나님께 나아갈 수 있다. 죄악을 말끔히 씻은 자만이 하나님께로 나아가 그분의 자녀로 인정받게 된다.

3. '모세의 노래'는 애굽에서 나올 때 오합지졸이었던 이스라엘이 구원받은 후 하나님을 높이 찬양하는 내용이다. '어린 양의 노래'는 어린 양으로 오신 그리스도가 세상을 이기고 승천하시어 구원을 주신 일에 대한 감사 찬양이다. 하나님은 인간에게 찬양 받기를 원하신다. 인류 구원의 전 과정을 통해서도 영광과 찬송 받기를 원하신다. 성도는 천군 천사의 노래와 함께 재림하실 그리스도 예수를 찬양해야 한다. 믿는 성도들과 함께 어린 양께 찬송해야 한다.

4. 많은 사람이 종말론을 휴거 사건 등으로 오해하고 있다. 이에

대한 분별력이 필요하다. 성경을 해석할 때는 당시의 상황을 우선으로 살펴보아야 하고, 또 구속사적인 의미로 해석해야 한다. 여기에 가장 중요한 역사적 해석도 있어야 한다. 하나님은 역사를 통해 인류사를 이끄셨다. 때가 되어 특별 섭리를 통해 역사 안에서 사역(geschite)을 단행하셨다.

5. 하늘에 있는 증거 장막이 열리고, 이 땅에 불로 심판하겠다는 하나님의 언약이 성취되었다. 마지막 일곱 대접의 재앙은 불로 심판하실 것임을 분명히 보여 준다. 이 일은 틀림없이 이루어질 것이다. 극렬한 심판 가운데서도 하나님은 어린 양 예수의 피로 구원받을 자를 살펴보신다. 승천하신 그리스도께서 재림하실 때는 철장을 가지고 계실 것이다. 꿈틀거리고 있던 모든 사탄의 왕 곧 적그리스도가 출현했을지라도 그리스도의 크신 권능으로 저들을 무찌르실 것이다. 저들을 두려워하지 않는 것이 성도의 바른 자세다. 장차 추수 때 그리스도께서 심판주로 오실 것이다. 주님은 이긴 자들, 벗어난 자들과 함께하실 것이다. 아멘, 주 예수여, 오시옵소서.

16) 요한계시록 16장 1-21절
주제 : 일곱 대접 재앙

16:1 또 내가 들으니 성전에서 큰 음성이 나서 일곱 천사에게 말하되 너희는 가서 하나님의 진노(θυμοῦ, wrath)의 일곱 대접을 땅에 쏟으라 하더라

16:2 첫째 천사가 가서 그 대접을 땅에 쏟으매 짐승(θηρίου, beast)

의 표를 받은 사람들과 그 우상에게 경배하는 자들에게 악하고 독한 종기가 나더라

16:3 둘째 천사가 그 대접을 바다에 쏟으매 바다가 곧 죽은 자의 피같이 되니 바다 가운데 모든($\pi\hat{\alpha}\sigma\alpha$, every) 생물이 죽더라

16:4 셋째 천사가 그 대접을 강($\pi\text{ο}\tau\alpha\mu\text{ο}\grave{\upsilon}\varsigma$, rivers)과 물 근원($\pi\eta\gamma\grave{\alpha}\varsigma$, springs)에 쏟으매 피가 되더라

16:5 내가 들으니 물을 차지한 천사가 이르되 전에도 계셨고 지금도 계신 거룩하신 이여 이렇게 심판하시니($\check{\epsilon}\kappa\rho\iota\nu\alpha\varsigma$, you have judged) 의로우시도다($\Delta\acute{\iota}\kappa\alpha\iota\text{ο}\varsigma$, Righteous)

16:6 그들이 성도들과 선지자들의 피를 흘렸으므로 그들에게 피를 마시게 하신 것이 합당하니이다 하더라

16:7 또 내가 들으니 제단이 말하기를 그러하다 주 하나님 곧 전능하신 이시여 심판하시는 것이 참되시고 의로우시도다 하더라

16:8 넷째 천사가 그 대접을 해에 쏟으매 해가 권세를 받아 불로 사람들을 태우니

16:9 사람들이 크게 태움에 태워진지라($\check{\epsilon}\kappa\alpha\upsilon\mu\alpha\tau\acute{\iota}\sigma\theta\eta\sigma\alpha\nu$, were scorched) 이 재앙들을 행하는 권세를 가지신 하나님의 이름을 비방하며($\check{\epsilon}\beta\lambda\alpha\sigma\phi\acute{\eta}\mu\eta\sigma\alpha\nu$, they cursed) 또 회개하지 아니하고 주께 영광을 돌리지 아니하더라

16:10 또 다섯째 천사가 그 대접을 짐승의 왕좌에 쏟으니 그 나라가 곧 어두워지며 사람들이 아파서 자기 혀를 깨물고

16:11 아픈 것과 종기로 말미암아 하늘의 하나님을 비방하고 그들의 행위를 회개하지 아니하더라($\text{ο}\grave{\upsilon}$ $\mu\epsilon\tau\epsilon\nu\acute{\text{ο}}\eta\sigma\alpha\nu$ they did not repent)

16:12 또 여섯째 천사가 그 대접을 큰 강 유브라데에 쏟으매 강물

이 말라서 동방에서 오는 왕들의 길이 예비되었더라

16:13 또 내가 보매 개구리 같은 세 더러운 영(πνεύματα τρία ἀκά θαρτα unclean three spirits)이 용의 입과 짐승의 입과 거짓 선지자의 입에서 나오니

16:14 그들은 귀신의 영이라 이적을 행하여 온 천하 왕들에게 가서 하나님 곧 전능하신 이의 큰 날(ἡμέρας τῆς μεγάλης, the great day)에 있을 전쟁(πόλεμον)을 위하여 그들을 모으더라

16:15 보라 내가 도둑같이(ὡς κλέπτης, like a thief) 오리니 누구든지 깨어 자기 옷을 지켜 벌거벗고 다니지 아니하며 자기의 부끄러움을 보이지 아니하는 자는 복이 있도다

16:16 세 영이 히브리어로 아마겟돈(Ἀρμαγεδών)이라 하는 곳으로 왕들을 모으더라

16:17 일곱째 천사가 그 대접을 공중에 쏟으매 큰 음성이 성전에서 보좌로부터 나서 이르되 되었다(Γέγονεν, It is done) 하시니

16:18 번개와 음성들과 우렛소리가 있고 또 큰 지진이 있어 얼마나 큰지 사람이 땅에 있어 온 이래로 이같이 큰 지진이 없었더라

16:19 큰 성이 세 갈래로 갈라지고 만국의 성들도 무너지니 큰 성 바벨론이 하나님 앞에 기억하신 바 되어 그의 맹렬한 진노의 포도주 잔을 받으매

16:20 각 섬도 없어지고 산악도 간 데 없더라

16:21 또 무게가 한 달란트나 되는 큰 우박이 하늘로부터 사람들에게 내리매 사람들이 그 우박의 재앙 때문에 하나님을 비방하니 그 재앙이(σφόδρα, exceedingly) 큼이러라(μεγάλη ἐστὶν, is severe)

[서언]

본 장은 일곱 대접 재앙의 내용이다. 이 재앙은 앞선 일곱 나팔 재앙과 비슷하다. 또 이스라엘이 출애굽 때 애굽에 내린 재앙과 비슷하다. 다른 점은 일곱 나팔 재앙은 부분 재앙인 데 비하여, 일곱 대접 재앙은 그 영향이 전체적이다. 여섯째 대접 재앙 때는 악한 마귀의 상징인 세 영이 아마겟돈으로 온 천하 왕들을 불러 하나님의 큰 전쟁에 대적한다.[21] 일곱 대접은 그 재앙의 정도가 매우 심할 것이다.

[내용 요약 및 신학적 고찰]

1. 1-3절 : 첫째와 둘째 대접 재앙

요한이 또 들으니 성전에서 큰 음성이 났다(신 5:22; 계 1:10, 5:12). 이에 일곱 천사가 말하기를 "너희는 가서 하나님의 진노의 일곱 대접을 땅에 쏟으라"라고 했다. 그러자 일곱 천사 중 첫째 천사가 그 대접을 땅에 쏟았다. 곧 짐승의 표를 받은 사람과 그 우상에게 경배한 자들에게 악하고 독한 종기가 났다(계 14:11; 출 9:9-11). 출애굽 당시 애굽 땅에 내린 여섯째 재앙 곧 악한 종기 재앙과 같은 것이다.

둘째 천사가 대접을 바다에 쏟았더니 바다가 죽은 자의 피같이 되고 바다 가운데 모든 생물이 죽었다. 이 재앙 역시 출애굽 직전 애굽 사람들에게 내렸던 첫째 재앙과 같다(출 7:17-21; 시 78:44). 앞서 둘째 나팔 재앙 때는 바다 생물 가운데 삼 분의 일이 죽었다. 그러나 대접

---

21) 이한수,《요한계시록》, p.298. 이한수 교수는 "이 아마겟돈 전쟁은 세상 나라들 간의 전쟁이 아닌 사탄의 진영과 하나님 백성의 진영 사이에 벌어지는 일이다"라고 했다.

재앙은 바다의 일부분에 국한되지 않고 '모든 생물'이 죽었다.

2. 4-9절 : 셋째와 넷째 대접 재앙

셋째 천사가 대접을 강과 물 근원에 쏟았더니 피가 되었다. 이것은 앞의 3절과 평행구를 이룬다. 강과 생명의 근간인 물 근원까지 그렇게 되었다는 것이다. 모든 것이 피로 변하고 썩은 악취가 나는 죽음을 묘사한다.

그때 요한이 '물을 차지한 천사'가 말하는 것을 들었다. 물은 생명의 젖줄이다. 하나님이 만드신 물을 차지한 천사라는 말은, 천사가 하나님의 능력을 위임받아 통치한다는 뜻이다(래드). 그 천사가 말하기를 "전에도 계셨고 지금도 계신 거룩하신 이여 이렇게 심판하시니 의로우시도다"라고 했다(계 1:4). 거룩하신 하나님은 죄가 없으신 분으로 인류와 구분된다(모리스). 계속해서 천사는 그들이 성도들과 선지자들의 피를 흘렸으므로 그들에게 피를 마시게 하신 것이 합당하다고 말했다. 짐승의 표를 받은 사람들은 그렇게 하지 않은 자들에게 피를 많이 흘리게 했다. 이에 그들이 행한 대로 동해보복법의 형태로 심판하실 것임을 알 수 있다. '마시게 하신다'는 표현은 완료형으로 쓰였다. 그들이 성도들에게 했던 대로 갚아 주실 것인데, 그것은 한시적인 심판이 아니라는 것이다. 곧 그들은 영원한 심판을 받을 것이다. 래드는 이러한 하나님의 심판은 정당성과 타당성을 지녔다고 말한다. 하나님은 공의로우신 분이기 때문이다.

넷째 천사가 그 대접을 해에 쏟았더니 해가 권세를 받아 불로 사람들을 태웠다. 앞서 8장 12절에서는 이와 반대로 해가 타격을 받아 하늘의 삼 분의 일이 어두워졌다. 또 낮 삼 분의 일도 빛을 잃었다. 반면 넷째 대접 재앙은 해가 뜨거워져 사람들을 불로 태운다는 것이다. 이 불 심판에 대해서는 베드로도 이미 예언한 바 있다. 하늘과 땅은 그 동일한 말씀으로 불사르기 위하여 보호하신 바 되어 경건하지 않은 사람들의 심판과 멸망의 날까지 보존하여 두신 것이다 (벧후 3:7). 아모스도 여호와의 진노가 불로 징벌하시니 불이 큰 바다를 삼키고 육지까지 먹으려고 한다고 말했다(암 7:4). 불 심판은 그 위력이 장대하여 비교할 수 없는 큰 재앙이 될 것이다.

이 불에 사람들이 크게 태워졌다. 그런데도 사람들은 이 재앙들을 행하는 권세를 가지신 하나님의 이름을 비방하고, 회개하지 않으며, 주께 영광을 돌리지 않았다. 왜 그런 것일까? 이는 악이 본질상 참람하다는 것을 말해 준다. 다함이 없는 거짓과 욕심으로 점철된 악의 모습을 그대로 표출하는 것이다. 이스라엘이 애굽에서 나올 때 바로가 이와 같았다. 이스라엘 백성이 하나님을 떠나 그모스와 밀곰을 섬겼을 때도 그러했다(왕상 11:33). 이방의 우상 숭배자들뿐 아니라 유대인까지도 그와 같았으니, 죄란 그 본질부터가 악한 것이다. 이미 뒤틀린 것들에서 돌아서지 못하는 것은 어쩌면 무저갱에 영원히 갇힐 천사와 같은 선상에 있는 것이다(눅 8:31; 계 9:11). 죄의 본질을 가지고 있는 자들은 오히려 계속 하나님을 대적할 것이다 (사 52:5; 롬 1:18). 그들은 이런 고통과 죽임을 당할지라도 전혀 회개하지 않는 자들이다(계 9:20-21).

3. 10-11절 : 다섯째 대접 재앙

다섯째 천사가 그 대접을 짐승의 왕좌에 쏟았다. 그러자 그 나라가 곧 어두워지고, 사람들이 아파서 자기 혀를 깨물었다. '짐승의 왕좌'는 아마도 당대의 로마 제국을 일컫는 듯하다. 더 나아가 하나님을 대적하는 모든 우상 숭배자나 배교자, 이단자를 뜻한다고도 볼 수 있다. 특히 이 사탄의 왕좌라는 표현이 버가모 교회에 보낸 편지에서도 사용되었다. 그러나 거기서는 사탄이 거주하는 무저갱이나 그들의 권세를 비유적으로 말한 것이지, 그들의 왕국이 따로 존재한다는 의미는 아니었다.

한편, 사탄이 거하는 나라가 어두워졌다는 것은 흑암이 변해 사망이 되었다는 뜻으로 이해할 수 있다. 흑암은 이스라엘의 출애굽 때 애굽에 내린 하나님의 아홉째 재앙이다(출 10:21-29). 이처럼 나라가 어두워지자 사람들이 아파서 혀를 깨물었다. 하나님의 진노의 재앙이 그들에게 떨어져 엄청난 고통이 따랐다는 것이다. 이러한 혹독한 고난을 겪으면서도 회개할 줄 모르는 자들에 대한 하나님의 노하심은 더욱 극렬할 것이다. 그들은 아픈 것과 종기로 말미암아 하늘의 하나님을 비방했다. 또 자신들의 행위를 회개치 않았다. 이들의 더 큰 죄는 죄에 대한 무감각이다. 죄의 본질을 알고 그에 대한 책임과 그 비참함을 알았다면 이와 같이 행동하지 않을 것이다. 저들의 결국은 곧 영원한 멸망이다.

4. 12-16절 : 여섯째 대접 재앙

여섯째 천사가 그 대접을 큰 강 유브라데에 쏟았다. 그러자 강물이 말라 동방에서 오는 왕들의 길이 예비되었다. 여기서 '유브라데'에 주목할 필요가 있다. 유브라데는 에덴동산의 네 강 중 하나이자(창 2:14), 하나님이 아브라함과 그 후손에게 언약으로 주신 땅의 동쪽 경계다(창 15:18). 이 강은 메소포타미아 문명에서 중요한 역할을 한 것으로 알려져 있다. 다윗과 솔로몬의 시기에는 그 통치 영역이 유브라데까지 뻗어 있었다. 본문에서 이곳은 하나님을 대적하는 자들, 천하의 왕들이 모이는 장소다. 그들에게 강물이 말라 길이 예비되었다는 것은 전쟁의 준비가 막바지에 이르렀다는 뜻이다.

여섯째 대접 재앙은 여섯째 나팔 재앙과 유사점이 있다. 여섯째 나팔이 울렸을 때 유브라데에서 네 천사가 인간의 삼 분의 일을 죽였다(계 9:13-19). 여섯째 대접 재앙에서 요한은 개구리 같은 세 더러운 영이 용의 입과 짐승의 입과 거짓 선지자의 입에서 나오는 것을 보았다. 개구리는 출애굽 때 애굽에 임한 두 번째 재앙이다. 하나님이 이때 재앙의 도구로 사용하셨는데, 그것을 비유로 하여 더러운 영을 표현했다. 개구리는 유대인들에게 불결한 동물이다(출 8:2-6). 그 개구리 같은 더러운 영이 용, 짐승, 거짓 선지자의 입에서 나오는 모습을 본 것이다.

요한은 이 세 부류를 '귀신의 영'으로 표현했다. 그들이 이적을 행하여 온 천하 왕들에게 가서 하나님이 주도하신 큰 날에 있을 전쟁을 위하여 그들을 모았다. 실제로 이들은 유브라데 지역의 네 왕으로 볼 수 있다. 그러나 반드시 그들이 아니더라도, 분명한 것은 그 왕들은 하나님을 대적한 자들이다. 성도를 핍박하고 죽이며 미혹한 자들임은 분명하다. 세 영(용, 짐승, 거짓 선지자)이 아마겟돈이라는 곳으로 왕들을 모았다. 주님의 '큰 날'에 대해서는 모리스나 래드 모두 마지막 날이라고 말한다. 요엘은 여호와 날은 크고 무서운 날이 될 것이라고 했다(욜 1:15, 2:11, 3:14). 이 아마겟돈 전쟁의 폐해는 엄청날 것이다. 아마겟돈이 '므깃도'일 것이라는 견해가 있다. 므깃도는 군대를 소집한다는 뜻으로, 이곳이 전능하신 하나님이 지정하신 큰 날에 전쟁이 일어날 것을 대비해 군대를 모으는 곳이 될 것이라고 설명한다.

〈아마겟돈〉

아마겟돈이 므깃도를 의미할 수는 있으나, 사실 므깃도에 산은 존재하지 않는다. 므깃도 근처는 산간 지역이지만 약 70피트의 낮은 산으로 되어 있다. 이곳은 산이라고 부르기에 적합하지 않다. 벡위드는 에스겔 38장 8-21절과 39장 2, 4, 17절의 하나님의 적들이 파멸되는 장소로 므깃도란 이름을 첨가해서 설명했다(벡위드, 〈NICNT〉, p.685). 혹자는 이것이 마귀의 군대가 신들의 거룩한 산을 공격한다는 어떤 고대 신화를 가리킨다고 해석한다. 또 아마겟돈을 예루살렘으로 해석하기도 한다. 그러나 정확한 장소는 알 길이 없다. 분명한 것은, 마지막 재앙의 전쟁에서는 엄청난 살육과 기괴한 재앙이 일어날 것이라는 사실이다. 그것은 하나님의 진노의 날이기 때문이다.

이어 요한은 "내가 도둑같이 오리니 누구든지 깨어 자기 옷을 지켜 벌거벗고 다니지 아니하며 자기의 부끄러움을 보이지 아니하는 자는 복이 있도다"라고 말하는 것을 들었다. 이것은 예수께서 직접 말씀하신 내용과 같다(마 24:42-44). 이는 주님이 실제로 도둑처럼 오신다는 것이 아니다. 그리스도께서 믿는 자들에게는 빛의 광채로, 믿지 않는 자들에게는 심판의 시기를 알리지 않고 오신다는 말이다. 16절의 세 영이 히브리어로 아마겟돈이라 하는 곳으로 왕들을 모은다는 말은 앞의 13-14절을 반복한 것이다.

5. 17-21절 : 일곱째 대접 재앙

일곱째 천사가 대접을 공중에 쏟자, 성전에서 '되었다'라는 큰 음성이 났다. 이어 번개와 음성들과 우렛소리가 있고, 또 큰 지진이 있었다. 얼마나 큰 지진인지 사람이 땅에 있어 온 이래로 이처럼 큰 지진이 없었다. 모리스는 공중에 대접을 쏟는 이유에 대해, 용과 짐승의 권세가 공중에 있었기 때문이라고 설명했다. 공중에서 난 큰 음성이 땅의 지진으로 이어졌다. 이 같은 천재지변은 이미 살펴보았던 나팔 재앙에서도 있었다(계 11:19). 혹자는 이런 동일한 사실을 들어 동일한 사건이라고 주장한다. 그러나 문맥을 정확히 보면 그렇지 않다는 것을 알 수 있다. 시간의 점진적 흐름도, 사건의 내용도 같지 않다. 하나님의 최후 심판이 있기 전 더 심화된 진노의 내용이 이를 증명한다. 앞서 있었던 우렛소리와 번개 등은 하나님의 권능과 위엄을 드러내는 것이었다(계 8:5, 11:19).

"큰 성이 세 갈래로 갈라지고"라는 구절에 대해서는 해석자들의 의견이 다양하다. 바로 이어 바벨론이 언급되기 때문에 바벨론 성으로 보기도 하고, 비유적인 의미에서 때로는 로마 제국의 성을 의미한다고 보기도 한다. 이 큰 성이 세 갈래로 갈라지고 만국의 성도 무너지자, 큰 성 바벨론이 하나님 앞에서 맹렬한 진노의 포도주 잔을 받았다. 폭넓은 의미로 바벨론은 우상과 악과 하나님의 대적을 상징한다. 이 맹렬한 진노로 말미암아 각 섬과 산악도 온데간데없어졌다. 이 모습은 지상의 파멸된 상태를 그대로 표현한 것이다.

이어 무게가 한 달란트나 되는 큰 우박이 하늘에서 사람들에게 내렸다. 우박도 출애굽 때 애굽에 내린 재앙이다(출 9:23-24). 한 달란트(금의 단위)의 무게는 대략 24~34킬로그램이다. 이 엄청나고 무시무시한 재앙은 사람들을 더욱 힘겹게 했다. 그럼에도 그들은 회개하기는커녕 하나님을 더욱 비방했다. 이 때문에 하나님은 진노의 무게를 더하셨다.

[신학적 제언]

1. 창세기와 요한계시록의 연관성 – 여섯째 대접 재앙

천사장 루시퍼가 타락하여 사탄이 되었다(사 14:12). 사탄은 상징적으로 용이나 짐승으로 표현된다. 그 사탄이 뱀에게 들어갔다. 하나님이 만드신 들짐승 중 뱀이 가장 간교했다. 그 뱀이 하나님을 대적했다. 그 뱀이 스스로 타락했다기보다는 뱀에게 타락한 천사가 개입했다고 할 수 있다(요 8:44; 고후 11:3). 창세기에서 뱀이 여자에게 "하나님이 참으로 너희에게 동산 '모든' 나무의 열매를 먹지 말라 하시더냐"라고 말하며 하나님의 말씀을 자기 식으로 바꾸었다. 그리고 여자에게 하나님께서 금하신 그것을 먹으면 눈이 밝아질 것이라고 했다. 여자는 뱀의 유혹에 넘어갔고, 아담 역시 그 일에 가담함으로 언약을 파기했다. 그들이 할 수 있는 일은 변명을 늘어놓는 것뿐이었다(창 3:9-13).

타락한 천사는 본 장에서 용과 짐승, 거짓 선지자로 묘사되었다. 그들은 하나님과 대적하기 위한 싸움에 발동을 걸었다. 용은 앞서 살펴본 것처럼 적그리스도다(계 12:3). 짐승은 그를 추앙하는 종교나 정치의 우두머리들이다(계 13:1-10). 이들은 곧 거짓 선생이다. 거짓 선지자는 바다의 짐승을 말한다(계 13:1, 11).

하나님을 대적하여 인간을 유혹한 뱀이 마지막에는 하나님과의 큰 전쟁에서 또다시 대적한다. 그의 결국은 멸망일 것이다(창 3:15; 계 19:20).

2. 도둑같이 오시리라

예수께서는 지상 사역 시 궁극적으로 '하나님 나라의 일'을 선포하셨다. 그분이 사용하신 용어나 비유는 인간의 지식으로 다 해석되지 않는다. 만일 그렇지 않으면 어리석은 인간의 풀이에서 그칠 수 있다. 예수님은 어둠을 이기신 분이다. 그러므로 우리가 깨어 있을 때 빛으로 오시는 분으로 이해할 수 있다(계 3:3 "회개하라 만일 일깨지 아니하면 내가 도둑같이 이르리니 어느 때에 네게 이를는지 네가 알지 못하리라"). 밝음과 어둠의 실체를 역학적 구도로 이해하는 것이 옳다. 주님은 구름을 타고 오실 것이다(살전 4:17). 주의 날이 밤에 도둑같이 이른다고 하신 말씀은 비유다(살전 5:2). 실제로 밤에 오신다는 것이 아니다. 예수님이 말씀하신 '도적같이'는 인간 내면의 실태를 아시고 그들의 언어로 설명하신 것이다. 문자 그대로 이해하면 예수님을 밤에 도둑처럼 몰래 오시는 분으로 오해하게 된다. 즉, 이 말씀은 빛이신 예수님이 '깨어 있어' 빛을 볼 수 있는 자들에게 낮에 오신다고 해석하는 것이 적절하다. 이러한 해석에 근거가 되는 것은 구름을 타고 오신다는 말씀이다. 밤에는 구름이 보일 리가 없다. 그러므로 성도는 늘 깨어 주님 오심을 준비해야 한다. "너희는 어둠에 있지 아니하매 그날이 도둑같이 너희에게 임하지 못하리니"(살전 5:4).

[교훈]

1. 일곱 재앙의 끔찍함을 알아야 한다.

요한계시록은 마지막 때(적그리스도의 출현과 성도들을 향한 환난과 핍박이 동시다발적으로 일어남) 깨어 있어야 할 당위성에 대해 기록하고 있다. 그리고 마지막 일곱 대접 재앙에 대해 경고하고 있다. 첫째 대접 재앙에서는 악한 종기가 났다(무서운 질병). 둘째 대접 재앙에서는 바다가 피같이 되었다(바다의 모든 생물이 죽음). 셋째 대접 재앙에서는 강과 물의 근원이 피가 되었다(생물체가 마실 수 없게 됨). 넷째 대접 재앙에서는 해가 사람을 태웠다(불신자가 받는 벌). 다섯째 대접 재앙에서는 짐승의 보좌가 어두워졌다(어둠은 형벌이자 지옥을 의미). 여섯째 대접 재앙에서는 하늘의 군대와 세상의 군대가 싸울 준비를 했다(세계 대전을 의미). 일곱째 대접 재앙에서는 우박 재앙이 임했다(성이 무너지고 섬과 산도 없어짐). 이토록 무서운 재앙에도 악한 사람들은 회개할 줄 모르고 오히려 하나님을 비방한다. 그들의 결국은 멸망밖에 없다.

2. 세상 끝 날에 아마겟돈 전쟁이 있을 것이다.

아마겟돈은 '므깃도'의 구릉지로 알려진다. 악의 세력이 최종적으로 패배할 것이 예고된 장소다(삿 5:19; 왕하 23:29; 슥 12:11). 스가랴 선지자는 마지막 날에 예루살렘에 큰 애통이 있을 것인데, 므깃도 골짜기에서 있던 애통과 같을 것이라고 했다. 스가랴 12장은 마지막 때 그리스도의 재림에 관한 것이라기보다는 구약의 종결과 신약(그리스도의 시대)의 시작을 알리는 경고다. 이 아마겟돈 전쟁은 영적인 싸움이라고도 볼 수 있다. 하지만 역사적으로 일어날 실제적 싸움이라고 보는 것에 더 큰 의미가 있다. 마지막 때 하나님의 심판과 그리스도의 재림이 있을 것이다. 그리고 7년 대환난과 함께 적그리스도가 믿는 자들을 핍박하고 고통을 줄 것이나 하나님은 불신자들과 하나님의 구원 역사를 막는 자들에게서 그들을 구해 내실 것이다. 적그리스도와 그의 부하인 사탄의 세력에서 건지실 것이다. 그리스도와 함께하는 성도는 대적에게서 반드시 이길 것이다.

17) 요한계시록 17장 1-18절
주제 : 음녀 바벨론의 멸망

17:1 또 일곱 대접을 가진 일곱 천사 중 하나가 와서 내게 말하여 이르되 이리로 오라 많은(πολλῶν) 물(ὑδάτων) 위에 앉은 큰 음녀 (πόρνης, prostitute)가 받을 심판을 네게 보이리라

17:2 땅의 임금들도 그와 더불어 음행하였고(ἐπόρνευσαν, have committed sexual immorality) 땅에 사는 자들도 그 음행의 포도주에 취하였다 하고

17:3 곧 성령으로 나를 데리고 광야로 가니라 내가 보니 여자가 붉은빛 짐승을 탔는데 그 짐승의 몸에 하나님을 모독하는(βλασφημίας, of blasphemy) 이름들이 가득하고 일곱 머리와 열 뿔이 있으며

17:4 그 여자는 자주빛과 붉은빛 옷을 입고 금과 보석과 진주로 꾸미고 손에 금잔을 가졌는데 가증한 물건과 그의 음행의 더러운 (ἀκάθαρτα, impurity) 것들이 가득하더라

17:5 그의 이마에 이름이 기록되었으니 비밀이라, 큰 바벨론이라,

땅의 음녀들과 가증한 것들의 어미라 하였더라

17:6 또 내가 보매 이 여자가 성도들의 피와 예수의 증인들의 피에 취한지라 내가 그 여자를 보고 놀랍게 여기고 크게 놀랍게 여기니

17:7 천사가 이르되 왜 놀랍게 여기느냐 내가 여자와 그가 탄 일곱 머리와 열 뿔 가진 짐승의 비밀을 네게 이르리라

17:8 네가 본 짐승은 전에 있었다가 지금은 없으나 장차 무저갱으로부터 올라와 멸망으로 들어갈 자니 땅에 사는 자들로서 창세 이후로 그 이름이 생명책에 기록되지 못한 자들이 이전에 있었다가 지금은 없으나 장차 나올 짐승을 보고 놀랍게 여기리라

17:9 지혜 있는 뜻이 여기 있으니 그 일곱 머리는 여자가 앉은 일곱 산이요

17:10 또 일곱 왕이라 다섯은 망하였고 하나는 있고 다른 하나는 아직 이르지 아니하였으나 이르면 반드시 잠시 동안 머무르리라(μ εἶναι, to remain)

17:11 전에 있었다가 지금 없어진 짐승은 여덟째 왕이니 일곱 중에 속한 자라 그가 멸망으로 들어가리라

17:12 네가 보던 열 뿔은 열 왕이니 아직 나라를 얻지 못하였으나 다만 짐승과 더불어 임금처럼 한동안 권세를 받으리라

17:13 그들이 한뜻을 가지고 자기의 능력과 권세를 짐승에게 주더라

17:14 그들이 어린 양과 더불어 싸우려니와 어린 양은 만주의 주시요 만왕의 왕이시므로 그들을 이기실 터이요(νικήσει, will overcome) 또 그와 함께 있는 자들 곧 부르심을 받고 택하심을 받은(ἐκλεκτοί, chosen) 진실한(πιστοί, faithful) 자들도 이기리로다

17:15 또 천사가 내게 말하되 네가 본바 음녀가 앉아 있는 물은 백

성과 무리와 열국과 방언들이니라

17:16 네가 본바 이 열 뿔과 짐승은 음녀를 미워하여 망하게 하고 벌거벗게 하고 그의 살을 먹고 불로 아주 사르리라

17:17 이는 하나님이 자기 뜻대로 할 마음을 그들에게 주사 한뜻을 이루게 하시고 그들의 나라를 그 짐승에게 주게 하시되 하나님의 말씀이 응하기까지(τελεσθήσονται, will be fulfilled) 하심이라

17:18 또 네가 본 그 여자는 땅의 왕들을 다스리는 큰 성이라 하더라

[배경]

일곱째 대접 재앙과 그리스도의 재림 사이에 막간으로 음녀인 바벨론이 언급되고 있다.[22] 이는 크게 세 부분으로 나뉜다. 곧 붉은 짐승을 탄 음녀(1-6절)와 일곱 머리와 열 뿔을 가진 짐승의 정체(7-14절), 큰 음녀의 정체와 멸망(15-18절)이다.

[내용 요약 및 신학적 고찰]

1. 1-6절 : 붉은 짐승을 탄 음녀

1) 1-2절 : '일곱 대접을 가진 일곱 천사 중 하나'가 요한을 불러 많은 물 위에 앉은 큰 음녀가 받을 심판을 보여 주겠다고 말한다. 이 천사는 이후 요한계시록 21장 9절에서 '신부 곧 어린 양의 아내'를 보여 준다. 어린 양은 그리스도 예수, 신부는 성도를 말한다. 본문의 음녀는 우상을 섬기던 이스라엘의 '음행'과 '음란함'을 통칭해서 말하는 것으로 보인다(렘

---

22) 이한수, 《요한계시록》, p.322.

13:17). 로마나 바벨론으로 해석할 수도 있다. 래드나 모리스
는 음녀가 초역사적인 권력자를 뜻한다고 본다.

'물 위에 앉은 음녀'는 지리적으로 바벨론으로 해석하는 것
이 무방하다. 이 바벨론을 음녀로 통칭해 사용한 것으로 보
인다. '물'을 세상으로 보았을 때 하나님을 대적했던 바벨론
으로 볼 수 있다(계 17:15; 사 47:1-2). 땅의 임금들도 그와 더불
어 음행했다. 땅에 사는 자들도 그 음행의 포도주에 취했다
는 것은, 땅의 '힘 있는 자들'이 사람들에게 하나님을 대적
하는 자기들의 행동 양식을 답습하게 했다는 말이다.

2) 3절 : 이제 요한이 성령에 이끌려 광야로 갔다(계 1:10, 4:2,
21:10). 요한이 보니 여자가 붉은빛 짐승을 탔다. 그 짐승의
몸에는 하나님을 모독하는 이름이 가득했다. '붉은빛 짐승'
은 앞서 13장 1절의 짐승을 말한다. 용에게 사탄의 일을 물
려받은 거짓 선지자들이다. 이들은 바벨론이라 칭하는 로마
를 뜻한다고 할 수 있다. 마지막 때에는 통치자들을 의미한
다. 앞서 13장에서는 짐승의 머리에 신성모독하는 이름들이
있었다. 그런데 여기서는 몸 전체에 하나님을 모독하는 이
름이 있었다. 이 말은 일부 지역이 아니라 온 세상을 다스리
는, 하나님을 대적하는 통치자를 의미한다(래드). 로마의 황
제들이 실제로 자신에게 데이오스(theios, 신), 소테르(soter, 구
세주), 키리오스(kyrios, 주) 같은 칭호를 사용했다. 그들이 사
용한 말들은 참람하다. 이로써 자신들을 신격화한 것이다
(NICNT). 이들은 하나님의 이름을 훼방할 뿐 아니라 자신들
의 이름을 높이는 자들이다.

"일곱 머리와 열 뿔이 있으며." 이것은 요한계시록 13장 1절의 "내가 보니 바다에서 한 짐승이 나오는데 뿔이 열이요 머리가 일곱이라 그 뿔에는 열 왕관이 있고 그 머리들에는 신성모독하는 이름들이 있더라"라는 구절의 내용과 같다. 이 짐승은 곧 적그리스도에게서 권세를 부여받은 통치자들과 거짓 선지자를 통틀어 말한다.

3) 4절 : "그 여자는 자주빛과 붉은빛 옷을 입고." 다니엘 5장 7절에 "자주색 옷을 입히고 금사슬을 그의 목에 걸어 주리니 그를 나라의 셋째 통치자로 삼으리라"라는 표현이 있다. 나훔 2장 3절에서는 "그의 용사들의 방패는 붉고 그의 무사들의 옷도 붉으며 그 항오를 벌이는 날에 병거의 쇠가 번쩍이고"라고 말한다. 즉, 자줏빛과 붉은빛 옷은 통치와 위엄과 권세를 나타내는 말임을 알 수 있다. '금과 보석과 진주로 꾸미고 손에 금잔을 가졌는데 가증한 물건과 그의 음행의 더러운 것들이 가득했다'는 것은 음녀의 화려하고 사치스러운 겉모습을 묘사한다. 그 안에는 음행의 더러운 것들이 가득 차 있었다. 더러운 것들은 우상 숭배할 때 사용한 제의적 물건과 귀신 들린 자들을 지칭한다(말 1:7; 마 12:43; 막 9:25; 엡 5:5). 즉, 우상과 사탄을 숭배하는 일을 하는 자들로 볼 수 있다.

4) 5-6절 : '그의 이마에 이름이 기록되었다'는 것은 앞서 13장 16절에서 짐승의 표를 받는 것과 유사하다. 그 이름으로 하나님의 대적자, 우상 숭배자의 대표로 지칭되는 바벨론이 땅의 음녀들과 가증한 것들의 어미임이 입증된다. 요한이 보니 이 여자가 성도들의 피와 예수의 증인들의 피에 취했다. 이

는 성도들의 순교를 말한다. 이들은 핍박과 환난 중에도 오직 예수만 의지했던 자들이다. 요한은 그 여자를 보고 매우 놀랍게 여겼다. 학자들은 이에 대해 "요한이 보고 놀란 것은, 1절의 말씀처럼 음녀가 심판을 받을 줄 알았는데, 도리어 성도를 핍박하고 죽였기 때문이다"라고 말한다.

2. 7-14절 : 일곱 머리와 열 뿔 가진 짐승의 정체

1) 7-8절 : 천사가 요한에게 왜 놀라느냐고 물었다. 그러면서 '여자와 그가 탄 일곱 머리와 열 뿔 가진 짐승의 비밀'을 가르쳐 주겠다고 말한다. 곧 요한이 본 짐승은 전에 있었다가 지금은 없으나 장차 무저갱에서 올라와 멸망으로 들어갈 자라는 것이다. 이는 일곱 머리와 열 뿔 가진 짐승을 탄 음녀가 짐승에게서 권세를 위임받은 것을 말한다. 또 이것은 어린양의 능력을 흉내 낸 것이다. 비슷한 점이 많으나, 결국 이 짐승은 앞서 13장 5-6절에서 용에게 받은 권세를 잠깐만 행사할 뿐이다. 이 짐승에게 유혹당한 자들은 생명책에 기록되지 못한다(계 17:8, 20:7-15).

2) 9-11절 : 일곱 머리의 의미

천사가 이제 지혜롭게 이해하는 것이 필요하다며 '일곱 머리'는 '여자가 앉은 일곱 산'이라고 설명한다. 이에 대해 혹자는 로마에 있는 일곱 산으로 이해하거나 또는 영적으로만 해석한다. 역사적 해석과 영적인 지혜를 더한다면, 이 구절은 일곱 제국과 그 통치자들을 가리킨다고 볼 수 있다. 다음 10절이 이를 뒷받침한다. 일곱 왕 중 망한 다섯은 바벨론, 앗수르, 애굽, 바사 왕과 안티오코스 4세를 말한다. 지금 있는 하나는 로마로 해석할 수 있다. 아직 이르지 않은 다른 하나는 적그리스도를 의미한다. 다른 해석도 있을 수 있고 그것들을 무시할 수는 없지만, 역사적 정황과 문맥상으로 볼 때 이 해석이 타당한 듯하다. 이 적그리스도는 잠깐 하나님에게서 통치하는 권세를 받은 것이다. '전에 있었다가 지금 없어진 짐승'은 여덟째 왕으로 일곱 중에 속한다고 했으므로, 짐승 곧 거짓 선지자라고 볼 수 있다. 이들은 하나님을 모방하여 하나님과 비슷하게 보이지만 이들의 결국은 멸망이다. 이들은 아직도 살아 있어 지속적으로 성도들을 괴롭힐 것이다.

3) 12-14절 : 열 왕의 의미와 어린 양과의 대적

"열 뿔은 열 왕이니." 이에 대해서는 여러 해석이 있다. 혹자는 로마의 열 명의 왕이라고 본다. 다른 이는 네로의 회생을 뜻한다고 주장하기도 한다. 그러나 더 좋은 해석은, 열을 상징적으로 해석해 하나님을 대적해 싸우는 자들로 이해하는 것이다. 곧 세상의 통치자들이나 권세를 부리는 권력자들이라 할 수 있다. 이들은 짐승과 함께 '적그리스도의 세력을 힘입어' 성도들을 거세게 핍박할 것이다. 그리고 짐승과 함께 어린 양이신 그리스도와 싸울 것이다(단 2:47; 계 19:19-21). '어린 양'은 만왕의 왕이시요 만주의 주시므로 그들을 이기실 것이며, 이 어린 양과 함께하는 자들 곧 부르심을 받고 택하심을 받은 진실한 자들도 반드시 이길 것이다.

3. 15-18절 : 큰 음녀의 정체와 멸망

1) 15절 : 천사가 요한에게 보여 준 '음녀가 앉아 있는 물'은 백성과 무리와 열국과 방언들이다. 본 장 1절의 큰 음녀가 앉은 물도 땅의 모든 세상을 말한다. 그 음녀가 모든 사람을 악의 세력으로 통치하는 모습이다.

2) 16-17절 : 여기서는 짐승과 열 뿔이 음녀를 배반하는 사건을 그리고 있다. 열 뿔과 짐승이 음녀를 미워하여 망하게 하고, 벌거벗게 하며, 그의 살을 먹고 불로 사를 것이다. 이것이 가능한 것은 하나님이 잠시 짐승과 열 뿔에게 권력을 허용하셨기 때문이다. 이는 하나님이 욥을 시험하겠다는 사탄의 요구를 허용하신 것이나, 이스라엘이 출애굽할 당시 바로의 마음을 강퍅하게 하신 것과 유사하다. 예레미야 선지자를 통해 말씀하셨듯, 이스라엘을 벌하기 위해 바벨론을 사용하신 것도 마찬가지다(렘 25:9).

"하나님의 말씀이 응하기까지 하심이라." 이는 하나님이 이스라엘을 바벨론의 포로로 삼으셨던 것처럼, 온 세상을 심판하기 위해 짐승을 잠깐 사용하신다는 뜻이다.

3) 18절 : 요한이 본 '그 여자'는 땅의 왕들을 다스리는 큰 성이었다. 이는 음녀의 정체를 밝혀 준다. 즉, 음녀는 큰 성읍 바벨론, 로마를 말한다. 근본적으로는 하나님을 대적하는 마귀의 세력, 즉 용의 세력으로도 볼 수 있다.

[신학적 제언] 새 언약이신 그리스도의 말씀의 성취(마 24장 1-8절과 히 9장 15절, 그리고 계 17장 14절의 상관성)

1. 마태복음 24장 1-8절의 내용은 예수께서 직접 말씀하신 것이다. 마지막 때, 즉 7년 대환난에 대해 말씀하셨다. 그때는 많은 거짓 사도와 선생이 일어나 성도를 죽이고 괴롭힐 것이다. 그것을 참고 견디는 자는 반드시 구원을 얻는다. 예수를 믿는 일 때문에 많은 민족이 큰 고난을 당할 것이다. 그리고 전쟁과 기근, 재난이 일어날 것이다(눅 21:9-11). 예수께서는 이것으로 종말을 의미하셨다. 이런 일이 일어날지라도 아직 끝이 아니니 들레지 말라고 하셨다. 그리고 알곡과 가라지를 구별하여 심판에 이르게 할 때가 반드시 올 것이라고 말씀하셨다(마 13:38-43).

2. 히브리서 9장 15절에서는 "그는 새 언약의 중보자시니 이는 첫 언약 때에 범한 죄에서 속량하려고 죽으사 부르심을 입은 자로 하여금 영원한 기업의 약속을 얻게 하려 하심이라"라고 말씀한다.

3. 요한계시록 17장 14절에서는 "어린 양은 만주의 주시요 만왕의 왕이시므로 그들을 이기실 터이요 또 그와 함께 있는 자들 곧 부르심을 받고 택하심을 받은 진실한 자들도 이기리로다"라고 말씀한다(엡 6:12).

어린 양이자 새 언약의 중보자이신 그리스도의 말씀이 성취되는 것이 실제적으로 드러남을 보게 된다. 예수의 초림에서 재림까지 그리스도의 이름으로 박해를 받고 죽임을 당할지라도 새 언약이신 그리스도를 붙들고 있으면 반드시 승리할 것이다.

[교훈]

1. 적그리스도와 음녀의 최후(세계 통치자와 종교 지도자)

많은 물 위에 앉은 음녀와 땅의 임금들은 세상과 종교의 우두머리들로, 이들은 모두 포도주(음녀의 사상)에 취했다. 붉은빛의 짐승은 적그리스도를 뜻한다. 이것도 세속의 영화를 누리는 음녀를 상징한다. 이 음녀는 적그리스도를 통해 종교 통합을 이루는 자다.

역사의 주체는 하나님이시다. 이는 성경을 통해 알 수 있다. 그럼에도 한편으로 세계 역사는 강대국에 의해 현재까지 흘러왔다. 이는 고대 근동 아담의 후손, 즉 가인의 자손 라멕의 아들들에게서도 볼 수 있다. 그들은 문화와 문명을 발달시킨 사람들이자, 네피림 곧 강대한 사람들이었다(창 4:16-24, 6:4). 그러나 이 사람들은 그 세력을 지속시키지 못했다(창 7:1-24, 노아의 홍수). 마찬가지로 세상의 마지막 강대국 중 우두머리가 적그리스도로 묘사된다. 결국 음녀는 적그리스도에게 이용당하고 죽고 말 것이다(계 17:16-18).

2. 세계의 역사는 약육강식의 법칙으로 운영되어 온 듯하다. 패권주의와 권력이 세상을 장악하고, 언제든지 자기들의 이익을 위해서는 살생도 서슴없이 저지른다. 이는 질서를 파괴하는 악의 소산이다. 더 분명한 것은 이것이 무질서를 창출하는 적그리스도의 출현을 의미한다는 것이다. 요한계시록은 이 사실을 분명히 언급하고 있다. 그들은 자기들의 이익의 범주에 들지 않는 자들을 가차 없이 제거한다. 물론 종교는 그들에게 이제 쓸모없는 것으로 보인다.

그러나 반드시 무력 없이 오직 진리와 성령의 능력으로 세상을 이기신 분이 다시 오실 것이다. 그분은 예수 그리스도이다. 바벨론, 로마 등 강대국을 이기실 분이다. 하나님의 약속을 신실히 믿는 자들을 위해 분명히 구원의 여망을 이루실 것이다(갈 3:22).

3. 세계의 지도자와 종교를 이익의 방도로 삼는 종교 지도자들은

멸망할 것이다. 이는 그리스도께서 말씀하신 바다. 난리의 소문이 있고 세상이 성도를 박해할지라도 중보자이신 그리스도께서 대신하여 싸우실 것이다. 성도는 어린 양의 보혈로 구원받은 백성으로서 끝까지 믿음을 붙들어 구원을 쟁취해야 한다.

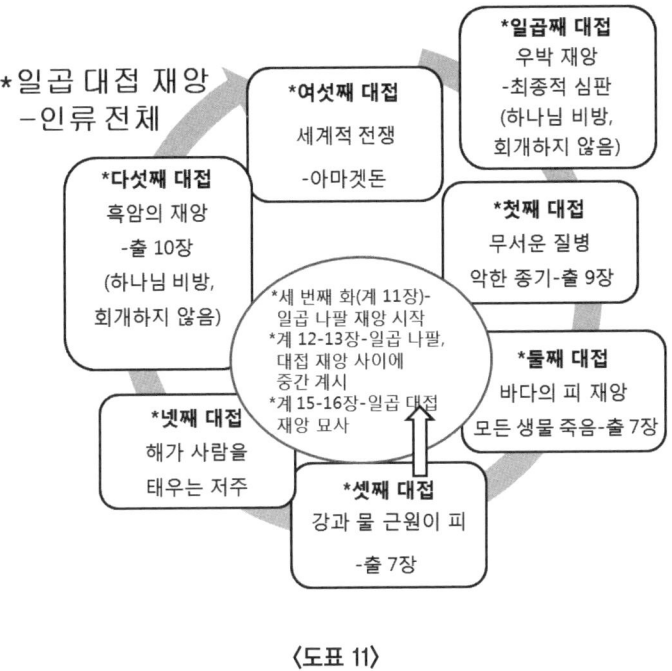

〈도표 11〉

18) 요한계시록 18장 1-24절

주제 : 바벨론의 완전한 멸망과 하나님의 언약의 성취

18:1 이 일 후에 다른 천사가 하늘에서 내려오는 것을 보니 큰 권

세를 가졌는데 그의 영광으로 땅이 환하여지더라(ἐφωτίσθη, was illuminated)

18:2 힘찬 음성으로 외쳐 이르되 무너졌도다 무너졌도다 큰 성 바벨론이여 귀신(δαιμονίων)의 처소와 각종 더러운 영이 모이는 곳과 각종 더럽고(ἀκαθάρτου, unclean) 가증한(φυλακὴ, a prison) 새들이 모이는 곳이 되었도다

18:3 그 음행의 진노의 포도주로 말미암아 만국이 무너졌으며 또 땅의 왕들이 그와 더불어 음행하였으며 땅의 상인들도 그 사치의 세력으로 치부하였도다(ἐπλούτησαν, have been enriched) 하더라

18:4 또 내가 들으니 하늘로부터 다른 음성이 나서 이르되 내 백성아, 거기서 나와 그의 죄에 참여하지 말고 그가 받을 재앙들을 받지 말라

18:5 그의 죄는 하늘에 사무쳤으며 하나님은 그의 불의한 일을 기억하신지라

18:6 그가 준 그대로 그에게 주고 그의 행위대로 갑절을 갚아 주고 그가 섞은 잔에도 갑절이나 섞어 그에게 주라

18:7 그가 얼마나 자기를 영화롭게 하였으며 사치하였든지 그만큼 고통과 애통함으로 갚아 주라 그가 마음에 말하기를 나는 여왕으로 앉은 자요 과부가 아니라 결단코 애통함을 당하지 아니하리라 하니

18:8 그러므로 하루 동안에 그 재앙들이 이르리니 곧 사망과 애통함과 흉년이라 그가 또한 불에 살라지리니(κατακαυθήσεται, she will be burned up) 그를 심판하시는 주 하나님은 강하신 자이심이라

18:9 그와 함께 음행하고 사치하던 땅의 왕들이 그가 불타는 연기

를 보고 위하여 울고 가슴을 치며

18:10 그의 고통을 무서워하여 멀리 서서 이르되 화 있도다 화 있도다 큰 성, 견고한 성 바벨론이여 한 시간에 네 심판이 이르렀다 하리로다

18:11 땅의 상인들이 그를 위하여 울고 애통하는 것은 다시 그들의 상품을 사는 자가 없음이라

18:12 그 상품은 금과 은과 보석과 진주와 세마포와 자주 옷감과 비단과 붉은 옷감이요 각종 향목과 각종 상아 그릇이요 값진 나무와 구리와 철과 대리석으로 만든 각종 그릇이요

18:13 계피와 향료와 향과 향유와 유향과 포도주와 감람유와 고운 밀가루와 밀이요 소와 양과 말과 수레와 종들(σωμάτων)과 사람의 영혼들이라(ψυχὰς ἀνθρώπων)

18:14 바벨론아 네 영혼이 탐하던 과일이 네게서 떠났으며 맛있는 것들과 빛난 것들이 다 없어졌으니 사람들이 결코 이것들을 다시 보지 못하리로다

18:15 바벨론으로 말미암아 치부한(πλουτήσαντες, having been enriched) 이 상품의 상인들이 그의 고통을 무서워하여 멀리 서서 울고 애통하여

18:16 이르되 화 있도다 화 있도다 큰 성이여 세마포 옷과 자주 옷과 붉은 옷을 입고 금과 보석과 진주로 꾸민 것인데

18:17 그러한 부가 한 시간에 망하였도다 모든 선장과 각처를 다니는 선객들과 선원들과 바다에서 일하는 자들이 멀리 서서

18:18 그가 불타는 연기를 보고 외쳐 이르되 이 큰 성과 같은 성이 어디 있느냐 하며

18:19 티끌을 자기 머리에 뿌리고 울며 애통하여 외쳐 이르되 화 있도다 화 있도다 이 큰 성이여 바다에서 배 부리는 모든 자들이 너의 보배로운 상품으로 치부하였더니 한 시간에 망하였도다

18:20 하늘(οὐρανέ)과 성도들(ἅγιοι)과 사도들(ἀπόστολοι)과 선지자들(προφῆται)아, 그로 말미암아 즐거워하라 하나님이 너희를 위하여 그에게 심판을 행하셨음이라 하더라

18:21 이에 한 힘센 천사가 큰 맷돌 같은 돌을 들어 바다에 던져 이르되 큰 성 바벨론이 이같이 비참하게 던져져 결코 다시 보이지 아니하리로다

18:22 또 거문고 타는 자와 풍류하는 자와 퉁소 부는 자와 나팔 부는 자들의 소리가 결코 다시 네 안에서 들리지 아니하고 어떠한 세공업자든지 결코 다시 네 안에서 보이지 아니하고 또 맷돌 소리가 결코 다시 네 안에서 들리지 아니하고

18:23 등불 빛이 결코 다시 네 안에서 비치지 아니하고 신랑과 신부의 음성이 결코 다시 네 안에서 들리지 아니하리로다 너의 상인들은 땅의 왕족들이라 네 복술로 말미암아 만국이 미혹되었도다 (ἐπλανήθησαν, were deceived)

18:24 선지자들과 성도들과 및 땅 위에서 죽임을 당한 모든 자의 피가 그 성중에서 발견되었느니라 하더라

[서언]

본 장은 큰 권세를 가진 천사가 하나님의 명을 받드는 모습을 보여 준다. 즉, 음녀 바벨론이 완전히 멸망했음을 선포한다. 이제 바벨론에는 흥청거림이 없을 것이다. 그들이 받은 심판은 마땅한 것이었

다. 그들은 하나님의 일을 방해하며 우상을 숭배했다. 음란한 문화를 즐기는 일에 정욕을 다 쏟았다. 하나님의 형상을 닮은 사람을 무시했다. 그리고 그리스도를 따르는 자들을 미혹했다. 주 안에서 죽은 자들이 바벨론에서 발견되었으나 그들은 어린 양이신 그리스도와 영원한 복락을 누릴 것이다.

[내용 요약 및 신학적 고찰]

1. 1-6절 : 극악에 달한 바벨론의 모습

"이 일 후"는 앞 장에서 음녀가 멸망한 후를 말한다. "다른 천사가 하늘에서 내려오는 것을 보니." 이 천사는 특별한 천사라기보다 하나님의 영광을 가지고 오는 다른 천사다. 그가 큰 권세를 가졌는데 그의 영광으로 땅이 환해졌다는 말은, 그가 하나님의 권세를 등에 업고 등장했다는 것이다. 그 빛으로 말미암아 의인이라 칭함을 받은 인간도 빛을 낼 수 있는 것이다(잠 13:9; 시 104:2). 그 천사가 힘찬 음성으로 "큰 성 바벨론이여 귀신의 처소와 각종 더러운 영이 모이는 곳과 각종 더럽고 가증한 새들이 모이는 곳이 되었도다"(계 18:2)라고 외쳤다. 바벨론이 죄악과 음행과 우상 숭배가 두드러지는 국가였다는 것을 보여 준다. 이어 '그 음행의 진노의 포도주'로 인해 모든 국가가 무너졌음을 시사한다.

천사는 계속해서 땅의 왕들이 그와 더불어 음행했으며(계 17:2), 땅의 상인들도 그 사치의 세력으로 치부했다고 고발했다. 이는 역사적 사실로 보이며, 실제 바벨론과 거래했던 상인들의 부는 극에 달했다. 그들의 삶 역시 부와 사치 때문에 죄로 점철되었다는 것을 알 수 있다.

요한은 또 하늘로부터 다른 음성을 들었다. 그 소리는 '내 백성아, 거기서 나오라'라는 말씀이었다. 이는 예레미야 50장 8절과 51장 6절에 근거해 볼 때, 바벨론에서 빠져나오라는 것이다. 그의 죄에 참여하지 말고, 그가 받을 재앙들을 받지 말라는 말씀이다. 그의 죄가 하늘에 사무쳤으며, 하나님이 그의 불의한 일을 기억하시기 때문이다. 하나님은 그가 준 그대로 그에게 주고, 그의 행위대로 갑절을 갚아 주며, 그가 섞은 잔에도 갑절이나 섞어 그에게 주라고 하셨다. 그들은 진노의 포도주잔을 마신 자들이기 때문이다(계 16:19). 여기서 '갑절'이라는 말은 바벨론이 마땅히 받을 진노의 심판을 시사한다(렘 51:24). 하나님은 바벨론의 죄악과 음행에서 자기 백성을 구별하려 하신다. 그들은 사치와 방탕과 음란과 죄악에 속해 있어 하나님의 큰 심판을 견디지 못할 것이다. 그러므로 거기서 나오라는 말씀은 주의 백성이 우상과 악의 세력에 유혹당하지 말 것을 강력히 권고하시는 말씀이다. 바벨론의 죄는 하늘에 사무쳤다(렘 51:9).

2. 7-8절 : 교만의 극치인 바벨론

큰 성 바벨론은 자기를 영화롭게 하는 행위가 극에 달했다(창 11:4; 잠 16:18). 하나님은 그들의 행위를 그대로 갚아 주실 것이다. 이런 행위는 하나님 앞에 가장 큰 죄악이다. 그는 마음으로 '나는 여왕으로 앉은 자요 과부가 아니기에 결단코 애통함을 당하지 않을 것이다'라고 생각했다(사 47:8). 바벨론의 가장 큰 죄는 하나님의 자리에 자신이 대신 앉고자 한 점이다. 이는 우상 숭배 그 이상으로 교만한 것이며, 하나님이 가장 싫어하시는 계명을 어기는 것이다(출 20:3-5). 그러므로 '하루 동안' 곧 순식간에 그 재앙들이 그에게 이를 것이다. 그것은 곧 사망과 애통함과 흉년이다. 또 그는 불에 살라질 것인데, 이는 그를 심판하시는 주 하나님이 강하신 자이시기 때문이다.

3. 9-14절 : 바벨론성과 통치자들이 즐겨하던 모든 물건이 다 불에 타 없어짐

바벨론과 함께 음행하고 사치하던 세상의 통치자들 곧 '땅의 왕들'이 바벨론이 불타는 연기를 보고 위하여 울고 가슴을 칠 것이다. 그들은 그의 고통을 무서워하여 멀리 서서 말하기를 "화 있도다 큰 성, 견고한 성 바벨론이여 한 시간에 네 심판이 이르렀다"라고 할 것이다. 이 말씀은 큰 성 바벨론에 대한 하나님의 불 심판이 심히 가공할 만하며 그 위력이 대단함을 나타낸다. 그 참람함으로 인해 땅의 상인들이 그를 위하여 울고 애통해한다. 이는 자기들의 상품을 사는 자가 없어졌기 때문이다(참조. 계 18:3). 하나님의 심판 중에도 그들은 죄를 깨달아 회개하는 것이 아니라 자기들의 이익이 없어진 것에 애통해한다.

그들의 상품은 에스겔 27장과 관련되어 있다. 이 본문은 두로의 영광과 힘이 이내 파멸로 치닫는 내용이다. 본 장에 기록된 그들의 상품은 "금과 은과 보석과 진주와 세마포와 자주 옷감과 비단과 붉은 옷감이요 각종 향목과 각종 상아 그릇이요 값진 나무와 구리와 철과 대리석으로 만든 각종 그릇"이었다. 또 "계피와 향료와 향과 향유와 유향과 포도주와 감람유와 고운 밀가루와 밀이요 소와 양과 말과 수레와 종들과 사람의 영혼들"이었다. 그들은 세상의 화려한 것과 좋은 것을 다 누렸으며, 특히 종으로 삼은 자들의 영혼까지도 자기들의 소유로 삼았다. 이는 이미 세상에서 상급을 다 받은 셈이기에 이제 멸망만 남은 것이다(마 6:1-2).

바벨론은 세상에서 가장 좋은 것과 영광스러운 것으로 극단적인 쾌락을 탐닉했다. 그러나 하나님의 심판이 임하여 한 시간에 그들은 완전히 멸망할 것이다. 14절에서 "바벨론아 네 영혼이 탐하던 과일이 네게서 떠났으며 맛있는 것들과 빛난 것들이 다 없어졌으니 사람들이 결코 이것들을 다시 보지 못하리로다"라고 말씀하셨다. 결국 바벨론은 멸망하고, 그들이 즐겼던 모든 것은 불에 타 사라지고 말 것이다.

4. 15-19절 : 바벨론으로 말미암아 치부했던 상인들의 애통함

바벨론으로 말미암아 치부한 상인들이 바벨론의 고통을 무서워해 멀리 서서 울고 애통했다. 그들은 "화 있도다 화 있도다 큰 성이여 세마포 옷과 자주 옷과 붉은 옷을 입고 금과 보석과 진주로 꾸민 것인데 그러한 부가 한 시간에 망하였도다"라고 했다. 이들이 치장한 것은 요한계시록 17장 4절에서 음녀가 치장한 것과 비슷하다.

모든 선장과 각처를 다니는 선객들과 선원들과 바다에서 일하는 자들이 멀리 서서 바벨론이 불타는 연기를 보고 "이 큰 성과 같은 성이 어디 있느냐" 하며 티끌을 자기 머리에 뿌리고 울며 애통했다. 이것은 앞서 8-9절에서 땅의 통치자들이 바벨론으로 말미암아 권세를 누렸던 것이 허망해진 것을 슬퍼했던 것과 비슷하다. 또 그들은 "화 있도다 화 있도다 이 큰 성이여 바다에서 배 부리는 모든 자들이 너의 보배로운 상품으로 치부하였더니 한 시간에 망하였도다"라고 했다. 이들은 바벨론을 상대로 각국에서 무역업을 하던 사람들로 추정된다.

19절에서 상인들은 티끌을 자기 머리에 뿌리고 울며 애통했다. 이스라엘 백성이 티끌을 머리에 뒤집어쓰는 것은 원래 회개할 때 하는 행동인데, 여기서는 전혀 다른 의미다. 그들은 "화 있도다 화 있도다 이 큰 성이여 바다에서 배 부리는 모든 자들이 너의 보배로운 상품으로 치부하였더니 한 시간에 망하였도다"라고 반복적으로 애통해한다. 그들은 자기들의 이익의 방도가 없어졌기 때문에 그 슬픔을 토로한 것이다.

5. 20-24절 : 하나님의 언약의 성취 – 완전한 승리

이제 상황은 전환되었다. 바벨론이 망하고 있는 상태에서 하늘과 성도들과 사도들과 선지자들에게 즐거워하라고 하셨다. 하나님이 이들을 위하여 바벨론을 심판하셨기 때문이다. 이제 의의 승리가 최고조에 이르렀다. 성도들과 사도들과 선지자들은 기뻐할 일만 남았다. 여기서 '하늘'은 천사라고 보아도 큰 무리가 없을 것이다.

이에 한 힘센 천사가 큰 맷돌 같은 돌을 들어 바다에 던졌다. 예수께서는 작은 자 하나라도 실족하게 하면 연자 맷돌을 그 목에 달아 바다에 던지는 것이 낫다고 하신 적이 있다(마 18:6). 천사가 돌을 던지며 "큰 성 바벨론이 이같이 비참하게 던져져 결코 다시 보이지 아니하리로다"라고 말했다. 바벨론은 좁은 의미로는 로마로 볼 수 있으나, 전체적으로는 악의 세력을 뜻한다. 여기서 '힘센 천사'는 앞서 5장 2절에서 '누가 두루마리를 펴며 그 인을 떼기에 합당하냐'고 했던 힘 있는 천사 및 10장 1절의 구름을 입고 하늘에서 내려온 힘센 천사와 동일하다고 볼 수 있다.

이어 바벨론이 완전히 망하고 그들이 즐겼던 모든 풍류가 없어진 것을 표현하고 있다. 첫째, 거문고 타는 자와 풍류하는 자, 퉁소 부는 자, 나팔 부는 자들의 소리가 결코 다시는 들리지 않을 것이다. 둘째, 어떠한 세공업자든지 결코 다시는 보이지 않을 것이다. 셋째, 맷돌 소리가 결코 다시 들리지 않을 것이다. 넷째, 등불 빛이 결코 다시 비치지 않을 것이다. 다섯째, 신랑과 신부의 음성이 결코 다시 들리지 않을 것이다.

바벨론의 상인들은 땅의 왕족들이었다. 그런데 바벨론의 복술로 말미암아 만국이 미혹되었다. 선지자들과 성도들과 땅 위에서 죽임을 당한 모든 자의 피가 그 성중에서 발견되었다. 여기서 '땅 위에서 죽임을 당한 모든 자의 피'가 발견되었다는 것은, 앞서 6장 9-11절에서 다섯째 인을 떼실 때 하나님의 말씀과 그들이 가진 증거로 말미암아 죽임을 당한 영혼들이 제단 아래에 있어 "땅에 거하는 자들을 심판하여 우리 피를 갚아 주지 아니하시기를 어느 때까지 하시려 하나이까"라고 했던 소원을 이루신 것이다. 또 '잠시 쉬되 자기처럼 죽임을 당하여 그 수가 차기까지 하라'고 하신 말씀을 이루신 것이다.

[신학적 제언]

1. 하나님의 언약(뜻) 측면에서의 그리스도 예수의 성취[예수님의 말씀(마 24:21-24)과 요한의 환상(계 6:11, 18:24)의 상관성]

1) 마 24:21-24 : 큰 환난이 있을 것인데, 창세로부터 지금까지 이런 환난이 없었고, 후에도 없을 것이다. 그날들을 감하지 않으면 모든 육체가 구원을 얻지 못할 것이기에, 택하신 자들을 위하여 그날들을 감하실 것이다.

예수님의 이 말씀은 전 우주적 종말을 예고하신다. 이 환난은 종말을 의미하며, 끝 날까지 이어질 것이다. 또 그날들을 감하지 않고 진노와 재앙을 내리면 모든 육체가 구원을 받지 못할 것이기에, 택한 자들을 위해 그날을 감할 것이라고 하셨다. 요한은 이를 요한계시록 6-19장에서 7년 대환난기로 기록했다.

2) 계 6:11, 18:24 : 이미 순교한 자들이 잠시 쉼을 누리고 있는 모습이다. 하나님의 뜻 안에서 그들은 그리스도의 재림 때까지 재단 아래에 있을 것이라고 하셨다. 데살로니가전서 4장 17절에서는 "그 후에 우리 살아남은 자들도 그들과 함께 구름 속으로 끌어 올려 공중에서 주를 영접하게 하시리니 그리하여 우리가 항상 주와 함께 있으리라"라고 말씀한다.

요한계시록은 악을 대표하는 바벨론의 멸망받을 가증한 행위에 대한 심판과 마지막 날에 일어날 사건을 기록하고 있다. 결국 하나님의 언약이 그리스도 안에서 성취되었음을 예수께서 직접적으로 말씀하셨고, 요한이 이를 증거하는 것이다. 하나님은 오히려 언약 백성, 택한 자들을 위해 환난의 날을 감하셨다.

2. 바벨론은 사탄의 상징이자 우상의 대명사

이사야 14장 12절의 "너 아침의 아들 계명성이여 어찌 그리 하늘에서 떨어졌으며 너 열국을 엎은 자여 어찌 그리 땅에 찍혔는고"라는 구절은 타락한 천사 루시퍼를 상징한다고 알려진다. 외경 에녹서에는 우리엘, 라파엘, 라구엘, 미가엘, 가브리엘, 사리엘, 예레미엘까지 일곱 천사장이 등장한다. 요한계시록 8장 2절에는 일곱 천사가 서 있어 일곱 나팔을 받았다고 기록되어 있다. 미가엘과 가브리엘은 정경에서도 나타나고 있다.

바벨론의 멸망은 이미 예고되었다. 결국 각종 귀신의 영이 거했던 큰 성 바벨론은 멸망했다. 하나님을 대적하는 존재는, 나라든 민족이든 개인이든 예외 없이 멸망한다. 마지막 때 종교 지도자들도 반드시 심판받고 멸망한다. 우상을 숭배하고 귀신을 섬기는 등 하나님의 큰 일을 방해하는 자는 하나님 나라 건설에 장애가 되므로 그들에게 임할 진노는 피할 길이 없다.

귀신의 처소이자 각종 더러운 영이 모인 곳인 바벨론이 받을 재앙은 사망과 애통함과 흉년이다. 그와 함께 음행한 땅의 왕들이 바벨론의 재앙을 바라보고 울며 가슴을 치며 한 시간에 네 심판이 이르렀다고 외친다. 바벨론과 합세했던 자들도 결국은 그들의 행위대로 대가를 받을 것이다. 부패한 바벨론의 권력자들은 그 범죄 행각이 점진적으로 가중되었다. 그들은 종들의 인권을 유린했다. 또 향락의 문화와 사치가 도를 넘었다.

바벨론으로 말미암아 치부한 상인들은 큰 성 바벨론이 불타는 것을 보며 애통해한다. 자신들이 거래할 대상이 없어졌기 때문이다. 사건의 본질이 무엇인지 모르고 눈앞에 있는 이득이 사라졌다고 슬퍼하는 것은 바벨론 권력자들과 다를 바가 없다.

[교훈]

구속받은 성도는 이들과 다른 상황에 있게 된다. 하늘과 성도들과 사도와 선지자들은 즐거워해야 한다. 하나님이 저들의 행위에 대해 심판하셨기 때문이다(계 18:20). 성도는 그런 자들과 함께하지 말고 굳건한 믿음으로 세상을 이겨야 한다. 오직 그리스도 안에서 이단과 사이비 사상을 물리쳐야 한다. 그래야 마지막 날에 어린 양의 보혈로 구원받은 자들과 함께할 수 있다.

1. 하나님을 떠난 자는 그 영혼이 죽을 수밖에 없다. 하나님을 멀리하는 권력자들을 기다리는 것은 결국 멸망이다. 그들의 행위는 용서받지 못할 것들뿐이다. 성도는 늘 깨어 있어 행여 나는 그런 사람이 아닌가 돌아보아야 한다.

2. 구약의 인물 중에도 인간적인 욕심을 지니고 있었던 사람이 있다. 이스라엘 백성이 아이 성을 칠 때 아간이 그러했다. 또 이스라엘을 저주했던 발람도 그런 인물이었다. 그러므로 성도는 탐심과 욕심을 갖지 않도록 늘 노력해야 할 것이다.

3. 구약의 신앙인 중에도 실수한 경우가 있다. 다윗은 그의 왕국이 부강해졌을 때 다른 남자의 아내인 밧세바를 범했다. 또 나라가 더 강성해졌을 때 교만한 마음으로 인구조사를 했다. 솔로몬도 마찬가지다. 나라를 키우기 위해 많은 이방 여인과 정략 결혼을 하고, 우상을 들여와 그것들을 섬겼다. 신앙인으로서 악에 자신을 내주지 않도록 늘 깨어 기도와 말씀으로 무장해야 한다.

19) 요한계시록 19장 1-21절
주제 : 어린 양의 혼인 잔치와 영원한 하나님 나라

19:1 이 일 후에 내가 들으니 하늘에 허다($\pi o\lambda\lambda o\tilde{u}$)한 무리($\check{o}x\lambda o\upsilon$)의 큰 음성 같은 것이 있어 이르되 할렐루야(Aλληλουϊά) 구원($\sigma\omega\tau\eta\rho\acute{\iota}\alpha$)과 영광($\delta\acute{o}\xi\alpha$)과 능력($\delta\acute{u}\nu\alpha\mu\iota\varsigma$)이 우리 하나님께 있도다

19:2 그의 심판은 참되고(ἀληθιναὶ) 의로운지라(δίκαιαι) 음행으로 땅을 더럽게 한 큰 음녀(πορνείᾳ)를 심판하사 자기 종들의 피를 그 음녀의 손에 갚으셨도다 하고

19:3 두 번째로 할렐루야 하니 그 연기가 세세토록 올라가더라

19:4 또 이십사 장로와 네 생물이 엎드려 보좌에 앉으신 하나님께 경배하여 이르되 아멘 할렐루야 하니

19:5 보좌에서 음성이 나서 이르시되 하나님의 종들 곧 그를 경외하는 너희들아 작은 자나 큰 자나 다 우리 하나님께 찬송하라 하더라

19:6 또 내가 들으니 허다한 무리의 음성과도 같고 많은 물 소리와도 같고 큰 우렛소리와도 같은 소리로 이르되 할렐루야 주 우리 하나님 곧 전능하신 이가 통치하시도다(ἐβασίλευσεν, has reigned)

19:7 우리가 즐거워하고 크게 기뻐하며 그에게 영광을 돌리세 어린 양의 혼인 기약이 이르렀고(ἦλθεν ὁ γάμος, has come the marriage) 그의 아내가 자신을 준비하였으므로(ἡτοίμασεν ἑαυτήν, has made ready herself)

19:8 그에게 빛나고 깨끗한 세마포 옷을 입도록 허락하셨으니 이 세마포 옷은 성도들의 옳은 행실(δικαιώματα, righteousness acts)이로다 하더라

19:9 천사가 내게 말하기를 기록하라 어린 양의 혼인 잔치에 청함을 받은(κεκλημένοι, having been invited) 자들은 복이 있도다 하고 또 내게 말하되 이것은 하나님의 참되신 말씀이라(λόγοι ἀληθινοί, true words) 하기로

19:10 내가 그 발 앞에 엎드려 경배하려 하니 그가 나에게 말하기

를 나는 너와 및 예수의 증언을(μαρτυρίαν, testimony) 받은(ἐχόντων, holding) 네 형제들과 같이 된 종이니 삼가 그리하지 말고 오직 하나님께 경배하라 예수의 증언은 예언의 영이라(πνεῦμα τῆς προφητείας) 하더라

19:11 또 내가 하늘이 열린 것을 보니 보라 백마와 그것을 탄 자가 있으니 그 이름은 충신과 진실이라(Πιστὸς καὶ Ἀληθινός) 그가 공의로 심판하며 싸우더라

19:12 그 눈은 불꽃 같고 그 머리에는 많은 관들이 있고 또 이름 쓴 것 하나가 있으니 자기밖에 아는 자가 없고

19:13 또 그가 피 뿌린 옷을 입었는데 그 이름은 하나님의 말씀이라 칭하더라

19:14 하늘에 있는 군대들이 희고 깨끗한 세마포 옷을 입고 백마를 타고 그를 따르더라(ἠκολούθει, were following)

19:15 그의 입에서 예리한 검이 나오니 그것으로 만국을 치겠고(πατάξῃ, he might strike down) 친히 그들을 철장으로 다스리며(ποιμανεῖ, will shepherd) 또 친히 하나님 곧 전능하신 이의 맹렬한 진노의 포도주틀을 밟겠고

19:16 그 옷과 그 다리에 이름을 쓴 것이 있으니 만왕의 왕(ΒΑΣΙΛΕΥΣ)이요 만주의 주(ΚΥΡΙΟΣ)라 하였더라

19:17 또 내가 보니 한 천사가 태양 안에 서서 공중에 나는 모든 새를 향하여 큰 음성으로 외쳐 이르되 와서 하나님의 큰 잔치에 모여

19:18 왕들의 살과 장군들의 살과 장사들의 살과 말들과 그것을 탄 자들의 살과 자유인들이나 종들이나 작은 자나 큰 자나 모든

자의 살을 먹으라 하더라

19:19 또 내가 보매 그 짐승과 땅의 임금들과 그들의 군대들이 모여 그 말 탄 자와 그의 군대와 더불어 전쟁을 일으키다가

19:20 짐승이 잡히고(ἐπιάσθη τὸ ηρίον, the beast was captured) 그 앞에서 표적을 행하던 거짓 선지자(ψευδοπροφήτης, false prophet)도 함께 잡혔으니 이는 짐승의 표를 받고 그의 우상에게 경배하던 자들을 표적으로 미혹하던 자라 이 둘이 산(ζῶντες, living) 채로 유황 불 붙는(πυρὸς τῆς καιομένης, of fire burning) 못에 던져지고(ἐβλήθησαν, were cast)

19:21 그 나머지는 말 탄 자의 입으로부터 나오는 검에 죽으매(ἀπεκτάνθησαν, were killed) 모든 새가 그들의 살로 배불리더라

[내용 요약]

1. 1-5절 : 완전한 바벨론의 멸망에 대한 찬양

앞서 17장 1절의 로마의 멸망에 관한 부분과 연관된다. 하늘에 있는 큰 무리가, 음녀를 심판하시고 순교자들의 피를 감찰하시는 하나님을 찬양한다. 일곱째 나팔이 울리고 심판이 도래했다. 그 심판은 바벨론의 멸망과 함께 진행된다.

2. 6-10절 : 어린 양의 혼인 잔치

하나님은 우주적이시며 시간을 초월한 주권을 지니셨다. 오만하고 권력을 휘두르던 로마 제국은 이제 완전히 멸망으로 치닫는다. 그리스도를 따르는 무리가 핍박을 받지만, 그것을 견디는 것은 하늘

의 상이 크기 때문이다. 그 상은 어린 양과 그 신부가 결합하는 큰 혼인 잔치로 묘사된다. 신부는 빛나고 깨끗한 흰 세마포를 입었다. 앞서 음녀는 자줏빛 옷과 붉은 옷을 입었다(계 17:4). 천사가 요한에게 어린 양의 혼인 잔치에 초대받은 자들의 복이 있다고 기록하라고 말한다. 예수께서 증거한 메시지는 예언적 선포의 핵심이다. 인간은 계시를 주시는 하나님을 경배해야지, 인간과 같이 하나님의 종인 천사를 숭배해서는 안 된다. 물론 세상 권력과 타협해서도, 저들에게 무릎을 꿇어서도 안 된다.

3. 11-18절 : 예수 그리스도의 재림

본문은 예수께서 재림하시는 모습을 묘사한다. 그리스도는 충신과 진실이라는 이름을 가지셨으며, 백마를 타고 오신다. 곧 승리의 왕으로 오시는 것이다(사 43:15). 백마를 탄다는 것은 승리를 의미한다. 그리스도는 자기중심으로 살아온 인간에게 의와 공의가 무엇인지 보여 주신다. 그분은 불꽃 같은 눈으로 명확하게 판단하신다. 그리고 그 머리에는 많은 면류관이 있다. 그 면류관은 충만하신 영광을 나타낸다. 그리스도는 백마를 타고 오시는 승리자며, 절대적인 진리의 말씀을 가진 분이시다. 또 그리스도는 그의 입에서 나오는 예리하신 검 곧 말씀으로 만국을 칠 것이다.

4. 19-21절 : 대전쟁(아마겟돈 전쟁)과 완전한 승리

그리스도는 적그리스도와 거짓 선지자들을 잡아 산 채로 유황불 못에 던지실 것이다. 짐승이나 그 추종 세력들은 한 천사에 의해 무저갱으로 들어가게 될 것이다(계 9:1-2, 11:7). 이제 하나님의 엄격한 심판이 이루어질 것이다. 그리스도 예수의 재림은 곧 지구상의 모든 세력과 역사가 끝나는 날이다. 하나님께서 새 시대에 새 하늘과 새 땅을 창조하실 것이다(사 65:17).

[신학적 고찰]

1. 1-5절 : 완전한 바벨론의 멸망에 대한 찬양

1절의 '이 일 후'는 앞 장에서 큰 음녀인 바벨론이 심판받은 후를 말한다. 이때 요한이 하늘에 있는 허다한 무리의 큰 음성 같은 것을 듣는다. 그 소리는 "할렐루야 구원과 영광과 능력이 우리 하나님께 있도다"라는 것이었다. 큰 음성은 천사의 소리인 듯하고, 허다한 무리는 그리스도의 구속 사역을 통해 구원받은 자들이다. 이들이 하나님의 주권을 찬양하는 것이다. 그 소리는 웅장하고 장엄했다.

'할렐루야'는 '하나님을 찬양하라'라는 뜻이다. 히브리어 '할렐루야'는 '할렐루'와 '야'로 이루어진 단어다(시 104:35; 계 19:1). 신약에서는 본 장에서만 반복적으로 '할렐루야'가 나온다. 또 구약에서 '할렐루야'는 시편에서 죄인과 악인의 파멸에 대한 반향(反響)이다(시 104:35).

그 허다한 무리가 하나님께 구원과 영광과 능력이 있다고 찬양했다. 또 2절에서 그의 심판은 참되고 의롭다고 노래했다(계 15:3 "만국의 왕이시여 주의 길이 의롭고 참되시도다", 계 16:7 "주 하나님 곧 전능하신 이시여 심판하시는 것이 참되시고 의로우시도다"). 더불어 음행으로 땅을 더럽게 한 큰 음녀를 심판하시어 자기 종들의 피를 그 음녀의 손에 갚으셨다고 찬양했다. 이 심판의 주된 이유는, 음녀인 바벨론이 자신들의 교만으로 자기를 높였고 땅을 더럽혔기 때문이다. 그 후로 두 번째로 '할렐루야'라고 부른 뒤 그 연기가 세세토록 올라갔다(계 15:8). 요한계시록에서 '연기'는 고난과 영광의 상반된 의미가 있는데, 여기서는 하나님의 심판과 영광의 상징으로 사용되었다(계 9:2, 14:11-고난의 연기, 15:8-영광의 연기).

4절에서는 네 생물과 이십사 장로(계 5:9, 11:17-18)가 하나님의 위대하심과 주권을 찬양한다. 이들은 천사들이 인을 뗄 때도 찬양했고, 하나님의 심판이 임할 때도 찬양했다. 여기서는 하나님의 구원하심에 대해 찬양한다. 이들은 '아멘 할렐루야'라고 말했다. 보좌에서 나온 음성은 네 생물이나 천사, 이십사 장로의 소리로 보는 것이 타당할 것이다. 이들은 큰 자나 작은 자나 다 하나님께 찬양하라고 권했다. 하나님은 찬양받기 합당하신 분이기 때문이다(계 5:12).

2. 6-10절 : 어린 양의 혼인 잔치

요한은 또 다른 음성을 들었다. 그 소리는 허다한 무리의 음성과도 같고, 많은 물 소리와도 같고, 큰 우렛소리와도 같았다. 이러한 표현은 앞에서도 여러 번 사용되었으며, 사무엘하 22장에 나오는 다윗의 노래와 연관성이 있다(삼하 22:14 "여호와께서 하늘에서 우렛소리를 내시며 지존하신 자가 음성을 내심이여", 22:17 "그가 위에서 손을 내미사 나를 붙드심이여 많은 물에서 나를 건져 내셨도다").

7절의 '어린 양의 혼인 기약이 이르렀다'는 말은 그리스도의 재림이 임박했다는 말이다. 예수께서는 공생애 사역 때 혼인 잔치 비유를 말씀하셨다(마 22:2-14). 사도 바울도 남편과 아내의 비유를 통해 그리스도께서 교회의 머리 되심을 설명했다(엡 5:22-27). 구약에서는 하나님이 이스라엘을 신부로 표현하시기도 했다(호 2:16-20).

'그의 아내가 자신을 준비하였다'는 것은 성도가 인내로 믿음을 지킨 연고로 그들의 믿음에 대해 칭찬하는 말이다. 이런 자들이 신부로 준비되었으니 즐거워하고 크게 기뻐하며 하나님께 영광을 돌리자고 말했다.

8절에서 그에게 '빛나고 깨끗한 세마포 옷'을 입도록 허락하셨다. 앞서 음녀가 하나님의 권세를 잠시 받아 자기들의 모습을 뽐냈던 것과 비슷하면서도 대조를 이룬다(계 17:4 "그 여자는 자주빛과 붉은빛 옷을 입고", 18:16 "세마포 옷과 자주 옷과 붉은 옷을 입고"). 그러나 여기서 세마포 옷은 성도들의 옳은 행실이다. 특히 성도가 입는 세마포는 어린 양의 피로 깨끗해진 것임을 알 수 있다(계 7:14).

천사가 요한에게, 어린 양의 혼인 잔치에 청함을 받은 자들은 복이 있다고 말했다. 그리고 이것은 하나님의 참되신 말씀이라고 했다. 이는 예수께서 마태복음 22장 1-14절에서 천국의 혼인 잔치 비유로 말씀하셨던 것을 요한에게 한 것이다. 7절의 '아내'와 9절의 '청함을 받은 자들'을 구분하여 '아내'는 구약 시대로, 구속사적으로 '청함받은 자들'은 신약 시대로 구분하여 말하는 이들이 있으나, 문맥상 굳이 이렇게 구분할 필요는 없다고 본다. 두 구절 모두 어린 양의 혼인 잔치에 청함 받은 자들이라고 했기 때문이다.

10절에서 요한이 그 모습을 보고 그 발 앞에 엎드려 경배하려고 했다. 그러자 그가 '나는 너와 및 예수의 증언을 받은 네 형제들과 같이 된 종'이라고 하면서, 자기에게 경배하지 말고 오직 하나님께 경배하라고 했다. 그리고 예수의 증언은 곧 예언의 영이라고 말했다. 요한이 천사에게 경배하려 했다고 보는 사람도 있지만, 이는 타당하지 않다. 오히려 바로 뒤 문맥의 '너와 네 형제들과 같이 된 종'이라고 보는 것이 옳을 것이다. 자기들은 경배를 받을 대상이 아닌 것이다.

그런가 하면, 요한이 경배하려고 했던 자들은 어린 양의 혼인 잔치에 참여한 자들이 아니라 하나님의 부르심을 입은 자들이기에, 하나님께 경배한다는 의미로 상징적으로 그렇게 했다고 보는 이들도 있다. 여하튼 분명한 것은, 요한처럼 구속함을 받은 자들은 경배받을 대상이 아니며 천사도 물론 아니라는 것이다.

'예수의 증언은 예언의 영이다'라는 말의 뜻은 간략하게 세 가지로 볼 수 있다. 첫째, 예수의 중보적 구속 사역의 성취를 뜻한다. 둘째, 예수의 영으로서의 성령을 의미한다. 셋째, 구속사적 성취를 통한 구원의 완성을 말한다.

3. 11-18절 : 예수 그리스도의 재림

1) 11절 : 요한은 하늘이 열린 것을 보았는데, 거기에 '백마와 그것을 탄 자'가 있었다. 그 이름은 '충신과 진실'이었다. 그가 공의로 심판하며 싸웠다. 요한계시록 6장 1-2절에서 첫째 인을 뗄 때도 '흰 말과 그것을 탄 자'가 나온다. 그러나 본 절은 이것과는 구분되며, 그리스도와 그분의 승리를 상징한다. 그의 이름은 충신이며 진실이었다(사 11:5-공의로 그의 허리띠를 삼으며 성실로 그의 몸의 띠를 삼으심). 하나님은 언약하신 것을 신실하게, 진심으로 성취하신다.

하나님은 공의로우시다. 그러나 그 이면에는 사랑이 있다. 이 때문에 약속을 통하여 인류를 구원하셨다. 이는 그리스도 예수 안에서 성취된 것이다. 그리스도는 이 땅에 오셔서 진정한 공의로 심판하며 싸우실 것이다. 그리스도의 심판과 악에 대한 싸움은 현재적이며 마지막 때까지 지속된다(모리스, 래드).

2) 12절 : '그 눈이 불꽃 같다'는 것은 이미 앞서 1, 2장에서 인자이신 그리스도를 표현할 때 사용되었다. 불꽃은 밝고 뜨거운 것을 상징한다. 불꽃으로 상징된 눈은 전능의 눈 곧 모든 것을 보는 눈이다. "그 머리에는 많은 관들이 있고." 앞서 언급된 짐승의 일곱 머리와 열 뿔과는 대조적인 모습이다. 통치자의 권위가 특별하다는 의미로 '많이'라는 말이 사용되었다. "또 이름 쓴 것 하나가 있으니 자기밖에 아는 자가 없고"는 유일한 구속자이신 그리스도와 통치자이신 그리스도를 동시에 아우르는 표현이다.

3) 13절 : 피는 생명이다. '그가 피 뿌린 옷을 입었다'는 것은 십자가에서 피 흘리신 그리스도의 대속과 그리스도께서 심판하실 때 붉은색으로 포도주 틀에서 나오는 것으로 이해된다. 또 그 이름은 '하나님의 말씀'이라고 했는데, 이는 요한복음 1장 14절의 '말씀이 육신이 되신 것'과 연관 지을 수 있다.

4) 14절 : '하늘에 있는 군대들이 희고 깨끗한 세마포 옷을 입고 백마를 타고 그를 따랐다'는 표현에 대해서는 해석자들 사이에 의견이 분분하다. 그러나 하늘의 군대라고 했기 때문에 천사들이라고 해석하는 것이 적절한 듯하다. 또 세마포 옷을 입은 자들이라고 했기 때문에 문맥상 구속받은 자들이라고 할 수도 있다.

5) 15절 : '그의 입에서 예리한 검이 나온다'라는 표현은, 앞서 1장 16절의 "그의 입에서 좌우에 날 선 검이 나오고" 및 히브

리서 4장 12절의 "하나님의 말씀은…좌우에 날 선 어떤 검보다도 예리하여"와 연결하여 생각할 수 있다. 그리스도께서 그것으로 만국을 치시고 친히 그들을 철장으로 다스릴 것이다(시 2:9 "철장으로 그들을 깨뜨림이여"; 계 2:27 "철장을 가지고 그들을 다스려 질그릇 깨뜨리는 것과 같이", 12:5 "철장으로 만국을 다스릴"). "또 친히 하나님 곧 전능하신 이의 맹렬한 진노의 포도주틀을 밟겠고." 이 구절은 앞의 14장 19절과 관련이 있다. 이는 이사야 63장에서 기인한다.

6) 16절 : 그 옷과 그 다리에 이름을 쓴 것이 있는데, 만왕의 왕이요 만주의 주라고 되어 있었다. 모든 왕의 왕과 모든 주의 주로 표현한 것은, 그가 가장 숭고하고 유일무이한 우주의 주재이심을 말한다. 옷과 다리에 쓴 '이름'에 대해 많은 학자가 다양한 의견을 제시한다. 이름이 옷과 다리 한쪽에만 쓰였다고 보기도 하고, 윗옷과 겉옷과 다리와 허벅지에 쓰였다고 말하기도 한다. 어찌 되었든 그것이 그리스도의 위엄을 나타낸다고 보는 데는 이견이 없다.

7) 17-18절 : 앞의 7-9절과 대조적이다. 이는 에스겔 39장 17-20절의 "너 인자야 너는 각종 새와 들의 각종 짐승에게 이르기를 너희는 모여 오라…이스라엘 산 위에 예비한 큰 잔치로 너희는 사방에서 모여 살을 먹으며 피를 마실지어다 너희가 용사의 살을 먹으며 세상 왕들의 피를 마시기를…내 상에서 말과 기병과 용사와 모든 군사를 배부르게 먹을지니라 하라"라는 구절을 인용한 것이다.

17절에서 요한은 한 천사가 태양 안에 서서 공중에 나는 모든 새를 향하여 하나님의 큰 잔치에 모이라고 큰 음성으로 외치는 것을 들었다. 천사는 영체이므로 인간이 느끼는 태양의 온도와는 상관이 없을 것이다. 천사가 그들에게 왕들, 장군들, 장사들, 말들, 그것을 탄 자들, 자유인들, 종들, 작은 자나 큰 자나 모든 자의 살을 먹으라고 했다. 이렇게 구체적으로 그 대상을 열거한 것은 세상에서 예외되는 사람이 없다는 것이다. 이들은 앞서 17-18장에서 바벨론 멸망 때 함께했던 자들을 말한다. 더 넓게는 하나님의 대적자들을 말한다.

4. 19-21절 : 대전쟁(아마겟돈 전쟁)과 완전한 승리

요한은 또 그 짐승과 땅의 임금들과 그들의 군대들이 모여, 그 말 탄 자와 그의 군대와 더불어 전쟁을 일으키다가, 짐승이 잡힌 것을 보았다. 이는 앞서 16장의 아마겟돈 전쟁으로 이해해도 무관할 것이다. 그 앞에서 표적을 행하던 거짓 선지자도 함께 잡혔다. 이는 짐승의 표를 받고 그의 우상에게 경배하던 자들을 표적으로 미혹하던 자다(계 13:16-18). 이 둘이 산 채로 유황불 붙는 못에 던져지고, 그 나머지는 말 탄 자의 입에서 나오는 검에 죽었다. 이에 대해 요한계시록 20장 10절에서는 "그들을 미혹하는 마귀가 불과 유황 못에 던져지니 거기는 그 짐승과 거짓 선지자도 있어 세세토록 밤낮 괴로움을 받으리라"라고 말한다. 이로 인해 모든 새가 그들의 살로 배부르게 되었다.

[신학적 제언] 언약적 측면에서 본 '피 뿌린 옷을 입은 자'(13절)와 '만왕의 왕, 만주의 주'(16절)

13절 "그가 피 뿌린 옷을 입었는데 그 이름은 하나님의 말씀이라 칭하더라"의 핵심은 그리스도의 옷에 묻은 피의 흔적이다. 그리고 그의 이름은 하나님의 말씀 곧 '로고스'다. 여기서는 하나님의 구원 약속과 그리스도의 성육신, 그리고 그의 사역, 죽음과 부활, 승천과 종말 때의 재림까지의 계속적 연결이라는 것이 중심이 되어야 한다.

코케우스는 "그리스도의 비하와 고난에서, 그리스도의 비하는 그가 인간으로 태어났다는 사실이 전부가 아니다. 그는 승귀의 상태에서도 인자였으며, 영광 중에도 하나님의 뜻에 순종하는 종의 본성을 가지고 있었다"[23]라고 말했다(Summ, theo., LX.3-4). 또 볼레비우스는 "신과 인간인 그리스도의 인격적 승귀는 양성에 속한다"[24]라고 말했다. 그리스도의 비하는 그의 탄생과 낮은 지위의 상태, 율법 아래 놓임, 비참한 신세를 당하심, 그리고 하나님의 진노와 함께 십자가에서 죽으시고 저주를 받으심이다.[25]

바빙크는 "이것은 그가 회개와 믿음, 재림, 그리고 완성되지 않은 종말의 진정성에 대해 오신 것이다"[26]라고 했다. 그리스도는 구약성경의 예언대로 비천한 왕으로 오셨다(사 11:1-2; 미 5:1-2; 겔 17:22).[27] 그왕은 고통 중에 그의 사람을 위한 왕으로(렘 23:6), 희생의 여분(餘分)을 만들고(사 60:21; 렘 24:7, 31:34; 겔 36:25, 27), 그들 모두를 제사장으로 만드셨다. 다른 약속은 의로우신 분이 고통의 방식으로 획득하셨다.

---

23) 하인리히 헤페, 《개혁파 정통교의학》, 이정석 역(서울: CH북스, 2007), p.697.

24) 같은 책, p.705.

25) Charles Hodge, *Systematic Theology vol. 2*(Edinburgh: The Banner of Truth Trust, 1997), p.610.

26) Herman Bavinck, *Reformed Dogmatics*(Grand Rapids: Baker Academic, 2003), p.233.

27) Herman Bavinck, *Reformed Dogmatics, vol. 3*(Grand Rapids: Baker Academic, 2008), p.335.

그리스도의 비하는 어지럽고 죄악 된 세상에 하나님의 아들이 육신으로 오심이다.[28] 그는 인성과 함께 신성을 가지신 삼위 하나님이시다. 그의 죽음, 힘겨운 삶, 죽음과 음부에 내려가심은 우리의 죄책에 대한 그리스도의 속죄 사역이다. 그의 피는 죽음과 함께 승리를 가져왔다. 더 넓은 의미로 중보자 그리스도의 승귀 곧 높아지심은 부활, 승천, 보좌 우편에의 재위와 더불어 심판과 재림을 포함한다. 그의 피 묻은 옷은 우리의 구원과 연결된다. 그것은 승리자의 표시이기 때문이다. 승리자는 만왕의 왕이시요, 만주의 주시다.

[교훈]

요한 당시 로마 황제 도미티아누스는 자신을 '주'이자 '신'이라고 말했다. 자신을 높이는 사람들의 결국은 정해져 있다. 반면 어린 양의 혼인 잔치에 청함 받은 주의 신부들은 하나님의 자녀로 살아가게 된다.

종말에 그리스도께서 하늘 군대를 이끌고 재림하실 것이다. 그리고 짐승들과 사탄과의 전쟁에서 크게 승리하실 것이다. 이로써 사탄과 그 부하들, 적그리스도와 거짓 선지자는 멸망한다. 그리고 그들은 영원한 유황불 못에 던져진다. 성도는 만왕의 왕 되신 그리스도를 붙잡음으로 믿음에서 승리해야 할 것이다.

---

28) 문병호, 《30주제로 풀어 쓴 기독교 강요》, pp.97-99. 칼빈은 원죄에 대해 죄책과 오염을 포함한다고 했다.

20) 요한계시록 20장 1-15절
주제 : 천년왕국과 최후의 심판

20:1 또 내가 보매 천사가 무저갱의 열쇠(κλεῖν)와 큰 쇠사슬(ἅλυσ ιν)을 그의 손에 가지고(ἔχοντα, holding) 하늘로부터 내려와서

20:2 용(δράκοντα)을 잡으니 곧 옛 뱀(ὄφις)이요 마귀(Διάβολος)요 사탄(Σατανᾶς)이라 잡아서 천 년 동안(χίλια ἔτη, for a thousand years) 결박하여(ἔδησεν, bound)

20:3 무저갱(ἄβυσσον)에 던져 넣어 잠그고(ἔκλεισεν, shut) 그 위에 인봉하여 천 년이 차도록 다시는 만국을 미혹하지 못하게(μὴ πλαν ήσῃ, he should not deceive) 하였는데 그 후에는 반드시 잠깐 놓이리라

20:4 또 내가 보좌들을 보니 거기에 앉은 자들이 있어 심판하는 권세를 받았더라(ἐδόθη, was given) 또 내가 보니 예수를 증언함(μαρτυρί αν)과 하나님의 말씀 때문에 목 베임을 당한(πεπελεκισμένων, having been beheaded) 자들의 영혼들 과 또 짐승과 그의 우상에게 경배하지 아니하고 그들의 이마와 손에 그의 표를 받지 아니한 자들이 살아서 그리스도와 더불어 천 년 동안 왕 노릇(ἐβασίλευσαν) 하니

20:5 (그 나머지 죽은 자들은 그 천 년이 차기까지 살지 못하더라) 이는 첫째 부활이라(ἀνάστασις ἡ πρώτη, first resurrection)

20:6 이 첫째 부활에 참여하는 자들은 복(μακάριος)이 있고 거룩하도다(ἅγιος) 둘째 사망이 그들을 다스리는 권세가 없고 도리어 그들이 하나님과 그리스도의 제사장이 되어 천 년 동안 그리스도와 더불어 왕 노릇 하리라

20:7 천 년이 차매(τελεσθῇ) 사탄이 그 옥(φυλακῆς)에서 놓여(λυθ

ἤσεται, will be released)

20:8 나와서 땅의 사방 백성 곧 곡과 마곡을 미혹하고 모아 싸움을 붙이리니 그 수가 바다의 모래 같으리라

20:9 그들이 지면에 널리 퍼져 성도들의 진과 사랑하시는 성을 두르매 하늘에서 불이 내려와 그들을 태워 버리고(κατέφαγεν, devoured)

20:10 또 그들을 미혹하는 마귀가 불과 유황 못에 던져지니 거기는 그 짐승과 거짓 선지자도 있어 세세토록 밤낮 괴로움을 받으리라

20:11 또 내가 크고 흰 보좌와 그 위에 앉으신 이를 보니 땅과 하늘이 그 앞에서 피하여 간데없더라

20:12 또 내가 보니 죽은 자들이 큰 자나 작은 자나 그 보좌 앞에 서 있는데 책들이 펴 있고 또 다른 책이 펴졌으니 곧 생명책(ζωῆς)이라 죽은 자들이 자기 행위를 따라(κατὰ τὰ ἔργα, according to the deeds) 책들에 기록된 대로 심판을 받으니(ἐκρίθησαν, were judged)

20:13 바다가 그 가운데에서 죽은 자들을 내주고 또 사망과 음부도 그 가운데에서 죽은 자들을 내주매 각 사람이 자기의 행위대로 심판을 받고

20:14 사망과 음부도(θάνατος καὶ ἅδης, death and hades) 불못에 던져지니 이것은 둘째 사망(θάνατος ὁ δεύτερός second death) 곧 불못(ἡ λίμνη τοῦ πυρός, the lake of fire)이라

20:15 누구든지 생명책에 기록되지 못한 자는 불못에 던져지더라

[내용 요약 및 신학적 고찰]

본문은 크게 두 부분으로 나뉜다. 첫째는 그리스도의 재림과 천

년왕국이고(1-6절), 둘째는 최후 심판이다(7-15절).

1. 1-6절 : 천년왕국[29]

1) 1-3절 : 천 년 동안 사탄을 결박함

요한은 또 천사가 무저갱의 열쇠와 큰 쇠사슬을 가지고 하늘에서 내려오는 것을 보았다. 여기서 무저갱의 열쇠와 큰 쇠사슬은 무저갱을 잠그고 사탄을 결박하는 것을 암시한다. '무저갱'은 음부나 사망이 있는 곳이며, 흑암의 세계인 마귀의 소굴로 볼 수 있다(벧후 2:4; 유 1:6). 천사가 용을 잡았는데, 그 용은 옛 뱀이었다. 옛 뱀은 창세기 3장에서 처음 등장하는 간교한 짐승으로 여자를 유혹했다. 이 용은 날랜 뱀 곧 '리워야단'이며, 바다에 있는 용이다(사 27:1). 요한계시록 12장 3절의 머리가 일곱이며 뿔이 열인 용으로도 볼 수 있다. 이 옛 뱀 곧 마귀요, 사탄을 잡아 천 년 동안 결박했다. 이는 마귀와 사탄의 기능을 완전히 차단하는 것으로 볼 수 있다. 그 기간은 실제로 천 년을 의미한다.

천사가 용을 잡아 무저갱에 던져 넣어 잠그고 그 위에 인봉하여 천 년이 차도록 다시는 만국을 미혹하지 못하게 했다. 앞서 19장에 이미 그리스도의 재림이 기록되어 있어 이 부분은 해석이 난해하다. 그러나 크게 문제 되지 않는 것은, 하나님의 구원 역사에서 이를 단지 문자적으로만 이해해서는 안 되기 때문이다. 여기에는 역사적인 사건과 하나님의

---

29) '천 년'은 그 쓰임에 따라 띄어쓰기가 다르다. 성경에서 '천 년'은 대부분 붙여 쓰는 것이 맞다. 합성어로서 천 년을 말하기 때문이다. 다만 띄어 쓸 경우는 숫자 '1,000'을 강조한 것으로 볼 수 있다.

상징에 대한 이해, 그리고 문학적 이해까지 필요하다. 하여튼 여기서 '천 년'을 문자 그대로 보는 관점과 상징적으로 보는 견해가 있다.

환난과 그리스도의 재림의 순서에 대해서도 견해가 다양하다. 어떤 이는 역사주의적 전천년설(Historical Premillennialism)로, 또 다른 이는 후천년설(Postmillennialism)로 해석한다. 또 무천년설(Amillennialism)로 보거나, 성경의 역사를 문자적으로만 해석하여 시대적으로 구분한 세대주의적 전천년설(Dispensational Premillennialism)을 주장하는 사람도 있다. 이 부분은 '신학적 제언'에서 더 살펴볼 것이다.

천 년 동안 갇혀 있던 사탄은 그 후 반드시 잠깐 놓일 것이다. 이는 하나님의 구속 계획과 구원의 과정에 있는 섭리로 이해해야 한다. 곧 세상의 종말을 완전히 이루실 것임을 확증하시는 것이다.

2) 4-6절 : 천년왕국

요한은 또 보좌들을 보았다. 거기에는 심판하는 권세를 받은 자들이 앉아 있었다. 그들은 예수를 증언한 일과 하나님의 말씀 때문에 목 베임을 당한 자들의 영혼이었다. 이들은 곧 앞서 6장 9절과 13장 15절의 말씀을 증언한 자들과 그 일로 죽임을 당한 주의 백성들이었다. 또 짐승과 그의 우상에게 경배하지 않고, 이마와 손에 짐승의 표를 받지 않은 자들이었다. 이들은 그리스도와 더불어 천 년 동안 왕 노릇 할 것이다. 이 부분은 구약의 다니엘 7장 18-28절과 연관되어 있다.

"그 나머지 죽은 자들은 그 천 년이 차기까지 살지 못하더라"에서 '나머지 죽은 자들'은 하나님을 대적한 자들을 말한다. 이들은 첫째 부활에 참여하는 자들과 상반되는 자들이다. 이 내용이 여기에 삽입된 것은 일종의 문학적 표현으로 첫째 부활에 참여하지 못하는 자들을 강조하는 것이다.

이 첫째 부활에 참여하는 자들은 복이 있고 거룩하다. 그들에게 주어진 복은 당연한 것이다. 그들은 둘째 사망의 다스림을 받지 않을 것이다. 이 '둘째 사망'은 뒤이은 14절과 21장 8절의 '둘째 사망'과 연관된다. 그들은 하나님과 그리스도의 제사장이 되어 천 년 동안 그리스도와 더불어 왕 노릇할 것이다(출 19:5-6; 벧전 2:9).

2. 7-15절 : 최후 심판

1) 7-10절 : 곡과 마곡의 전쟁과 영원한 불못

천 년이 되자 사탄이 그 옥에서 나와 땅의 사방 백성 곧 곡과 마곡을 미혹한다. '땅의 사방'은 모든 나라를 뜻할 수 있다. 대표적으로 '곡과 마곡'은 에스겔 38-39장에 나오는 왕과 땅이다. '마곡'은 지명이며, '곡'은 로스와 메섹과 두발의 왕이다(겔 38:1-2). 대부분의 성경 해석자는 이것을 세상에 남아 있는 하나님의 대적으로 이해한다. 래드는 이에 덧붙여 "사탄은 언제든지 혹은 무저갱에서라도 그들의 본질인 '속이는 자'의 특성에 따라 믿는 자들을 하나라도 더 거둘 것을 염두에 두고 있다"라고 했다. 그는 무저갱에서 천 년 후에 풀려난 사탄에게 유혹된 자들도 있을 것이라고 보았다. 그러나 다음 9절을 볼 때 이는 받아들이기 쉽지 않다. 그들이 이 땅에 나와 많은 성도를 미혹했으나, 성도들이 넘어가지 않았음을 알 수 있기 때문이다. 사탄이 곡과 마곡을 미혹하고 모아 싸움을 붙이는데, 그 수가 바다의 모래 같을 것이다.

그들이 성도들의 진과 사랑하시는 성을 둘렀으나, 하늘에서 불이 내려와 그들을 태워 버렸다. '성도들의 진'은 광야 생활을 한 이스라엘 백성을 떠올리게 한다(민 2:2; 히 11:34). 이것은 사탄의 활동이 계속될 때, 하나님의 자녀들이 나그네의 삶을 살게 됨을 의미할 수 있다. '사랑하시는 성'에 대해 모리스는 '하나님께 구속함을 받고 사랑을 받은 백성들'이라고 설명한다. 하늘에서 불이 내려와 그들을 태운 것은 에스겔의 환상을 반영한 것일 수 있다(겔 38:22).

이어 그들을 미혹하는 마귀가 불과 유황 못에 던져졌다. 거기는 그 짐승과 거짓 선지자도 있어 세세토록 밤낮 괴로움을 받을 것이다. 앞서 19장 20절에서 선고된 것과 동일하게 이들은 영원한 유황불 못에 던져질 것이다. 그들의 완전한 패망과 함께 그리스도의 완전하고 영원한 승리를 보여 준다. 유황 못에는 짐승과 거짓 선지자도 있었다. 그들은 앞서 13장에서 용의 권세를 받은 바다와 땅의 짐승들이다. 이들은 이미 유황불 못에 던져졌고, 이제 영원한 멸망에 이를 것이다.

2) 11-15절 : 심판과 새 하늘과 새 땅, 그리고 영원한 둘째 사망

요한이 또 '크고 흰 보좌와 그 위에 앉으신 이'를 보았다. 성경 해석자들은 대부분 '크고 흰 보좌'는 하나님의 영광, 위엄, 거룩을 뜻한다고 본다. '보좌에 앉으신 이'는 그리스도라

고 보기도 하고, 하나님이라고 말하기도 한다. 나는 둘 다 맞다고 생각한다. 하나님은 삼위일체로서, 앞의 내용이나 다니엘서를 볼 때 어린 양과 동일한 분으로 이해할 수 있다. 요한이 볼 때 '땅과 하늘이 그 앞에서 피하여 간데없었다'는 것은, 앞서 6장에서 여섯째 인을 뗄 때 하늘과 땅이 없어진 것과 연관된다. 큰 심판의 날이 이르자 하나님께서 모든 것을 심판하신다. 이때 하늘과 땅은 하나님의 피조물에 지나지 않기에 얼마든지 하나님의 뜻대로 하실 수 있다. 이것은 곧 이사야 65장의 새 하늘과 새 땅을 위한 예비 작업이다(사 65:17-25). 또 이후 21장에서 하늘에서 새 예루살렘이 내려오게 하기 위한 준비 작업이다(계 21:1-4).

요한은 또 죽은 자들이 큰 자나 작은 자나 그 보좌 앞에 서 있는 것을 보았다. 이에 대해서도 다음과 같이 견해가 다양하다. 첫째, 죽은 자들은 순교자들과 믿는 성도들이다. 둘째, 인류 전체를 말하기도 한다. 셋째, 래드는 "죽은 자들은 불신자들일 것이다. 다음 구절에 심판을 받는다는 내용이 있기 때문이다"라고 했다(단 7:1-12).

이때 책들이 펴 있고 또 다른 책이 펴졌다. 이는 곧 생명책으로, 죽은 자들이 자기 행위를 따라 책들에 기록된 대로 심판을 받았다. 이 구절은 다니엘 12장 1절 및 누가복음 10장 20절과 연관된다. 이 생명책은 그리스도의 구속으로 말미암은 구원받은 백성의 이름이 기록된 책이다(계 3:5, 13:8, 21:27).

이어 바다가 그 가운데에서 죽은 자들을 내주었다. 또 사망과 음부도 그 가운데에서 죽은 자들을 내주었다. 이스라엘에서 시신이 매장되지 못한다는 것은 가장 수치스러운 죽음을 상징했다(왕상 13:21-22; 렘 8:1-2). 반면 버려져 있는 시신을 매장하는 것은 가장 친절한 행위이자, 신앙의 행위로 인정되었다(Beasley-Murray, NICNT 참조). 주님을 대적하거나 믿지 않은 불신자들과 악행을 저지른 자들도 죽어서 반드시 육체적 심판을 받는다. 하나님은 그 뜻하신 바대로 심판하심으로 완전한 하나님 나라를 이루어 가신다. 이는 곧 영원한 심판의 장소를 마련하신다는 말이기도 하다. 각 사람은 자기의 행위대로 심판을 받는다.

"사망과 음부도 불못에 던져지니"에서 사망과 음부는 용과 뱀, 짐승과 사탄을 일컫는다. 이른바 죽은 자들의 거처가 되는 사망과 음부가 불못에 던져질 것이다. 이것은 둘째 사망이다. 누구든지 생명책에 기록되지 못한 자는 불못에 던져질 것이다. 많은 학자가 '불못'(사나토스)을 '게헨나', 힌놈의 골짜기로 해석한다. 열왕기하 16장과 21장에 따르면 그곳은 예루살렘의 쓰레기를 태우기에 늘 불이 붙어 있는 곳이며, 이스라엘 백성이 몰렉의 우상을 숭배하면서 사람을 희생 제물로 드리며 태운 곳이기도 하다(NICNT). 이런 참람한 곳이 바로 힌놈의 골짜기다(왕하 16:3, 21:6).

이렇게 무지막지한 멸망을 실행할 수 있는 것은 오직 하나님께만 있는 권능이다. 하나님의 보좌에서 구원받은 백성, 생명책에 기록된 자들은 둘째 사망을 피한다. 반면 짐승에게 경배하고 하나님을 대적했던 자들은 반드시 둘째 사망을 맞이하게 된다. 그들은 벌레도 죽지 않고 불도 꺼지지 않는 곳에서 영원한 진노를 받을 것이다(사 66:24).

[교훈]

1. 천년왕국에 대한 개인적 의견

나는 무천년설을 옹호하지만, 동시에 전천년설에 대한 주장을 존중한다.[30] 반면 세대주의 휴거론자들에 대해서는 전적으로 반대한다. 재림 날짜를 인간의 인지적 감각으로 예측하는 것은 불가하다. 하지만 쿨만이나 리델보스가 주장한 것처럼 '이미'와 '아직'의 신학적 관점은 정당성이 있다. 세대주의 전천년주의자들의 문자적 해석은 옳지 않다고 본다.

래드는 "복음서는 천국(Kingdom of God)의 현재성과 미래성을 동시에 가르친다"라고 했다. 세대주의자들은 전천년설을 주장하는 데서 그치지 않는다. 그들은 주님의 재림을 대환난 전인 중간에 두고, 재림을 공중 재림과 지상 재림으로 구분한다. 따라서 주님의 공중 재림과 함께 교회는 휴거되고, 지상에서는 7년 대환난이 일어난다고 주장한다.

박형룡 박사는 역사적 전천년기 재림설을 추종했다(박윤선, 래드 등도). 그리고 무엇보다 세대주의 전천년설을 매우 비판했다. 그들이 대환난 전 휴거를 말하고 있기 때문이다. 그들은 데살로니가전서 4장 14-17절, 5장 9절, 요한계시록 3장 10절 등을 그 근거로 인용한다. 그러나 박형룡 박사는 그들이 사용하는 이 성구들은 오히려 환난을

---

30) 이한수, 《요한계시록》, pp.356-366. 나의 스승인 이한수 교수는 역사적 전천년설을 주장한다. 그러나 타당성 있는 다른 주장들에 대해서도 열린 마음을 갖고 있다고 했다.

말하지 않는다고 반박한다. 그럼에도 그들은 대환난이 있은 후 그리스도의 재림(계 19장)이 있고, 그다음 천년왕국이 있으며(계 20장), 이때 새 하늘과 새 땅을 보게 된다고 주장한다(계 21장). 그리고 그리스도의 재림을 공중 재림과 대환난 후 지상 재림으로 구분한다.

무천년설은 어거스틴 이후 중세교회가 견지해 왔다. 영국 청교도들은 미래에 천년왕국이 이루어질 것이라고 믿었다. 웨스트민스터 신학자 중에는 코렐리우스 반틸이나 존 머리 등이 이를 주장했다. 카이퍼나 바빙크 등도 동일하게 주장했다. 이들은 그리스도의 초림 때부터 재림 때까지를 상징적으로 이해한다.

후천년설에서는 그리스도의 초림이 있다고 말한다. 또 재림 전에 천 년 동안 성도가 왕 노릇 한다고 설명한다.

2. 최후의 심판과 생명책에 기록된 자로서의 삶

천 년이 찬 후 사탄이 옥에서 나와 불신자들을 선동하여 성도들을 치려고 한다. 이때 하늘에서 불이 내려와 그들을 태워 버린다. 그들이 불과 유황 못에 던져지니, 거기는 짐승과 거짓 선지자도 있어 밤낮으로 괴로움을 당할 것이다. 또 '흰 보좌의 심판'이라고도 하는, 책들에 기록된 대로 행해지는 심판이 있다. 이는 불신자들을 대상으로 하는 것으로, 그들은 자신의 행위대로 심판을 받을 것이다. 바다든 땅이든 어둠에 묻힌 영혼은 모두 심판을 받을 것이다. 이들은 생명책에 기록되지 못한 자들로 불못에 던져져 영원한 괴로움에 처할 것이다.

1-6절의 천년왕국 후 7-10절에서 곡과 마곡의 전쟁이 나온다. 여기서 말하는 '천 년'은 예수의 초림에서 재림까지의 상징적 기간을

말한다(무천년설). 이 기간에 예수 그리스도의 십자가와 부활 사건으로 사탄이 패배하게 된다. 그리스도께서 재림하실 때 의인을 일으키시고, 유대인과 이방인 중의 기독교인들을 살리실 것이다. 그 뒤에 환난이 있을 것이다(전천년설). 11-25절은 하나님의 심판대 앞에 설 자들을 말한다. 생명책에 기록된 성도들은 구원과 영생, 상급을 받는다. 반면 생명책에 기록되지 못한 불신자들은 영원한 형벌을 받게 된다.

그리스도는 부활과 더불어 세상과 마귀, 사탄과 적그리스도, 거짓 선지자에 대해 완전한 승리를 이룬다. 그리스도 안에서 생명책에 기록된 자는 반드시 영생을 약속받는다. 성도는 말세에 그리스도와 함께 왕 노릇 하는 그날까지 굳센 신앙으로 나아가야 한다.

[신학적 제언] 천년왕국설에 대한 네 가지 견해 및 각각의 장점과 단점

천년왕국은 지상에서 일어나는 일이다. 그 나라는 '새 하늘과 새 땅'(계 21:1)에서 이루어질 것이다. 이는 요한계시록 20장 6절의 "이 첫째 부활에 참여하는 자들은 복이 있고 거룩하도다 둘째 사망이 그들을 다스리는 권세가 없고 도리어 그들이 하나님과 그리스도의 제사장이 되어 천 년 동안 그리스도와 더불어 왕 노릇 하리라"라는 말씀을 실제적 사건으로 이해할 수 있기 때문이다(사 65:17-25, 66:21-23).

처음에 하나님이 인류를 위해 세상을 창조하셨던 곳이 에덴동산이다. 거기서 아담과 하와가 자유의지를 주신 하나님의 뜻을 망각하고 사탄의 유혹을 받아 죄를 지었다. 그러나 여자의 후손이신 예수 그리스도로 말미암아 회복된 것이라고 보기 때문이다(고전 15:45).

래드는 "천년왕국 문제는 다각적으로 심오하다. 혹 모든 신학이 그 의문에 대한 해답을 발견할 수 없을지라도, 복음주의 신학은 분명한 성경의 가르침 위에 있어야 한다. 그러므로 나는 여전히 역사적 전천년기설을 주장한다"라고 말했다. 안토니 후크마(Anthony A. Hoekema)는 "세대주의 전천년기는 역사적 전천년기와 구별되어야 한다. 이 두 사상 체계는 근본적인 여러 면에서 차이가 있기 때문이다"라고 했다. 박형룡 박사는 "역사적 천년기전론과 시대(세대)론 사이에는 현격한 차이가 있다. 시대론은 재림론의 제4견해요, 본래의 천년기전론과 혼동될 것이 아니다"라고 했다.

　네 가지 주장 중 전천년설이 먼저고, 3세기 이후에 무천년설, 그리고 후천년설이 나왔다. 그다음에 세대적 전천년설이 나왔다. 각 주장 및 각각의 강점과 약점을 살펴본다.

1. 역사적 전천년설

　1) 초기 전천년설(Premillennialism)

　　그리스도의 재림 후 지상에서 부활한 성도들이 그리스도와 함께 왕 노릇 할 것이다. 교회의 초기 3세기까지 성행했다. 이레네우스와 테르툴리아누스, 히폴리토스 등이 이를 주장했다. 요한은 그의 제자인 서머나 교회의 감독 폴리캅에게 이를 전승했다. 또 폴리캅은 그의 제자 이레니우스에게 전승해 초대 교회에서 정설로 받아들여졌다.

　2) 역사적 전천년설(Historical Premillennialism)

　　첫째는 문자적인 해석으로, 사탄의 결박은 그리스도의 재림 이후 일어난다. 요한계시록 20장은 재림 후 천 년을 명백히 가르친다. 예수께서는 마태복음 24장에서 이미 말세에 대해 강조하셨다. 이 주장의 장점은 성경을 벗어나지 않고 현재와 오는 세대를 유기적 기능 관계로 잘 엮을 수 있다는 것이다. 래드와 박형룡, 박윤선 등이 이를 주장했다. 문자적으로만 해석했을 때 다음과 같은 위험 요소가 있기는 하다. 첫째, 천년왕국을 단순하게 취급하여 '물질적인 성도들의 통치'로 오인할 수 있다. 둘째, 사건을 도식화하여 시대적 시간표에 끼워 넣을 수 있다. 그렇게 나온 것이 세대적 전천년기설이다.

1. 그리스도 재림의 시기와 천년왕국(역사적 전천년기)

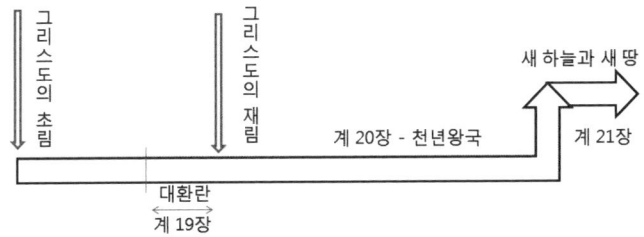

도식: 역사적 천년기설(Historical Premillennialism)
- 이레네우스, 테르툴리아누스 등
- 조지 래드, 랑게, 벵겔, 박형룡 등

⟨도표 12⟩

2. 무천년설(Amillennalism)

무천년설에서는 요한계시록 20장 1-6절을 두 부분으로 나눈다. 그리고 전반부는 지상에서 이루어지는 신약 시대로 구분하고(1-3절), 후반부는 천상에서 일어날 것으로 주장한다(4-6절). 그리스도의 초림 때부터 재림 때까지를 왕국의 의미로 본다. 물론 천년기로 단정 짓지는 않는다. '천'은 완전수를 세 번이나 곱한 수(10×10×10)다. 이는 하나의 완전한 상징적인 기간으로, 그리스도의 초림부터 재림까지의 교회의 영적인 기간으로 본다.

아브라함 카이퍼(Abraham kuyper)가 '천 년'을 상징으로 이해했다. 그는 요한계시록 19장은 최후 심판으로, 20장은 앞선 6-19장의 심판을 위한 재앙 강화로 보았다. 바빙크는 19장을 그리스도의 재림으로 보았다. 그리고 20장은 그리스도 안에서 죽은 자들의 천상 생활을 의미한다고 이해했다. 이들은 모두 요한계시록을 문자적으로 이해하기보다 상징적으로 해석하고자 했다. 이에 19장에 앞서 20장이 있어야 한다고 보았는데, 그 이유는 재림은 단회적이기 때문이다. 다시 말해, 앞선 19장 11-18절이 20장 1-6절의 내용을 포함하거나, 20장은 19장을 재강조한 것으로 보았다. 따라서 이들은 세대주의적 전천년설을 주장하는 이들처럼 두 번의 재림을 말하지 않았다.

2. 그리스도 재림의 시기와 천년왕국(무천년기, A millenialism)

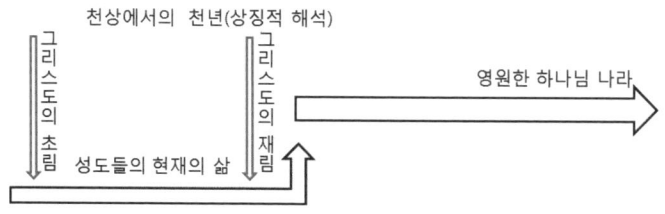

도식: 무천년 재림설(A millenialism)
- 어거스틴, 칼빈, 카이퍼, 바빙크, 벌코프, 후크마 등

〈도표 13〉

3. 후천년설(Post millennalism)

3. 그리스도 재림의 시기와 천년왕국(천년기 후 재림)

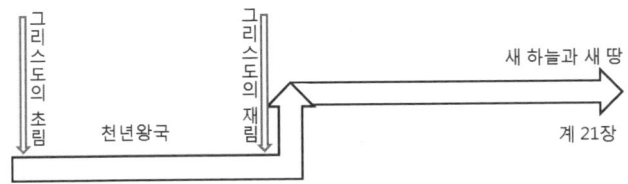

도식: 후천년기(Postmillenialism)
- 보에트너 – 그리스도는 기독교가 실제화된 곳에 온다고 함
- 보에트너(Boettner), 캠벨, 핫지, 워필드 등

〈도표 14〉

　보에트너(L. Boettner)는 그리스도의 재림 전 천 년 동안 기독교의 황금시대가 있다고 했다. 17세기 후반 휘트비는 오리게네스의 영적 및 우화적 해석법으로 천년왕국을 해석해야 한다고 말했다. 후천년설에서는 이 세상이 회개하여 예수 그리스도에게로 돌아온다고 설명한다(마 28:18). 또 유대인들은 그들의 옛 땅으로 돌아가며, 교회는 패배할 것이라고 했다(사 2:2-3; 단 2:44, 인류의 황금기).

　그러나 여기에는 비판적인 요소가 없지 않다. 먼저 요한계시록 19장 11-21절에서 적그리스도 세력의 멸망을 예기하고 있으며, 마태복음 24장 37절 이하에서는 세상 끝 날에 있을 인류의 부패를 말하고 있기 때문이다. 이에 따르면 그리스도의 재림 전 황금기가 있다는 주장은 설득력이 없다.

　후천년설의 장점은 궁극적으로 첫째, 교회의 적극적인 승리를 약속하신 것을 제시한다는 점이다(계 19-20장). 둘째, 복음 전파 사역에 박차를 가한다는 것이다(마 28장; 막 13장; 롬 11장). 곧 땅끝까지 이르러 복음이 전파될 것이다. 선은 증가하고, 악은 감소할 것이다. 이들은 이 여파로 천년왕국이 이루어진 후에 그리스도의 재림이 있을 것이라고 본다.

4. 세대주의 전천년설(Dispensational millennalism)

전천년설에 대한 관심도가 한창 높아질 때, 스코틀랜드의 목사 어빙이 천년왕국론자들의 세력이 부흥하는 계기를 만들었다. 그리하여 영국의 다비에 의해 세대주의 전천년설이 태동했다. 이들은 이중 재림을 믿는다. 곧 공중 재림과 지상 재림이다(벧전 1:7-예수 그리스도께서 나타나실 때, 살전 4:17-살아남은 자들도 그들과 함께 구름 속으로 끌어올려가 공중에서 주를 영접).

이들은 다니엘서나 요한계시록의 사건들이 교회 시대에 해당되는 것으로 보았으며, 역사주의적 해석을 받아들여 성경의 역사를 일곱 세대로 나누고 문자적으로 해석했다. 다니엘 9장 27절에 나타난 칠십 번째 이레나 요한계시록 6장 이후의 사건이, 기본적으로는 미래에 속한 것이라고 주장했다. 또 이들은 천년왕국에서는 부활한 성도들이 왕이라고 말했다. 유대인들은 육체적으로 들어가 회개한 후에 천국으로 인도될 것이라고 설명했다.

앞서 언급했듯, 이들은 성경의 역사를 일곱 세대로 나눴다. 곧 무죄, 양심, 인적 정치, 약속, 율법, 은혜, 왕국 시대다. 또 왕국 연기론을 주장했다. 메시아의 초림 때 유대인의 배도로 왕국 건설이 재림 때로 연기되었다는 것이다. 그러나 성경은 구약과 신약의 구분 없이 예수 그리스도를 믿는 믿음의 도리를 가르친다. 천국은 현재성과 미래성을 동시에 가르친다(G. E. Ladd, Critical Questions about Kingdom of God).

또 이들은 그리스도의 재림을 천년기가 아니라 7년 대환난을 중심에 두고 논했다. 그리스도의 재림을 공중 재림과 지상 재림으로 구분하여 공중 재림 때 일어날 교회의 휴거를 주장했다. 그리고 7년 환난은 계속되는데, 전반부에는 복음이 전파되고, 후반부에는 적그리스도의 환난이 계속된다고 말했다. 그러나 성경은 분명히 대환난 시 교회의 휴거를 말하지 않는다. 또 이들이 말한바 교회의 약화는 진행되지 않았다.

4. 그리스도 재림의 시기와 천년왕국(세대적 전천년설-성경을 문자적으로만 해석)

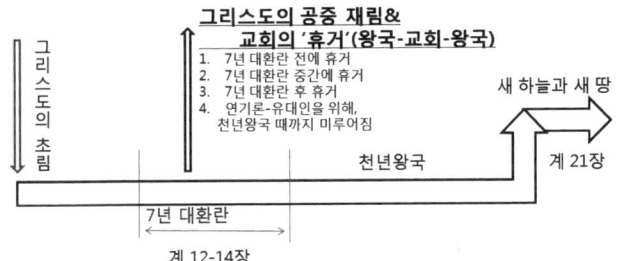

도식: 세대적 천년기설(Dispensational Premillennialism)
- 그리스도 공중 재림-휴거-대환란-그리스도 지상 재림
*스코필드(Scofield)와 다비(Darby) - 다윗 시대부터 천년왕국 시작, 교회와 왕국 분리함
*위 두 사람과 체이퍼(Chafer), 라이리(Ryrie) 등이 주장

〈도표 15〉

21) 요한계시록 21장 1-27절
주제 : 새 하늘과 새 땅, 그리고 새 예루살렘

21:1 또 내가 새(καινὸν) 하늘과 새 땅을 보니 처음 하늘과 처음 땅이 없어졌고(ἀπῆλθαν, had passed away) 바다도 다시 있지 않더라(οὐκ ἔστιν)

21:2 또 내가 보매 거룩한 성 새 예루살렘(Ἰερουσαλὴμ καινὴν)이 하나님께로부터 하늘에서 내려오니 그 준비한 것이 신부가 남편을 위하여 단장한 것 같더라

21:3 내가 들으니 보좌에서 큰 음성이 나서 이르되 보라 하나님의 장막이 사람들과 함께 있으매 하나님이 그들과 함께 계시리니 그들은 하나님의 백성이 되고 하나 님은 친히 그들과 함께(Θεὸς μετ᾽, with God) 계셔서

21:4 모든 눈물을 그 눈에서 닦아 주시니 다시는 사망이 없고(θάνατος οὐκ) 애통하는 것이나 곡하는 것이나 아픈 것이 다시 있지 아니하리니 처음 것들이 다 지나갔음이러라

21:5 보좌에 앉으신 이가 이르시되 보라 내가 만물(πάντα)을 새롭게 하노라(ποιῶ καινὰ, I make new) 하시고 또 이르시되 이 말은 신실하고 참되니 기록하라 하시고

21:6 또 내게 말씀하시되 이루었도다 나는 알파와 오메가요 처음과 마지막이라 내가 생명수 샘물을 목마른 자에게 값없이 주리니

21:7 이기는 자는 이것들을 상속으로 받으리라(κληρονομήσει, will inherit) 나는 그의 하나님이 되고 그는 내 아들(υἱός)이 되리라

21:8 그러나 두려워하는 자들과 믿지 아니하는 자들과 흉악한 자

들과 살인자들과 음행하는 자들과 점술가들과 우상 숭배자들과 거짓말하는 모든 자들은 불과 유황으로 타는 못에 던져지리니 이것이 둘째 사망이라

21:9 일곱 대접을 가지고 마지막 일곱 재앙을 담은 일곱 천사 중 하나가 나아와서 내게 말하여 이르되 이리 오라 내가 신부(τὴν νύμφην, the bride) 곧 어린 양의 아내(τὴν γυναῖκα, the wife)를 네게 보이리라 하고

21:10 성령으로 나를 데리고 크고 높은 산으로 올라가 하나님께로부터 하늘에서 내려오는 거룩한 성 예루살렘을 보이니

21:11 하나님의 영광이 있어 그 성의 빛이 지극히 귀한 보석 같고 벽옥(λίθῳ ἰάσπιδι, a stone jasper)과 수정같이 맑더라(κρυσταλλίζοντι, being clear)

21:12 크고 높은 성곽이 있고 열두 문이 있는데 문에 열두 천사가 있고 그 문들 위에 이름을 썼으니 이스라엘 자손 열두 지파의 이름들이라

21:13 동쪽에 세 문, 북쪽에 세 문, 남쪽에 세 문, 서쪽에 세 문이니

21:14 그 성의 성곽에는 열두 기초석이 있고 그 위에는 어린 양의 열두 사도의 열두 이름이 있더라

21:15 내게 말하는 자가 그 성과 그 문들과 성곽을 측량하려고 금 갈대 자를 가졌더라

21:16 그 성은 네모가 반듯하여 길이와 너비가 같은지라 그 갈대 자로 그 성을 측량하니 만 이천 스다디온이요 길이와 너비와 높이가 같더라

21:17 그 성곽을 측량하매 백사십사 규빗이니 사람의 측량 곧 천

사의 측량이라

21:18 그 성곽은 벽옥으로 쌓였고 그 성은 정금인데 맑은 유리 같더라

21:19 그 성의 성곽의 기초석은 각색 보석으로 꾸몄는데 첫째 기초석은 벽옥(ἴασπις, jasper)이요 둘째는 남보석(σάπφιρος, sapphire)이요 셋째는 옥수(χαλκηδών, chalcedony)요 넷째는 녹보석(σμάραγδος, emerald)이요

21:20 다섯째는 홍마노(σαρδόνυξ, sardonyx)요 여섯째는 홍보석(σάρδιον, sardius)이요 일곱째는 황옥(χρυσόλιθος, chrysolite)이요 여덟째는 녹옥(βήρυλλος, beryl)이요 아홉째는 담황옥(τοπάζιον, topaz)이요 열째는 비취옥(χρυσόπρασος, chrysoprase)이요 열한째는 청옥(ὑάκινθος, jacinth)이요 열두째는 자수정(ἀμέθυστος, amethyst)이라

21:21 그 열두 문은 열두 진주(μαργαρῖται, pearls)니 각 문마다 한 개의 진주로 되어 있고 성의 길은 맑은 유리 같은 정금이더라

21:22 성안에서 내가 성전을 보지 못하였으니 이는 주 하나님 곧 전능하신 이와 및 어린 양(τὸ Ἀρνίον)이 그 성전이심이라

21:23 그 성은 해나 달의 비침이 쓸데없으니 이는 하나님의 영광(δόξα, glory)이 비치고 어린 양이 그 등불(ὁ λύχνος)이 되심이라

21:24 만국이 그 빛 가운데로 다니고 땅의 왕들이 자기 영광을 가지고 그리로 들어가리라

21:25 낮에 성문들을 도무지 닫지 아니하리니 거기에는 밤이 없음이라

21:26 사람들이 만국의 영광과 존귀를 가지고 그리로 들어가겠고

21:27 무엇이든지 속된 것이나 가증한 일 또는 거짓말하는 자는

결코 그리로 들어가지 못하되 오직 어린 양의 생명책(τῷ βιβλίῳ τῆς ζωῆς, the book of life)에 기록된 자들(γεγραμμένοι, having been written)만 들어가리라

[내용 요약]

21장과 22장 초반부는 새 하늘과 새 땅에 관한 환상이다. 주 안에서 모든 성도의 소망이 적극적으로 이루어진 것을 보여 준다. 21장 1-8절에서는 새 하늘과 새 땅에 관해 설명하고, 21장 9절부터 22장 5절에서는 하늘에서 새 예루살렘이 내려와 어린 양의 생명책에 기록된 자들만 그곳에 들어가는 장면을 설명한다. 본 장은 다음과 같이 네 부분으로 세분할 수 있다. 첫째, 1-8절은 새 하늘과 새 땅에 관한 말씀이다. 둘째, 9-17절은 새 예루살렘의 모습이다. 셋째, 18-21절은 새 예루살렘의 재료와 소재에 대한 설명이다. 넷째, 22-27절은 새 예루살렘에서의 삶에 대한 묘사다.

[신학적 고찰]

1. 1-8절 : 새 하늘과 새 땅

1) 1-4절 : 옛것은 지나고 새것만이 있는 새 하늘과 새 땅

요한은 새 하늘과 새 땅을 보았는데, 처음 하늘과 처음 땅이 없어졌고 바다도 다시 있지 않았다. 새 하늘과 새 땅은 이사야 65장 17절과 66장 22절, 베드로후서 3장 13절과 연관된다(내가 새 하늘과 새 땅을 창조하나니 이전 것은 기억되거나 마음에 생각나지 아니할 것이다). 새 하늘과 새 땅은 처음에 있던

것이 아니다. 모든 것이 새롭게 되고 피조물이 고대하던 그 모습이다(롬 8:19).

요한은 거룩한 성 새 예루살렘이 하나님께로부터 하늘에서 내려오는 것을 보았다. 이 일은 오직 하나님의 권능과 주권으로만 가능하다. 세상의 모든 것은 썩고 없어질 것들이다. 그 준비한 것이 신부가 남편을 위하여 단장한 것 같았다는 것은, 곧 그리스도와 함께 그의 어린 양 혼인 잔치에 들어갈 주의 자녀들의 모습을 말한다. 이들의 모습을 결혼하는 것으로 묘사했다. 이는 곧 둘의 육체가 하나가 된다는 의미로, 그들이 그리스도와 함께 영원히 산다는 것을 뜻한다(창 2:24; 사 61:10-신랑이 사모를 쓰며 신부가 자기 보석으로 단장함 같음). 많은 학자가 이 결혼의 모습을 상징적인 것으로 해석한다. 새 예루살렘도 상징적이라고 본다. 그러나 그렇게 보면 요한계시록의 모든 것을 상징적으로 해석해야 한다. 나는 결혼은 비유지만, 새 예루살렘은 실제적인 것이라고 본다.

이때 요한이 보좌에서 큰 음성이 나는 것을 들었다. 이 음성은 앞서 16장 1절에서 일곱 대접을 쏟을 때 났던 천사의 음성과 비슷하다. 그 음성은 '하나님의 장막이 사람들과 함께 있으매 하나님이 그들과 함께 계시리니 그들은 하나님의 백성이 되었다'라고 말했다. 하나님이 그들과 함께 계신다는 것은, 그들이 하나님의 권속이며 그분의 피조된 백성임을 직접적으로 드러낸 표현이다(창 2:7). 여기서 '하나님의 백성'은 이스라엘뿐 아니라, 그리스도 안에서 구속받은 자 모두를 말한다. 하나님이 친히 그들과 함께 계신다는 말은 그들이 하나님의 나라에서 그의 통치를 받는다는 뜻이다. 곧 하나님의 백성이 되고, 그분의 것이 되었다는 의미로 이해할 수 있다(사 43:1; 호 2:23).

하나님은 모든 눈물을 그 눈에서 닦아 주셨다. 그리고 그들에게 다시는 사망이 없고, 애통하는 것이나 곡하는 것이나 아픈 것이 다시 있지 않았다. 하나님은 이스라엘 백성을 택하시고, 그분의 자녀의 대표주자로 세우셨다. 그리고 그들의 혈통을 통해 인류를 구원하실 그리스도를 주셨다. 이러한 하나님의 위대하신 역사의 일련의 과정은 모두 하나님의 사랑에서 기인한다. 그러나 그 과정에서 악에 소용된 주의 자녀들의 고통이 있었던 것도 사실이다. 이제 그들에게 더는 아픔과 슬픔과 고통과 애환이 없을 것이다(계 7:16; 고전 15:54). 그리고 그리스도와 함께 하나님 나라에서 영원히 살게 될 것이다. 이전 것은 다 지나갔기 때문이다.

2) 5-8절 : 이어 보좌에 앉으신 이가 만물을 새롭게 할 것이라고 하셨다. '보좌에 앉으신 이'는 많은 다른 해석을 차치하고, 당연히 하나님이심을 확증적으로 말할 수 있다(계 1:8 "주 하나님이 이르시되"). 하나님께서 이 말이 신실하고 참되니 기록하라고 하셨다. 하나님은 무에서 유를 창조하신 분이다. 모든 것을 주관하며 심판하시는 분이다. 그 하나님이 새 하늘과 새 땅을 위해 모든 만물을 소멸하셨다. 그리고 이제 새로운 모습으로 나타내실 것이다. 여기에 더는 인간이 첨가할 말이 없다. 하나님의 말씀이기 때문이다.

주님은 요한에게 "이루었도다 나는 알파와 오메가요"라고 하셨다. 이는 처음과 마지막이라는 뜻이다(계 1:8, 22:13; 사 44:6, 48:12). 그분은 스스로 이제도 있고, 전에도 있었으며, 장차 올 자요 전능한 자라고 하셨다(창 17:1, 35:11; 계 1:8). 하나님은 또 생명수 샘물을 목마른 자에게 값없이 주겠다고 하셨다(시 63:1; 사 55:1). 그리고 이기는 자는 이것들을 상속으로 받으리라고 하셨다. '이기는 자'는 예수 그리스도의 피로 말미암아 악에 대하여 승리한 자들을 말한다(계 2:7, 26, 3:5, 21). 하나님은 '나는 그의 하나님이 되고, 그는 내 아들이 될 것이다'라고 하셨다. 여기서 '아들'의 헬라어 '휘오스'는 그리스도에게 사용되는 용어다. 그런 특권, 즉 왕권을 이어받을 수 있는 왕자의 권리까지 주신다는 것이다.

그러나 두려워하는 자들(창 3:10; 요일 4:18)과 믿지 않는 자들(요 3:18; 요일 5:10; 유 1:5), 흉악한 자들(잠 13:5; 요일 2:14), 살인자들(계 22:15), 음행하는 자들(고전 5:9; 엡 5:5; 히 13:4), 점술가들(수 13:22), 우상 숭배자들(고전 5:10; 갈 5:20; 골 3:5), 거짓말하는 자들(시 63:11; 잠 17:4; 슥 13:3; 딤전 1:10; 요일 2:22; 계 21:27)은 모두 불과 유황으로 타는 못에 던져질 것이다. 이것은 앞에서도 계속적으로 진노의 심판이 이어질 때 말씀하셨던 사실이다. 이들은 하나님을 대적하는 자들이며, 둘째 사망이 예비된 자들이다(계 20:14-15).

2. 9-17절 : 새 예루살렘의 모습

요한은 일곱 대접을 가지고 마지막 일곱 재앙을 담은 일곱 천사 중 하나가 '이리 오라'고 하는 소리를 들었다. 이 천사는 앞서 17장

1절에서 나온 천사와 동일한 천사로 보인다. 그가 재앙과는 상반된 신부 곧 어린 양의 아내인 성도를 보여 주겠다고 말했다(계 19:7). 신랑과 신부는 하나님과 그 백성의 관계를 비유하는 것이다(사 54:6). 또 그리스도와 그의 몸 된 교회인 성도와의 관계를 말한다(마 25:1-12; 엡 5:25-27).

성령이 요한을 데리고 크고 높은 산으로 올라가 하나님으로부터 하늘에서 내려오는 거룩한 성 예루살렘을 보여 주었다. 이것은 앞서 17장 1-5절에서 요한이 성령에게 인도되어 큰 성 바벨론의 멸망을 목격한 것과 상반된 상황이다. 바벨론의 멸망과 거룩한 성 예루살렘의 모습이 대조된다. 이는 에스겔 47장에서 에스겔이 높은 산에서 성전의 모습을 본 것과 관련된다. 요한은 이 거룩한 성에서 하나님의 영광을 목격했다. 그 성의 빛이 지극히 귀한 보석 같았고, 벽옥과 수정같이 맑았다. 성경에서 하나님의 영광은 종종 광채로 표현된다. 에스겔이 환상 중 본 하나님의 임재의 모습도 그러했다(겔 43:5 "여호와의 영광이 성전에 가득하더라").

요한은 또 크고 높은 성곽과 열두 문이 있는 것을 보았다. 이것은 위대하신 하나님의 집에 대한 묘사다. 성곽이 크고 높다는 것은 하나님 나라의 위대함을 보여 주는 것이다. 하나님께서는 새 예루살렘이 외부와 철저히 구분되는 것인 만큼 더 웅장하고 화려하게 하셨다. 이 장면을 모리스와 머리(Beasley-Murray)는 성 밖에 있는 자들과 구분하는 것이라고 설명한다(계 22:15; 사 26:1; 슥 2:5). 문에 열두 천사가 있고, 그 문들 위에 이름을 썼는데, 곧 이스라엘 자손 열두 지파의 이름이었다. 래드는 이사야 62장 6절을 인용해 열두 천사는 거룩한 성 예루살렘을 통하는 문을 통제하고 출입을 제한하는 일을 한다고 말했다. 문들 위에 있는 이름은 에스겔 48장 30-34절과 연관되어 있다.

그 성곽에는 열두 기초석이 있었고, 그 위에는 어린 양의 열두 사도의 열두 이름이 있었다. 성경 해석자들은 이 부분을 구약의 12지파와 신약의 12사도로 분류해 이십사 장로를 뜻한다고 말한다. 이 숫자는 이스라엘과 신약 시대의 어린 양의 보혈로 구원받은 성도들을 상징한다는 일반적인 풀이로 이해될 수 있다.

15-17절에서는 성전을 측량하는 모습을 보여 준다. 요한에게 말하는 자가 그 성과 그 문들과 성곽을 측량하려고 금갈대 자를 가지고 있었다. 그 성은 네모가 반듯해 길이와 너비가 같았다. 그 갈대 자로 그 성을 측량하자 만 이천 스다디온이었고, 길이와 너비와 높이가 같았다. 그 성곽을 측량하니 백사십사 규빗이었다. 이는 사람의 측량 곧 천사의 측량이었다. 이에 대한 해석은 에스겔 40장 3절과 연관되어 있다. 앞서 11장에서 요한이 성전을 측량했으나, 여기서는 천사가 한다는 것이 다른 점이다. 본 장의 성전 측량으로 하나님의 도성 새 예루살렘이 영원히 보존된다. 더욱이 이 일은 하나님의 영광을 드러내는 일에 우선한다.

'만 이천 스다디온'에 대해서는 해석자마다 설명이 다르고 특이하다. 모리스는 하나님의 백성 전체를 나타낸다고 보았다. '12'라는 숫자에 '10,000'이라는 숫자를 곱한 수이기 때문이다. 곧 완전하고 충만한 수라고 이해하는 것이다. 다른 이는 숫자는 상징일 뿐이며, 새 예루살렘의 거대하고 완전한 모습을 나타내는 것이라고 보기도 한다. 나는 두 가지 해석 모두 옳다고 본다. 에스겔 40장에도 입방체 성전의 모습이 나타나기 때문이다. 열왕기상 16장에 기록되어 있는 지성소도 입방체다. 이런 일면들을 통해 하나님의 나라는 숫자를 넘어 상징적으로 이해될 수 있다. 성곽이 '백사십사 규빗'이라는 것에서 '백사십사'는 이미 살펴본 대로 '12'라는 완전수의 12배다. 이는 하나님의 거룩한 성이 완전하고 아름다우며 높이가 매우 높고 웅장함을 나타낸다. 사람이 측량한 것이 천사가 한 것과 같다는 말은, 사람이나 천사나 수치 계산에서 정확도에는 의심의 여지가 없다는 것을 뜻한다.

3. 18-21절 : 새 예루살렘의 재료와 소재

"그 성곽은 벽옥으로 쌓였고 그 성은 정금인데 맑은 유리 같더라." 성곽이 벽옥으로 쌓였다는 것은 하나님의 거룩하심과 영광을 묘사한다. 앞서 4장 3절에서 보았듯이, 벽옥은 본래 구약에서 제사장의 흉패에 붙이는 보석이었다(출 28:20, 39:13). 성은 정금인데 맑은 유리와 같다고 했다. 정금은 순전함과 거룩함과 완전함을 말한다. 그것이 매우 맑았다는 것은 아무런 흠이 없고 티도 없는 신부의 순결함과 아름다움을 뜻한다(엡 5:27-티나 주름 잡힌 것이나 이런 것들이 없이 거룩하고 흠이 없게 하려 하심).

성곽의 기초석은 각색 보석으로 꾸몄는데, 첫째 기초석은 벽옥(jasper, 맑은 초록색을 띤 반투명한 돌)이었다. 이는 순결함을 나타낸다. 둘째로 남보석(sapphire, 빛나는 황철광이 포함된 짙은 청색)은 황옥으로 존귀함을 뜻한다. 셋째로 옥수(chalcedony, 초록색 규산염)는 녹주옥으로 성도의 행위를 의미한다. 넷째로 녹보석(emerald, 또 다른 초록색 돌)은 석류석으로 긍휼을 뜻한다. 다섯째는 홍마노(sardonyx, 붉은색과 흰색의 줄무늬 돌)로 아름다움을 상징한다. 여섯째는 홍보석(sardius, 붉은

빛을 띠는 보석)으로 경계의 위엄을 의미한다. 일곱째는 황옥(chrysolite, 금빛이 도는 보석)으로 신실함을 뜻한다. 여덟째는 녹옥(beryl, 옅은 청록 색의 보석)으로 맑은 이념을 나타낸다. 아홉째는 담황옥(topaz, 밝은 황 금빛 보석)으로 영광을 상징한다. 열째는 비취옥(chrysoprase, 연두색 보 석)으로 생명의 충만을 의미한다. 열한째는 청옥(jacinth, 붉은빛을 띠는 자주색 보석)으로 거룩함을 나타낸다. 열두째는 자수정(amethyst, 보랏 빛 보석)으로 죄 없음을 상징한다(《NICNT 신약주석》).

이 보석들은 이스라엘 지파 제사장들의 흉패에 있던 것과 같다 (출 28:17-20 "첫 줄은 홍보석 황옥 녹주옥이요 둘째 줄은 석류석 남보석 홍마 노요 셋째 줄은 호박 백마노 자수정이요 넷째 줄은 녹보석 호마노 벽옥으로 다 금 테에 물릴지니").

그 성의 열두 문은 열두 진주이며, 문마다 한 개의 진주로 되어 있고, 성의 길은 맑은 유리 같은 정금이었다. 앞서 열두 문에는 열두 지파의 이름이 새겨져 있었다. 그런데 여기서는 각 문이 한 개의 진 주로 되어 있다. 진주는 성경에서 매우 귀한 것을 칭할 때 비유적으 로 사용된다. 곧 '지혜는 진주보다 귀하다', '현숙한 여인도 진주보다 귀하다' 등에서 사용되었다(잠 3:15, 31:10). 요한계시록 18장에서는 바 벨론이 망할 때 진주를 파는 자들이 그것을 팔지 못함으로 슬퍼했 다(계 18:11-12). 성의 길이 맑은 유리 같은 정금으로 되어 있다는 것은 앞의 18절의 내용과 상통하며, 성전 문의 매우 값비싸고 순결하고 화려한 모습을 보여 준다.

4. 22-27절 : 새 예루살렘에서의 삶

요한은 성안에서 성전을 보지 못했다고 말한다. 그는 지금까지 성의 모습을 정확하고도 세세하게 설명했다. 그런데 성안에서 성전은 보지 못했다고 했다. 그것은 전능하신 하나님과 그 어린 양이신 그리스도께서 성전이시기 때문이다. 그 성은 해나 달의 비침이 쓸데없다고 했다. 그 이유는 단순하다. 하나님의 영광이 비치고, 어린 양이 그 등불이 되시기 때문이다. 여기서 왜 하나님의 영광과 그리스도의 등불을 구분했을까? 혹자는 광채와 등불을 따로 해석하나, 이는 잘못된 것이다. 예수님은 이 땅에 빛으로 오신 분이다(요 1:9-참 빛 곧 세상에 와서 각 사람에게 비추는 빛). 이는 여호와께서 빛이 있을 것이라고 하셨기 때문이다(슥 14:7). 천국의 모습을 유형(有形)으로 분류하여 불가시적인 모습으로 변모한다고 보는 것도 잘못된 해석은 아니다. 더불어 빛 가운데 항상 밝음만 있는 곳에서 사는 주의 백성들은 성안에서 성전을 볼 수 없다는 상징적인 해석도 옳다. 하나님은 인간의 생각을 뛰어넘으시고, 마지막 하나님 나라의 완성은 결코 불완전하지 않기 때문이다.

그때 만국이 그 빛 가운데로 다니고, 땅의 왕들이 자기 영광을 가지고 그리로 들어갈 것이다. 여기서 '만국'은 어린 양의 이름으로 구속받은 자들을 뜻할 수 있다. '빛'에 대해서는 이사야 선지자가 잘 표현하고 있다(사 61:1-3). '땅의 왕들'은 앞서 보았듯이 바벨론은 이미 멸망했기 때문에 당연히 어린 양의 이름으로 구속받은 자들로 이해된다(계 1:5, 15:2). 25절에서 낮에 성문들을 도무지 닫지 않는 이유는 거기에는 밤이 없기 때문이다. 밤이 없다는 것은 거기에는 주님의 영광만 있고, 그 영광이 전혀 가려지지 않는다는 뜻이다.

26절에서 사람들이 만국의 영광과 존귀를 가지고 그리로 들어간다는 것은 24절의 반복이다. 반복은 히브리 문학의 강조 어법이다.

무엇이든지 속된 것(레 10:10; 겔 44:23)이나 가증한 일(신 7:26; 왕상 11:5; 겔 18:13; 마 24:15), 또는 거짓말하는 자(슥 13:2; 마 24:11; 요일 4:1; 계 19:20, 20:10)는 결코 그리로 들어가지 못한다. 오직 어린 양의 생명책(τῷ βι βλίῳ)에 기록된 자들만 들어갈 것이다. 하나님의 말씀은 명확하고 확실하다. 그 생명책은 전혀 다른 것에 비유될 수 없는 오직 하나다. '생명책'의 헬라어 관사 '토'(τό)는 영어로 'the'의 뜻이다.

[신학적 제언]

1. 하나님의 언약과 언약의 결정체인 어린 양, 그리고 새 하늘과 새 땅의 관계

　　1) 실체인 새 하늘과 새 땅

　　　새 하늘과 새 땅은 실체(substances)로 표현된다. 어거스틴은 《하나님의 도성》에서 "하나님의 나라가 모호하다고 느낀다면 신성한 일에 대해 오류를 범하는 현상"이라고 말했다. 하나님은 분명히 그리스도의 영광으로 올 것이다. 새 하늘과 새 땅으로 임하실 것이다. 하늘로부터 새 예루살렘이 내려오는 것은 하나님 나라의 도래를 뜻하는 것으로 이해된다. '새'(new)라는 말은 원천적으로 '새롭다'라는 뜻을 지닌다. 하나님의 나라는 완전한 새것이라고 말할 수 있다. 결국 하나님 나라를 예비하심으로 주의 자녀들은 새로운 영체로 될 것이다.

　　2) 새 하늘과 새 땅의 특성

　　　새 하늘과 새 땅은 이전 세상과 같지 않다. 오직 기쁨과 환희만 있는 곳이다. 하나님을 향한 찬양만 있는 곳이다(사

43:21). 그곳에는 저주가 없으며, 이전의 것이 다시 있지 않다. 하나님의 영광과 성도들의 만족함만 있을 것이다. 그곳에 들어가지 못하는 자는 세상에서 하나님을 모른다고 한 자, 하나님에 대해 무지한 자, 하나님의 성령을 훼방한 자, 우상 숭배자, 위선자, 거짓 선지자, 점술가, 살인자다. 이들은 유황 불 못에 떨어질 것이다. 이들을 기다리고 있는 것은 둘째 사망뿐이다.

하나님은 아담과 신성한 언약을 체결하시고 구원의 모체를 형성하셨다. 그 과정에서 아브라함의 믿음을 택하셨다. 그리고 어린 양의 실체를 예비로 보여 주셨다(창 22:14). 이어 모세를 통해 하나님의 율법을 알게 하셨다. 다윗을 통해서는 메시아의 도래와 하나님의 통치가 무엇인지를 그의 왕권으로 보여 주셨다. 때가 되어(갈 4:4) 아들 예수 그리스도가 이 땅에 빛으로 오셨다. 예수 그리스도는 구속을 행하셨다. 완전한 성도의 구원을 이루셨다. 어린 양을 따라 하나님의 도성은 이제 형상을 넘어 실체로 임한다. 새 예루살렘이 하늘로부터 내려올 것이기 때문이다(사 65장). 하나님의 도성으로 하나님의 통치가 머무는 곳이다. 하나님과 함께할 수 있는 곳이다. 하나님의 언약을 따라 사는 백성은 그리스도 안에서 신비적 연합을 이루며 이곳에서 영원무궁토록 살 것이다.

2. 새 예루살렘과 성령이 거하시는 성전

1) 새 예루살렘은 어린 양과 그의 신부가 함께 사는 곳

새 예루살렘은 천국의 모습이다. 또 새 예루살렘은 성도의 전체성을 뜻한다. 그 성에 들어가면 성전을 볼 수 없다. 하나님의 영광이 비치고 어린 양이 그 등불이 되시기 때문이다. 그 새 예루살렘의 크기가 어마어마하다는 것은 측량의 수치로 보아 알 수 있다(만 이천 스다디온은 약 2,200킬로미터임, 또 '12'는 완전수, '1,000'은 완전한 충족수를 뜻함). 그뿐 아니라 예수께서 요한복음 14장 1-2절에서 '내 아버지 집에 거할 곳이 많다'고 하셨다. 그곳은 내가 원하기 전에 하나님이 먼저 나를 사랑하시고 택하셨기에 들어갈 수 있는 곳이다(요일 4:10; 요 15:16).

2) 새 예루살렘의 특징

　(1) 새 예루살렘이 금으로 만들어졌다는 것은 첫째는 거룩이요, 둘째는 완전함, 셋째는 변함없음, 넷째는 영원을 의미하는 것이다. 그곳은 아무나 들어갈 수 있는 곳이 아니다. 어린 양의 보혈로 구속함을 받은 자들만 들어갈 수 있다.

　(2) 새 예루살렘은 12지파와 12사도가 들어갈 수 있는 곳이다. 이들은 구약의 구원받은 성도들과 신약의 구원받은 성도를 말한다. 새 예루살렘은 성삼위 하나님의 구원협약에 따라 약속된 자녀들이 들어가는 곳이다. 곧 어린 양의 피로 구속받은 자들, 환난과 핍박을 믿음으로 잘 견딘 자들이 가는 곳이다.

3) 새 예루살렘 성의 외부

하늘로부터 내려온 새 예루살렘은 하나님의 통치가 있는 아름다운 곳이다. 이 예루살렘 성은 외적으로 어찌나 아름다운지 말로 다 형용할 수 없을 정도다. 성은 정금으로 되어 있는데 마치 맑은 유리 같고, 성곽은 벽옥으로 쌓였다. 이는 하나님 나라 통치의 주재와 권능과 거룩을 뜻한다. 성벽은 정육면체로 하나님의 완전하심과 전 우주적 규모를 상징한다. 성곽의 기초석은 각종 보석으로 꾸며져 그 아름다움을 더한다.

4) 새 예루살렘 성의 내부

(1) 성부 하나님과 어린 양이신 예수께서 성전이시기에 따로 성전이 보이지 않는다. 바울은 성도들에게 '너희는 성령이 거하시는 성전이다'라고 했다(고전 3:16-17, 6:19).

(2) 새 예루살렘은 오직 생명책에 기록된 백성만 들어가는 곳이다. 예수의 보혈로 새롭게 된 자만이 입성이 가능하다(거룩한 성전에 불결한 것이 같이 있을 수 없음).

[교훈과 실천]

성도는 새 하늘과 새 땅을 바라보며 현재의 신앙을 더욱 굳건히 해야 한다. 거짓 선생과 적그리스도의 위협에도 굴하지 않고 믿음을 꿋꿋이 지켜야 한다. 새 예루살렘성을 허락하신 하나님께 감사하며, 말씀 위에 굳게 서서 늘 믿음을 잃지 말아야 할 것이다. 나아가 빛이신 예수 그리스도를 따라 살아야 한다. 그리스도와의 신비적 연합(mystica unio Christi)을 따라 거룩하게 살아야 할 것이다.

마지막 날이 이르기 전에 성도는 깨어 있어야 한다. 주의 신부 된 자로서 예수 그리스도에 대한 믿음을 굳건히 붙잡고 살아가야 한다. 천국에 들어가는 것은 우리 자신의 노력으로 불가능하다. 오직 그리스도, 어린 양의 거룩한 보혈로 들어갈 수 있다. 어떠한 고난과 환난이 올지라도 믿음을 잃지 말고 그리스도 예수 안에서 끝까지 승리하는 성도가 되어야 할 것이다.

22) 요한계시록 22장 1-21절
주제 : 천국의 소망 - 생명수 강과 생명나무

22:1 또 그가 수정같이 맑은(λαμπρὸν) 생명수(ὕδατος ζωῆς, water of life)의 강을 내게 보이니 하나님과 및 어린 양의 보좌로부터 나와서 **22:2** 길 가운데로 흐르더라 강 좌우에 생명나무(ξύλον ζωῆς, the tree of life)가 있어 열두 가지 열매(καρποὺς, fruits)를 맺되 달마다 그 열매를 맺고 그 나무 잎사귀들은 만국을 치료하기 위하여(εἰς θερ απείαν, for healing) 있더라 **22:3** 다시 저주가 없으며 하나님과 그 어린 양의 보좌가 그 가운데에 있으리니 그의 종들이 그를 섬기며(λατρεύσουσιν, will serve) **22:4** 그의 얼굴을 볼 터이요(ὄψονται, they will see) 그의 이름(τὸ ὄνο μα αὐτοῦ)도 그들의 이마(μετώπων)에 있으리라 **22:5** 다시 밤이 없겠고 등불과 햇빛이 쓸데없으니 이는 주 하나님이 그들에게 비치심이라 그들이 세세토록 왕 노릇 하리로다 **22:6** 또 그가 내게 말하기를 이 말은 신실하고 참된지라 주 곧 선지자들의 영(πνευμάτων τῶν προφητῶν, spirits of the prophets)의 하나님이 그의 종들에게 반드시 속히(τάχει, quickness) 되어질 일을 보이시려고 그의 천사(ἄγγελον)를 보내셨도다 **22:7** 보라 내가 속히 오리니(ἔρχομαι, I am coming) 이 두루마리의 예언의 말씀을 지키는(τηρῶν, keeping) 자는 복이 있으리라 하더라

22:8 이것들을 보고 들은 자는 나 요한이니 내가 듣고 볼 때에 이 일을 내게 보이던 천사의 발 앞에 경배하려고 엎드렸더니

22:9 그가 내게 말하기를 나는 너와 네 형제 선지자들과 또 이 두루마리의 말을 지키는 자들과 함께 된 종이니 그리하지 말고 하나님께 경배하라(προσκύνησον) 하더라

22:10 또 내게 말하되 이 두루마리의 예언의 말씀을 인봉하지 말라 때가 가까우니라

22:11 불의를 행하는 자는 그대로 불의를 행하고 더러운 자는 그대로 더럽고 의로운 자는 그대로 의를 행하고 거룩한 자는 그대로 거룩하게 하라

22:12 보라 내가 속히 오리니 내가 줄 상이(ὁ μισθός, the reward) 내게 있어 각 사람에게 그가 행한 대로 갚아 주리라

22:13 나는 알파와 오메가요 처음과 마지막이요 시작과 마침이라

22:14 자기 두루마기를 빠는 자들은 복이 있으니 이는 그들이 생명나무에 나아가며 문들을 통하여 성에 들어갈 권세를 받으려 함이로다

22:15 개들과 점술가들과 음행하는 자들과 살인자들과 우상 숭배자들과 및 거짓말을 좋아하며 지어내는 자는 다 성 밖에 있으리라

22:16 나 예수는 교회들을 위하여 내 사자(ἄγγελόν, angel)를 보내어 이것들을 너희에게 증언하게 하였노라 나는 다윗의 뿌리요 자손이니 곧 광명한 새벽 별이라 하시더라

22:17 성령과 신부가 말씀하시기를 오라 하시는도다 듣는 자도 오라 할 것이요 목마른 자도 올 것이요 또 원하는 자는 값없이 생명수를 받으라 하시더라

22:18 내가 이 두루마리의 예언의 말씀을 듣는 모든 사람에게 증언하노니 만일 누구든지 이것들 외에 더하면(ἐπιθῇ, should add) 하나님이 이 두루마리에 기록된 재앙들을 그에게 더하실 것이요

22:19 만일 누구든지 이 두루마리의 예언의 말씀에서 제하여(ἀφέλῃ, should take away) 버리면 하나님이 이 두루마리에 기록된 생명나무와 및 거룩한 성에 참여함을 제하여 버리시리라

22:20 이것들을 증언하신(μαρτυρῶν, testifying) 이가 이르시되 내가 진실로 속히 오리라 하시거늘 아멘(Ἀμήν) 주(Κύριε) 예수여 오시옵소서(ἔρχου)

22:21 주 예수의 은혜(χάρις)가 모든(πάντων) 자들에게 있을지어다 아멘(ἁγίων Ἀμήν, the Holy Amen)

[내용 요약]

본 장은 생명수 강과 생명나무에 대한 내용을 담고 있다. 생명에 관한 하나님의 본질적인 속성을 내포한다. 22장은 크게 두 부분으로 나눌 수 있다. 생명나무(1-5절)와 천국의 소망(5-21절)에 관한 부분이다. 각 단락의 설명은 천국의 모습이 어떤 것인지를 집중적으로 조명한다. 특히 18-21절에서는 요한이 기대하는 임박한 그리스도의 재림에 대해 기록하고 있다. 앞서 20장부터 22장까지는 그리스도의 재림과 최후 심판, 새 하늘과 새 땅을 순차적으로 보여 주고 있다. 대체적으로 논리적 순서, 즉 연관된 것을 반복하는 수사학으로 천국에 대한 기대와 그리스도 재림을 조명하고 있다.

1. 1-5절 : 생명나무

1) 1-2절 : 영생의 특징 - 하나님 나라

1절은 창조의 질서를 따른 생명의 섭리를 담고 있는 창세기 1-3장과 관련된다. 또 에스겔 47장 9-12절에서 성전 문지방에서 나온 물이 아라바를 거쳐 바다로 흘러 바다의 물이 되 살아나고 생물이 살 수 있는 생명수의 강이 되는 것과 연관되어 있다. 이와 관련해 여러 학자의 다양한 주장이 있다. 첫째, 생명수 강이 성령을 가리킨다고 주장한다. 둘째, 죽음이 사라진다고 말한다(래드). 셋째, 모리스는 생명수 강이 영생을 뜻한다고 말한다. 여하간 생명수 강은 죽었던 바다가 살아난 것처럼 모든 것을 생명으로 전환한다. 이는 생명수 강으로 변화되는 과정이자, 생명수 강이 영생수임을 보여 준다. 이 수정같이 맑은 생명수 강이 하나님과 어린 양의 보좌에서 나왔다. 생명수의 근원이 하나님임을 알 수 있다.

2절에서 이 생명수 강이 길 가운데로 흐르고 강 좌우에 생명나무가 있어 열두 가지 열매를 맺었다는 것은, 하나님과 어린 양이 본래 창조하셨던 것의 회복을 의미하며, 여기서는 천국의 실체와 상징을 같이 논할 수 있다. 생명수는 불순물이 없는 수정 같은 물이며, 살리는 일을 하는 것이다. 생명수 강 좌우에 있는 생명나무의 열매는 영생하는 과실을 뜻한다. 이는 에덴동산 중앙에 있던 생명나무의 열매라고 칭할 수 있을 것이다(창 3:22). 이런 실체적인 모습과 함께, 열두 가지 열매는 '12'라는 숫자에 따라 '완전한 상태'를 상징한다. 이는 앞선 생명나무의 열매를 설명하는 말로 이해할 수 있다. 다시 언급하지만, 요한계시록은 상징으로만 해석할 수 없다. 여기서도 실제 에덴동산의 상태와 같은 회복이라고 말하는 학자들의 의견이 설득력이 있다고 본다.

그 생명나무가 달마다 그 열매를 맺고(렘 17:8), 그 나무 잎사귀들은 만국을 치료하기 위해 있었다. 그 잎사귀들은 영원히 마르지 않으며 약 재료가 되었다(시 1:3; 겔 47:12). 이 영생수로 말미암아 치료의 잎사귀들이 곧 다시는 저주가 없다는 말로 이해된다(슥 14:7-11).

2) 3-5절 : 천국의 상태

3절에서 '다시 저주가 없으며, 하나님과 그 어린 양의 보좌가 그 가운데에 있으니 그의 종들이 그를 섬겼다'는 말은 창세기 3장의 원복음과 연관되어 있다. 아담의 죄로 말미암아 온전한 심판이 있어야 함에도 하나님은 그들에게 은혜를 베푸셨다. 그리고 인류를 구원하셨다. 이를 통해 완전한 회복을 이루셨다. 이제 다시는 저주가 없게 하셨다(슥 8:13, 14:11). '그의 종들이 그를 섬겼다'는 것은 하나님과 어린 양의 크신 은혜로 구속받은 그의 백성 곧 주의 자녀들이 제사장이 되어 하나님을 찬양하며 경배한다는 것이다(사 43:21; 엡 2:8; 벧전 2:9).

4절의 '그의 얼굴을 볼 것이다'라는 말은, 출애굽기 33장 20절의 하나님께서 모세에게 하나님을 보는 자는 죽는다고 하신 말씀과 상반된다. 새로운 언약을 주신 하나님은 예수를 통해 자신을 인간에게 나타내셨다. 예수님을 본 자는 곧 하나님을 본 것이라고 하셨다(요 14:7).

이제 생명수 강이 흐르고 그 열매가 맺히며 치료의 역사가 있기에 저주가 다시 없을 것이다. 대신 그의 종들이 하나님의 얼굴을 보고, 그 이마에 그의 이름이 있을 것이다. 이 장면은 13장 16절의 내용과 비교된다. 오히려 이제 그들의 이마에는 하나님의 이름이 있고, 그들의 이름은 하나님의 생명책에 기록되어 있을 것이다(빌 4:3). 생명책에 기록되지 못한 자는 이마에도 그분의 이름이 없을 것이다(시 69:28; 계 13:8, 17:8, 20:15).

5절의 다시 밤이 없고 등불과 햇빛이 쓸데없을 것이라는 말씀은 앞서 21장 23, 25절의 내용과 동일하다. 그 이유는 하나님과 어린 양이 빛이 되시기 때문이다. 실제로 천국에서는 밤이 없을 것이다(슥 14:7). 그들은 이제 세세토록 왕 노릇할 것이다(계 5:10, 11:15, 20:4).

2. 6-21절 : 천국의 소망

1) 6-9절 : 반드시 성취될 예언의 권위와 경배할 대상

앞서 일곱째 대접을 쏟았던 그 천사가 요한에게 '이 말은 신실하고 참되다. 주 곧 선지자들의 영의 하나님이 그의 종들에게 반드시 속히 될 일을 보이시려고 그의 천사를 보내셨도다'라고 말했다. 이 말은 앞의 19장 9절과 동일한 뜻으로 보인다. 영들의 주인이신 하나님은 신구약 전체에서 선지자들을 통해 말씀하셨다. 그 하나님이 반드시 임할 일을 보여주시려고 천사들을 보내신 것이다(계 1:1). 곧 '내가 속히 오리니 이 두루마리의 예언의 말씀을 지키는 자는 복이 있을 것이다'라는 내용이었다(계 1:1, 3:11).

요한이 자기에게 이 모든 것을 듣고 보게 한 천사의 발 앞에 경배하려고 엎드렸다. 이 부분에 대해서는 여러 해석이 있다. 첫째, 요한이 천사를 존경하는 마음에서 경배하려고 했다는 것이다. 둘째, 모리스는 천사 숭배가 잘못되었다는 것을 말하기 위함이라고 본다. 셋째, 래드는 요한이 겸손한 모습을 나타내려고 한 것이라고 설명한다. 세 가지 해석 모두 설득력이 있다고 본다.

요한이 경배하려고 엎드리자, 천사가 그에게 '나는 너와 네 형제 선지자들과 또 이 두루마리의 말을 지키는 자들과 함께 된 종이다'라고 말했다. 이 구절은 앞서 19장 10절의 내용과 동일하다. 사람이나 천사는 경배할 대상이 아니라는 것이다. 오직 하나님만 경배받을 수 있다.

2) 10-15절 : 계시와 우상 숭배자

또 천사가 요한에게 '이 두루마리의 예언의 말씀을 인봉하지 말라, 때가 가깝다'라고 말했다. 이에 비해 아직 때가 남았을 때는 인봉하라고 하셨다(사 8:16; 단 12:4). '인봉하지 말라'는 것은 그리스도의 재림의 때가 임박했다는 것을 알리는 것이다.

계속해서 천사가 '불의를 행하는 자는 그대로 불의를 행하고, 더러운 자는 그대로 더럽게 하라'고 말했다. 이 구절에 대해서는 학자마다 해석이 다르다. 혹자는 더는 회개할 수 없는 자들을 의미한다고 주장한다. 어떤 이는 뒤이어 나오는 17절에 근거해 회개의 기회를 준 것이라고 본다(래드). 또 천사는 '의로운 자는 그대로 의를 행하고, 거룩한 자는 그대로 거룩하게 하라'고 말했다. 이것은 하나님의 원하심을 따라 행한 자들이 얻는 지복(마땅한 최고의 복)을 말한다. 앞서 불의를 행한 자들에 대한 말씀은 마지막 회개의 촉구로 볼 수도 있을 듯하다. 그리스도의 재림은 이미 20장에서 증거되었음에도, 세상 마지막 때에 대한 마무리와 회개에 대한 촉구는 17절에서도 계속되기 때문이다.

이어 12절에서 예수께서 '보라 내가 속히 올 것인데, 나에게는 각 사람에게 그가 행한 대로 갚아 줄 상이 있다'고 말씀하셨다. 주님은 앞의 7절에서와 동일하게 속히 올 것이라고 하셨다(합 2:3; 계 1:1, 3:11). 또 각 사람이 행한 대로 갚아 주겠다고 하셨다. 악을 행한 자에게는 악으로 갚으시고, 선을 행한 자에게는 상급을 주시겠다는 것이다. 본 절은 '환난과 핍박을 잘 견뎌 내는 자'를 더 의식적으로 드러낸다. 이는 각자 행위대로 하나님의 복을 누릴 수 있다고 할 때, 가장 중요한 사항이기 때문이다(왕상 8:39; 대하 15:7; 욥 34:11; 시 50:23; 렘 32:19; 벧전 1:17; 계 2:2, 23, 20:12). "나는 알파와 오메가요 처음과 마지막이요 시작과 마침이라"라는 말씀은 온 우주적 하나님의 주재(主宰) 되심을 선포하시는 말씀이다(계 1:8, 21:6).

이어 14절에서는 '자기 두루마기를 빠는 자들은 복이 있다'고 말씀하셨다. 이는 그들이 생명나무에 나아가며 문들을 통하여 성에 들어갈 권세를 받으려 하기 때문이라고 했다. 앞서 7장 14절에서 두루마기를 빠는 자들은 그리스도의 구속 사역에 참여하는 자들을 뜻했다. 본 절에서는 하나님의 영원한 영광에 참여하는 자들을 의미한다. 이미 앞서 20장에서 그리스도의 재림과 함께 하나님의 완전한 나라가 임했기 때문이다. 또 최후 심판도 끝난 시점이기 때문이다. 앞서 2절에서 생명나무를 논했듯이, 이는 하나님의 택하심을 받은 자들이 하나님이 마련하신 새 예루살렘에 들어가기 위한 과정이다.

그러나 '개들과 점술가들과 음행하는 자들과 살인자들과 우상 숭배자들과 및 거짓말을 좋아하며 지어내는 자'는 다 성 밖에 있을 것이다. 이는 앞서 21장 8절의 반복이자 그와 연계성이 있는 구절이다. '개들'은 요한계시록에서는 처음 언급되지만, 구약 신명기에서 남창을 말할 때 사용되었다(신 23:17-18). 또 예수께서 가나안 여인에게 이 단어를 비유로 사용하셨다(마 15:26). 나머지 점술가들과 음행하는 자들과 살인자들과 우상 숭배자들과 거짓말을 좋아하는 자들은 두말할 나위 없이 하나님을 대적하는 자들이다. 이들의 멸망은 이미 예고되었다. 이들은 결코 다시 살 수 없는 둘째 사망에 이를 것이다(계 20:13-15). 또 이들은 성 밖에 있을 것인데, 그곳은 낙원과 새 예루살렘, 새 하늘과 새 땅의 영역에 들지 못하는 곳이다. 그곳은 곧 지옥이다(마 5:22, 29-30; 눅 12:5; 약 3:6).

3) 16-17절 : 구원의 초청

"나 예수는 교회들을 위하여 내 사자를 보내어 이것들을 너희에게 증언하게 하였노라." 여기서 '나 예수'는 분명 그리스도이시다. 그리스도는 요한에게 이미 앞에서 자신의 계시임을 언급하셨다(계 1:1). 예수께서는 교회들을 위해 자신의 사자를 보내셨다. 교회는 성도들의 모임을 말하며, 사자는 당연히 천사를 뜻한다. 그들에게 마지막 날에 일어날 징조에 대해 말씀하셨다. 즉, 주님의 재림과 새 하늘과 새 땅의 도래, 그리고 최후 심판에 대해 말씀하신 것이다. 주님은 자신의 정체에 대해 정확히 말씀하셨다. 이는 이미 구약의 하나님의 선지자들에 의해 예언된 사실이다. 그리스도는 "나는 다윗의 뿌리요 자손이며 광명한 새벽 별이다"라고 말씀하셨다. 이는 이사야 11장 1, 10절에 예언된 말씀이 이루어진 것이다. 이사야서에서 말한 이새의 뿌리는 다윗을 말한다. '광명한 새벽 별'은 한 별이 야곱에서 나온다는 민수기 말씀을 반영한다(민 24:17). 반면 '아침의 아들 계명성'은 바벨론 또는 루시퍼를 지칭한다. 이는 사탄을 일컫는 말이기도 하다(사 14:12).

17절은 하나님께서 삼위일체이심을 보여 준다. 특히 '성령과 신부가 말씀하신다'는 것은 앞의 19장 10절과 연결된다. '성령'은 '예수의 증언은 예언의 영이다'라는 말과 같은 맥락이다. '신부'는 '교회'를 일컫는다. 예수께서는 자신의 지상 사역을 마치고 그 뒤로 오시는 보혜사를 약속하셨다. 그가 바로 예언의 영이다(요 15:26). 다른 말로 하면 중보자 되시는 그리스도의 계속적 중보 사역을 뜻이다.

성령과 신부가 말씀하시기를 '듣는 자도 오고, 목마른 자도 올 것이며, 원하는 자는 값없이 생명수를 받을 것이다'라고 하셨다. 이것은 이사야 55장의 내용을 그대로 표현한 것으로 볼 수 있다. 그 말씀의 예언은 한 치의 오차 없이 틀림없이 진행될 것임을 시사한다. 이 말씀은 그리스도의 재림을 고대하는 자들에게 회개의 기회를 주는 것이다. 아직 완전한 하나님의 나라가 이루어지기 전에 반복적으로 구원으로 초청하시는 것으로 이해할 수 있다. 앞에서 자기 두루마기를 빠는 자들이 복이 있다고 말씀하신 것도 동일한 의미라고 보기 때문이다.

4) 18-21절 : 그리스도 예수의 임박한 재림에 대한 기대

요한은 이 두루마리의 예언의 말씀을 듣는 모든 사람에게 증언한다고 선포한다. 우리가 아는 바대로, 요한은 변화산에서 예수님이 변형되시는 모습을 직접 목격했다(마 17장). 예수님의 얼굴에서 광채가 나고 옷이 빛같이 희게 된 것을 보았다. 그런 요한이 이 계시에 대한 환상을 기록했음에는 의심의 여지가 없다. 또 그는 "만일 누구든지 이것들 외에 더하면 하나님이 이 두루마리에 기록된 재앙들을 그에게 더하실 것이요"라고 담대하게 말했다. 요한은 하나님의 말씀의 정밀함과 정확함, 그리고 하나님의 사역의 전체성과 통일성을 주도면밀하게 경험했다. 또 환상 중에 장차 있을 하나님의 심판과 진노를 직접 목격했다. 따라서 그것에 무엇을 덧붙인다거나 감한다는 것은 있을 수 없는 일이었다. 요한은 요한복음을 기록하면서 예수의 표적 중 기록하지 않은 것도 있었다. 그러나 그는 분명한 어조로 그 책을 기록한 것은 하나님의 아들 예수 그리스도를 믿고 그 이름을 힘입어 생명을 얻게 하려 함이라고 말했다(요 20:30-31).

여하간 누구든 요한계시록의 말씀에 무엇을 가감하면 안 된다. 사실 요한계시록에는 해석이 난해한 부분이 많이 있다. 어떤 환상이나 사실, 사건에 대해서는 명확하게 설명하기가 어렵다. 그러므로 해석자가 자신의 설명이 절대적이라고 생각하면 안 되는 것이다. 이에 요한은 만일 이 기록에 대해 가감한 자는 그대로 보응을 받을 것이라고 선포했다. 베드로도 성경을 억지로 풀다가는 멸망할 것이라고 경고했다(벧후 3:16).

계속해서 요한은 '만일 누구든지 이 두루마리의 예언의 말씀에서 제하여 버리면 하나님이 이 두루마리에 기록된 생명나무와 및 거룩한 성에 참여함을 제하여 버리실 것이다'라고 경고했다. 아직 마지막 때가 오기 전이기 때문에 이 요한계시록은 사람들에 의해 언제든지 가감될 여지가 있다. 그러나 만일 그렇게 하면 그들은 결국 생명나무와 거룩한 성에 참여할 수 없으며 성 밖에 던져질 것이다(마 22:13; 눅 13:28). 또 그들은 영원히 꺼지지 않는 불못에서 고통받게 될 것이다(계 20:14-15).

20절에서 이것들을 증언하신 이가 말씀하시기를 "내가 진실로 속히 오리라"라고 하셨다. 앞의 7절과 12절의 말씀이 반복되고 있다. 진실로 주님은 속히 오실 것이다. 이제 마지막으로 요한은 당시의 인사말로 마무리한다. "아멘 주 예수여 오시옵소서." '아멘'은 '진실로'라는 뜻이다. 주님은 약속대로 오실 것이다. 그리고 속히 오실 것이다. 이 약속은 재림의 소망을 가지고 사는 성도들에게 큰 위안이 된다. 히브리서 10

장 36-37절에서는 "너희에게 인내가 필요함은 너희가 하나님의 뜻을 행한 후에 약속하신 것을 받기 위함이라 잠시 잠깐 후면 오실 이가 오시리니 지체하지 아니하시리라"라고 말씀한다.

"주 예수의 은혜가 모든 자들에게 있을지어다 아멘." 요한의 이 마무리 인사는 소망을 담고 있다. 바울도 고린도전서 16장 22절에서 "우리 주여 오시옵소서"(마라나타)라는 말로 그리스도의 재림을 소망했다. 요한은 이 요한계시록을 통해 교회와 성도에게 하나님의 언약을 알렸다. 이를 믿는 자들은 복이 있다. 요한계시록은 영원한 천국을 향한 그리스도의 외침이다.

[신학적 제언] 요한계시록 19장 10절, 22장 17절과 이사야 1장 18절, 55장 1절로 본 구원의 초청과 중보자이신 '예언의 영'의 상관성 – '돈 없이 값없이'는 그리스도의 중보적 공로를 뜻함

구원자와 중보자로서의 그리스도의 사역은 예언의 영이신 성령님과 함께 이루어진다. 그 사역은 영원하다. 구약 시대에 하나님이 구원의 내용을 선지자들을 통해 그의 백성에게 전하셨다. 그것이 요한계시록에서 성취되었다. 이 내용을 언약적 측면에서 이사야서와 요한계시록, 중보자 그리스도의 상관관계를 통해 간략하게 살펴본다.

1. 구원을 향한 하나님의 초청

하나님은 이스라엘의 구원을 위해 그들을 초청하겠다는 신실한 약속을 주셨다(사 1:18). 모든 목마른 자에게 물로 나아오라고 요청하셨다. "너희는 와서 사 먹되 돈 없이, 값없이 와서 포도주와 젖을 사라"고 하셨다(사 55:1). 하나님의 '값없는 은혜'(free merit)다. 하나님 편에서는 '값진 희생'(a expensive sacrifice)이다. 이는 하나님의 언약 안에서 그리스도의 중보로 말미암은 것이다.

1) 이사야 1장 18절, 55장 1절

이사야는 책망받아 마땅한 이스라엘에게 하나님의 구원으로의 초청과 함께 회개를 촉구했다. 하나님의 영광을 바라보는 자연마저 인간의 죄로 오염되었다. 하나님은 죄악이 세상에 가득함과 그들의 마음으로 생각하는 모든 계획이 항상 악한 것을 보셨다. 그리고 인생을 지으셨음을 한탄하셨다(창 6:5-6). 하나님이 가장 원하시는 것은 하나님의 영광이다. 그렇기에 하나님은 우리에게 그분의 뜻을 펼치셨다. 하나님의 영광을 향한 몸부림은 우리에게서 시작된 것이 아니었다. 우리의 힘으로는 하나님을 찾을 수 없기 때문이다.

2) 요한계시록 19장 10절, 22장 17절

"성령과 신부가 말씀하시기를 오라 하시는도다 듣는 자도 오라 할 것이요 목마른 자도 올 것이요 또 원하는 자는 값없이 생명수를 받으라 하시더라"(계 22:17). 예수의 증언은 예언의 영이시다(계 19:10). 예언은 하나님에게서 나오는 말씀이다. 그 영은 보혜사다. 그리스도의 영이시다(롬 8:9). 성령과 신부는 그리스도의 영과 그의 신부인 교회를 뜻할 수 있다. 이 초청은 아직 완전한 천국을 이루기 전 하나님의 언약을 성취하기 위한 마지막 단계로 볼 수 있다. 그 중보 사역은 예언의 영이신 그리스도께서 행하신다. 그 이유는 다음과 같다.

첫째, 하나님께서 창조의 목적을 성취하고자 하시기 때문이다. 창조는 하나님께서 영광을 받으시기 위해 하신 것이다. 이제 하나님은 그 회복을 원하신다. 그 일은 하나님께서 직접 주관하신다. 둘째, '남은 자' 사상(사 7:3, 스알야숩)을 통해 하나님께서 인류 구원을 위해 손을 펼치기를 원하시기 때문이다. 셋째, 회개의 촉구와 함께 구원으로 초청하시기 위함이다. 구원받기 위해서는 하나님의 말씀으로 무장하고 스스로 정결케 해야 한다. 회개하고 하나님께로 나아가기 위해서다.

2. 그리스도의 계속적 중보

하나님의 약속대로 만왕의 왕 되신 그리스도께서 이 땅에 화려한 광채와 장엄한 모습으로 오실 것이다(계 20:4-6). 바빙크는 그리스도의 중보 사역을 전 우주적으로 표현했다. 그것은 은혜 언약 안에서 이루신 하나님과 사람 사이의 화해(accommodation) 사역이었다.[31] 중보 사역의 핵심은 그리스도께서 하나님과 사람 사이에서 교량 역할을 하신 것이다. 성경이 이를 입증한다. 그리스도의 중보 사역은 곧 구속 사역이 바탕이 되었다. 즉, 비로소 새 언약을 주신 삼위 하나님이 친히 이루신 구원협약(decretum Dei speciale)을 이루셨다. 중보자 예수 그리스도 안에서 행위 언약을 성취하신 것이다.

율법의 완성자 되신 그리스도는 삼위 하나님 중 한 분이시다. 그분은 제2위격으로 이 땅에 오셔서 임무(officum)를 완수하셨다. 그의 영역은 우주적이며, 그의 왕국은 영원하다. 영적인 그리스도의 왕권이 그의 은총의 통치(regum rgatiae)와 능력의 통치(regum potentiae)로 구별되는 왕국이다. 중보적인 통치가 믿는 자들의 마음과 삶에서 이

---

31) Herman Bavinck, *Reformed Dogmatics, vol. 3*, p.238.

루어진다.[32]

하나님의 구원으로의 초청에 부응하는 자는 구원을 받는다. 완전한 하나님 나라를 향한 발걸음은 하나님의 손에 있다. 우리는 단지 초대받은 자리에 나아가면 된다. 물론 예복을 준비해야 한다. 그 예복은 그리스도를 믿는 믿음이다. 하나님은 우리를 가장 잘 아시는 분이다. 하나님의 말씀을 듣고 순종하며 실천할 때 우리는 우유와 젖을 값없이 사서 먹게 된다.

[교훈]

1. 새 예루살렘은 거룩한 삶의 터전이다. 앞서 21장에서 새 예루살렘의 특징과 상태에 대해 말한다. 또 새 예루살렘에서의 삶을 비유적으로 설명하고 있다. 상징적으로는 어린 양의 신부들의 아름답고 거룩한 삶의 실태를 묘사한다. 에덴동산은 그리스도의 새 언약을 따라 새 예루살렘(신부)의 모임으로 변모했다. 에덴동산이 회복되어 완전한 어린 양의 피로 사신 새 언약의 기틀이 마련되었다. 그리스도와의 연합을 통해 새롭게 하신 예루살렘(신부)의 모임이다.

2. 새 하늘과 새 땅에서는 하나님만 경배하며 그분의 얼굴을 볼 수 있다. 이 땅에서는 하나님의 얼굴을 보지 못한다(출 33:20). 그러나 예수님은 자신을 보는 자는 곧 하나님을 본 것이라고 말씀하셨다(요 14:7, 20:29). 또 마음이 청결한 자는 하나님을 볼 수 있다고 하셨다(마 5:8). 이 모든 것이 천국에서 완전하게 이루어지며, 그곳에 있는 자는 직접적으로 하나님을 보게 된다(계 22:4). 그곳은 오직 생명책에 그

---

32) Louis Berkhof, *Systematic Theology*(Grand Rapids, MI: Eerdmans Publishing Company, 1939), pp.406-407.

이름이 기록된 자들이 가는 곳이다. 이름이 기록된 자들의 이마에 어린 양의 이름이 있을 것이다. 그곳에서는 빛이신 예수님이 함께한다. 영광의 광채이신 하나님이 함께한다. 하나님의 자녀들이 아버지의 영광을 맛보며 누릴 것이다. 또 하나님 그리고 어린 양과 함께 영원토록 왕 노릇 할 것이다.

3. 주님은 말세에 반드시 전파되어야 할 계시를 선포하셨다. 이 계시는 하나님 말씀으로 이루어졌다. 성도는 이 계시의 말씀을 전파해야 한다. 마지막 날에 반드시 이 계시가 전파되어야 한다. 에스겔 선지자는 두루마리를 먹고 말씀을 전파하라는 사명을 받았다(겔 3:1-17). 바울은 때를 얻든지 못 얻든지 말씀을 전파하라고 권면했다(딤후 4:2). 반면 하나님을 모르는 척하며 술수를 쓰는 자, 우상을 섬기는 자, 거짓말하는 자들은 멸망할 것이다.

4. 우리는 구원의 초청을 받아들이고 회개의 영을 받아 영생을 누려야 한다. 다윗의 뿌리이신 구원자 예수 그리스도께서 목마른 자, 원하는 자는 누구나 와서 값없이 생명수를 받으라고 하셨다. 우리는 이 구원의 초청 메시지를 받아들여야 한다. 한편, 만일 계시를 인정하지 않거나 억지로 해석하면 하나님의 진노가 있을 것이다(벧후 3:16).

3. 주 예수여 오시옵소서(마라나타)

주님은 반드시 오시고, 속히 오실 것이다. 이는 시간 개념이 아니다. 믿음의 개념이다. 요한은 마지막으로 모든 성도에게 주 예수의 은혜가 있기를 구했다. 성도는 주님 오실 날을 고대하며, 거짓 선지자의 미혹에 넘어가지 않도록 깨어 있어야 할 것이다.

4. 결론

　지금까지 요한계시록을 하나님의 언약 선상에 놓고 살펴보았다. 요한은 종말에 반드시 이루어질 일을 계시로 받았다. 그 예언과 성취는 성삼위 하나님의 권위 아래 있다. 그 언약은 그리스도를 통해 이루어진다. 요한계시록의 중심 메시지는 그리스도의 초림과 재림 사이에 있는 성도의 인내다. 모든 환난을 이겨 내는 자는 영원한 생명이 있는 주님의 나라를 유업으로 받게 된다.

　계시는 오직 하나님에게서 기인한다.[33] 그리고 계시는 믿음으로 받는 것이다. 믿음이 없이는 계시를 이해하지 못한다. 천사나 계시 전달자는 경배받을 대상이 아니다. 오직 하나님만 영광과 존귀와 찬양과 경배의 대상이다. 하나님은 최고의 선(summum bonum)이시다. 하나님께서 자신의 형상대로 인간을 만드신 것은 그들을 통해 영광 받기를 원하셨기 때문이다. 하나님의 사랑과 그리스도의 공로는

---

33) 서철원, 《신학서론》(총신대학교 출판부, 2000), 서철원 교수의 신학함의 본질은 "믿음으로 수납"이라는 그의 신학 사상에서 중요한 위치를 차지한다.

우리의 신학과 신앙에 바른길을 제시한다. 오직 그리스도 안에서만 가능하다. 이것이 우리의 삶을 그분의 목적과 방향에 맞게 설정하도록 이끈다. 이런 점에서 우리는 더욱 거룩하고 세상과 구별된 삶을 살 수 있다.

우리에게는 두 개의 왕국이 있다. 하나는 영적인 개념으로 하나님에 대한 경배와 하나님을 경외하는 삶이 있는 곳이다. 그곳은 곧 하나님의 통치가 있는 아버지의 집이다. 다른 하나는 사람들 가운데 유지되어야 하는 하나님 나라다. 인간성과 시민으로서의 의무에 대한 배움이 있는 정치적인 왕국이다. 칼빈은 하나님 나라의 구성원으로서 이 땅에서 이러한 책임과 의무를 다할 것을 말한다. 그 이유는 그리스도의 중보 사역(officum Christus Mediator)의 비하(그리스도의 성육신과 죽음)에서 승귀(승천하시어 하나님 우편에 앉으심)로서의 완성에서 비롯되었기 때문이다.

하나님의 언약 선상에 있는 그리스도는 계속적인 중보자시다. 영원한 중보자로서의 사역은 하나님과 어린 양의 보좌로부터 지속된다. 영원한 하늘나라에서 하나님의 어린 양과 그 신부는 영원한 삶을 살게 된다.

이제 다음의 여섯 가지 항목으로 '언약으로 풀이하는 요한계시록'의 내용을 마무리한다.

1. 다시 오실 그리스도

칼빈은 "믿음의 사람들이 갖는 양심은 그리스도의 증여(贈與, gift)

로 말미암는다. 자유를 획득하게 해주심으로 그들이 자유와 함께 준수해야 할 것의 올가미에 얽매이지 않도록 해주셨다"라고 말했다. 그리스도는 지상 사역을 마치고 승천한 이후에도 중보 사역을 계속 하신다. 자신의 희생 제사를 아버지께 드린 중보 사역을 계속하시는 것이다. 그리고 세상 죄를 위한 희생을 통하여 구원을 완성한 자로서 아버지 앞에 나타나실 것이다. 그리스도는 구름을 타고 다시 오실 것이다. 그리고 심판주로 오실 것이다. 그분은 최후 심판을 이루시고 그의 신부인 성도와 영원한 삶을 누리실 것이다.

2. 그리스도의 공로[34]

그리스도의 공로는 단순히 그의 사역과 인간의 구원에만 국한되지 않는다. 하나님이 인간을 만드신 목적을 이루어야 할 필요가 있기 때문이다. 그리스도의 비하와 승귀를 다룰 때는 반드시 하나님에 대한 지식과 우리의 신앙적인 삶의 방향이 바로 설정되어야 한다. 하나님이 인간을 창조하셨던 원래의 목적이 완성되는 과정이 그리스도의 공로로 이루어진다. 하나님은 피조물로부터 영광과 찬송받기를 원하신다. 이러한 궁극적인 목적을 이루기 위해서는 인간 회복이 우선이요, 만물이 새롭게 재창조되는 것이 그다음이다. 하나님은 이를 위해 그리스도를 이 땅에 보내셔서 그 뜻을 이루셨다.

---

34) 문병호, 《30주제로 풀어 쓴 기독교 강요》, pp.145-151.

3. 성도의 할 일

성도는 하나님 아버지께서 아낌없이 주신 은혜의 선물을 받았다. 이 일로 하나님이 만족하신 덕분에 우리는 살 수 있었다. 하나님은 자신의 공로를 선택된 자에게 나누어 주시는 일을 그리스도를 통해 하셨다. 이는 하나님께서 베푸시는 은혜의 즐거움 안에서 구원을 성취하신 것이다. 주님은 성도가 하나님께 감사함으로 기도할 것을 요구하신다. 이것이 성도가 단지 그리스도의 이름으로 아버지께 기도해야 하는 이유다. 바빙크는 어거스틴의 말을 인용하여 "인간의 마음은 하나님을 향하도록 창조되었다. 그러므로 모든 인간은 진정으로 하나님을 따라 의를 좇아야 한다. 성도는 그 의를 따라 마지막까지 인내를 가지고 환난을 온전히 이겨 내는 자가 되어야 한다"라고 말했다.

4. 새 하늘과 새 땅을 소망하며 사는 성도

새 예루살렘 즉 하나님의 나라는 그리스도의 신부들이 모인 곳이다. 그 나라는 그곳을 통치하시는 하나님의 광채가 서려 있다. 하나님과 어린 양이 그 보좌에서 통치하신다. 그리고 그 신부들에게 영원한 생명수를 주신다. 그들은 하나님의 얼굴을 보게 되고, 그들의 이마에는 그분의 이름이 새겨진다. 그곳은 아픔과 슬픔과 애통과 어둠이 없는 곳이다. 반면 아름다운 향연과 축제와 영광의 찬송이 있다. 이곳에서 하나님의 어린 양과 그의 백성이 영원토록 왕 노릇 할 것이다.

5. 묵상과 실천

요한계시록은 반드시 온 세상에 전파되어야 한다. 이 말씀에 대한 가감은 절대 있어서는 안 된다. 그리고 주님을 맞이하려면 반드시 회개의 과정이 있어야 한다. 주님은 이제 곧 다시 오실 것이다. 이사야 선지자는 말세에 반드시 하나님의 심판이 있을 것이라고 말했다(사 34장). 그리고 하늘이 마치 두루마리같이 말릴 것이라고 했다. 성도는 늘 깨어 그리스도의 오심을 기다려야 한다. 또 하나님의 나라를 유업으로 받기 위해서는 그리스도의 영으로 감화를 받아야 한다. 믿는 자들에게 깨닫게 하는 회개함(agere poenitentiam)에 이르기 위해 늘 자신을 쳐 복종하는 성도가 되어야 한다(고후 12:7).

1. 개역개정 성경.

2. 대한성서공회 연구 성경.

3. TDNT 신약 사전.

4. F. F. Bruce. NICNT 신약 주석.

5. 헤세드레마. TNTC 성경사전.

6. 김길성. "개혁주의 종말론". 2005년 총신대학교 신대원 강의안.

7. 문병호. "개혁주의 종말론: 기독론적 의의에 주목하여". 2006년 총신대 학교 신대원 강의안.

8. 문병호. 30주제로 풀어 쓴 기독교 강요. 서울: 생명의 말씀사, 2011.

9. 박형룡. 교의신학 종말론. 서울: 개혁주의신행협회, 1983.

10. 서철원. 서철원 박사 교의신학 종말론. 쿰란출판사, 2018.

11. 서철원. 신학서론. 총신대학교 출판부, 2000.

12. 이종성. 종말론 I, II. 서울: 대한기독교서회, 1990.

13. 이한수. 요한계시록. 서울: 솔로몬, 2018.

14. 존 칼빈. 라틴어 직역 기독교강요. 문병호 역. 서울: 생명의 말씀사, 2009.

15. 하인리히 헤페. 개혁파 정통 교의학. 이정석 역. 서울: CH북스, 2007.

16. G. E. 래드. 신약신학. 신성종 역. 서울: 대한기독교서회, 1999.

17. Benjamin B. Warfield. *Christology and Criticism III*. Philadelphia: The Presbyterian and Reformed Publishing Company, 1970.

18. Charles Hodge. *Systematic Theology vol. 2*. Edinburgh: The Banner of Truth Trust, 1997.

19. Herman Bavinck. *Reformed Dogmatics*. Grand Rapids: Baker Academic, 2003.

20. Herman Bavinck. *Reformed Dogmatics, vol. 3*. Grand Rapids: Baker Academic, 2008.

21. John Murray. *Collected Writings of John Murray, Vol. 1*. Edinburgh: The Banner of Truth Trust, 1976.

22. George E. Ladd. *A Commentary on the Revelation of John*. Wm. B. Eerdmans Publishing Co., 1972.

23. Louis Berkhof. *Systematic Theology*. Grand Rapids, MI: Eerdmans Publishing Company, 1939.

24. Matthew Henry. *Matthew Henry's Commentary*, Genesis to Revelation, Grand Rapids, MI: Baker Book House, 1975.

25. Millard J. Erickson. *Christian Theology*. Grand Rapids, MI: Baker of House, 1983.

26. Morris Leon. *The Revelation of St. John*. Leicester, England: IVP, 1984.

27. Morris Leon. *The revelation of st. John*. Downers Grove, IL: InterVarsity, 1987.

28. R. H. Mounce. *The book of Revelation(NICNT)*. Wm. B. Eerdmans Publishing Co., 1997.

29. Charles C. Ryrie. *Revelation*. Everyone's Bible Commentary, 1968.

언약의 틀로 본 요한계시록

1판 1쇄 인쇄 _ 2025년 12월 1일
1판 1쇄 발행 _ 2025년 12월 5일

지은이 _ 최성열
펴낸이 _ 이형규
펴낸곳 _ 쿰란출판사

주소 _ 서울특별시 종로구 이화장길 6
편집부 _ 745-1007, 745-1301~2, 747-1212, 743-1300
영업부 _ 747-1004, FAX 745-8490
본사평생전화번호 _ 0502-756-1004
홈페이지 _ http://www.qumran.co.kr
E-mail _ qrbooks@daum.net / qrbooks@gmail.com
한글인터넷주소 _ 쿰란, 쿰란출판사
페이스북 _ www.facebook.com/qumranpeople
인스타그램 _ www.instagram.com/qrbooks
등록 _ 제1-670호(1988.2.27)
책임교열 _ 최찬미 · 이주련

© 최성열 2025 ISBN 979-11-24013-35-9 93230